中國城市管理公眾參與

馮剛 編著

崧燁文化

目錄

從策略高度認識城市管理公眾參與的意義與作用

代前言 9

一、城市管理是一項重要的民生工程 9

二、充分認識公眾在城市管理中的主體角色 10

三、公眾參與是有效實現城市管理目標的重要保障 10

四、中國已進入公眾全面參與城市管理的公共治理階段 11

五、本書的內容和觀點 12

第一章 導論

第一節 城市的特徵及標準 13

一、城市的產生 13

二、定義城市的標準 16

第二節 世界城市發展的不同階段 18

一、古代城市發展階段 18

二、中世紀城市發展階段 20

三、近代城市發展階段 22

四、現代城市發展階段 23

第三節 城市管理公眾參與的相關概念 25

一、城市管理的涵義 25

二、公眾參與的一般性理解 27

第四節 城市管理公眾參與的結構體系 31

一、城市管理的政府 - 市場 - 社會結構模式 32

二、城市管理的三元結構模式 34

第二章 西方城市管理公眾參與的歷史演變

第一節 古代西方城市管理的公眾參與 39

一、古希臘時期西方社會城市管理的公眾參與 39

二、古羅馬時期城市管理的公眾參與 42

三、城市管理是古代西方社會政治制度的主要內容 44

第二節 中世紀西方城市管理的公眾參與 45

一、中世紀歐洲的城市變遷 45

二、中世紀歐洲對城市管理權的爭奪 46

三、中世紀西方城市管理公眾參與的表現 47

四、中世紀歐洲的城市管理體制 48

第三節 近代西方城市管理的公眾參與 50

一、近代西方社會對城市管理權的爭奪 51

二、代議制公民參與模式及功能 51

第四節 現代西方城市管理的公眾參與制度 52

一 現代城市管理的直接參與制度 53

二、開放議會制度及模式 54

三、城市管理公眾參與典型模式：以美國為例 58

第三章 中國城市管理公眾參與的歷史演進

第一節 古代中國城市管理公眾參與的形式 65

一、古代城市管理制度的發展 66

二、古代城市管理的控制性與參與性特點 70

第二節 近現代中國城市管理中的公眾參與 72

一、近現代城市的發展與轉型 72

二、近現代城市社會結構調整與城市管理理念變化 74

三、近現代城市管理公眾參與的不平衡發展 75

第三節 中華人民共和國成立後城市管理的公眾參與 77

一、計劃經濟時期城市管理的公眾參與 78

二、市場化時期城市管理的公眾參與 81

第四章 城市管理公眾參與的思想源流

第一節 城市管理公眾參與思想綜述 90

一、古代社會公眾參與公共事務的思想 90

二、中世紀社會公眾參與公共事務的思想觀點 91

三、近代社會公眾參與的思想和理論 92

第二節 公民社會理論 ⋯⋯⋯⋯⋯⋯⋯⋯⋯⋯⋯⋯⋯⋯⋯ 94

一、公民社會的基本概念 ⋯⋯⋯⋯⋯⋯⋯⋯⋯⋯⋯ 94

二、公民社會的形成過程 ⋯⋯⋯⋯⋯⋯⋯⋯⋯⋯⋯ 95

三、公民社會的核心價值 ⋯⋯⋯⋯⋯⋯⋯⋯⋯⋯⋯ 97

第三節 新公共管理理論 ⋯⋯⋯⋯⋯⋯⋯⋯⋯⋯⋯⋯⋯⋯ 99

一、公共管理方法變革的理論 ⋯⋯⋯⋯⋯⋯⋯⋯ 100

二、公共管理目標取向變革的理論 ⋯⋯⋯⋯⋯ 100

三、公共管理運行機制變革的理論 ⋯⋯⋯⋯⋯ 101

四、「重塑政府理論」——新公共管理理論的核心思想 ⋯ 102

第四節 參與性發展理論 ⋯⋯⋯⋯⋯⋯⋯⋯⋯⋯⋯⋯⋯⋯ 107

一、參與性發展的涵義 ⋯⋯⋯⋯⋯⋯⋯⋯⋯⋯⋯ 108

二、參與性發展理論的基本內容 ⋯⋯⋯⋯⋯⋯ 109

第五節 公共治理理論 ⋯⋯⋯⋯⋯⋯⋯⋯⋯⋯⋯⋯⋯⋯⋯ 111

一、治理理念提出的背景 ⋯⋯⋯⋯⋯⋯⋯⋯⋯⋯ 111

二、治理的基本內涵 ⋯⋯⋯⋯⋯⋯⋯⋯⋯⋯⋯⋯ 112

三、城市治理的基本概念 ⋯⋯⋯⋯⋯⋯⋯⋯⋯⋯ 114

四、城市多中心治理理論 ⋯⋯⋯⋯⋯⋯⋯⋯⋯⋯ 115

第五章 中國城市管理公眾參與的形勢與挑戰

第一節 中國城市管理社會化及其發展趨勢 ⋯⋯⋯⋯⋯ 121

一、城市管理社會化變革的國際環境 ⋯⋯⋯⋯ 122

二、社會化是突破城市管理瓶頸的必然選擇 ⋯ 124

第二節 現代城市管理體系重構及其路徑 ⋯⋯⋯⋯⋯⋯ 127

一、城市管理體系中政府的角色及功能 ⋯⋯⋯ 127

二、城市管理體系中市場的角色及功能 ⋯⋯⋯ 128

三、城市管理體系中社會的角色及功能 ⋯⋯⋯ 129

第三節 城市管理公眾參與的優勢及問題 ⋯⋯⋯⋯⋯⋯ 131

一、城市管理公眾參與的優勢分析 ⋯⋯⋯⋯⋯ 131

二、城市管理公眾參與的現狀及問題 ⋯⋯⋯⋯ 134

第六章 城市管理公眾參與的實踐分析：市民參與

第一節 城市管理市民參與的概念與模式 ⋯⋯⋯⋯⋯⋯ 141

　　一、城市管理市民參與的角色與功能 ⋯⋯⋯⋯⋯⋯ 141

　　二、國外城市管理市民參與的經驗啟示 ⋯⋯⋯⋯⋯ 145

第二節 城市管理市民參與的中國實踐 ⋯⋯⋯⋯⋯⋯ 148

　　一、政府主導型的城市管理市民參與 ⋯⋯⋯⋯⋯⋯ 149

　　二、城市發展中市民自發參與的利益訴求 ⋯⋯⋯⋯ 156

第三節 城市管理市民參與體系構建 ⋯⋯⋯⋯⋯⋯⋯ 160

　　一、城市管理市民參與的發展階段 ⋯⋯⋯⋯⋯⋯⋯ 160

　　二、中國城市管理市民參與的現狀分析 ⋯⋯⋯⋯⋯ 162

　　三、推進城市管理市民參與體系建設的路徑 ⋯⋯⋯ 164

第七章 城市管理公眾參與實踐分析：社區參與

第一節 城市管理社區參與的概念與作用 ⋯⋯⋯⋯⋯ 169

　　一、城市管理意義上的社區概念 ⋯⋯⋯⋯⋯⋯⋯⋯ 169

　　二、城市管理社區參與的發展階段及作用 ⋯⋯⋯⋯ 171

第二節 城市管理社區參與的國外經驗 ⋯⋯⋯⋯⋯⋯ 174

　　一、國外城市管理社區參與的主要模式 ⋯⋯⋯⋯⋯ 174

　　二、案例分析：新加坡社區參與城市管理的方式 ⋯ 176

第三節 城市管理社區參與的中國實踐 ⋯⋯⋯⋯⋯⋯ 179

　　一、社區參與的制度創新 ⋯⋯⋯⋯⋯⋯⋯⋯⋯⋯⋯ 180

　　二、社會組織成為推進社區參與的重要力量 ⋯⋯⋯ 185

第四節 中國社區參與城市管理的現狀及改革思路 ⋯ 187

　　一、社區參與城市管理面臨的問題 ⋯⋯⋯⋯⋯⋯⋯ 187

　　二、制度建設是社區參與城市管理的重要保障 ⋯⋯ 189

　　三、社區參與城市管理的一個重要模式：社區圓桌對話制度 191

　　四、推進社區參與城市管理的路徑選擇 ⋯⋯⋯⋯⋯ 194

第八章 城市管理公眾參與實踐分析：社會組織參與

第一節 城市管理與社會組織 ⋯⋯⋯⋯⋯⋯⋯⋯⋯⋯ 197

　　一、關於「社會組織」的提法 ⋯⋯⋯⋯⋯⋯⋯⋯⋯ 197

　　二、中國社會組織的發展現狀⋯⋯⋯⋯⋯⋯⋯⋯⋯⋯⋯199

　　三、城市管理與社會組織⋯⋯⋯⋯⋯⋯⋯⋯⋯⋯⋯⋯⋯201

第二節 社會組織參與城市管理實踐分析⋯⋯⋯⋯⋯⋯⋯⋯204

　　一、社會組織參與城市管理的實踐⋯⋯⋯⋯⋯⋯⋯⋯⋯204

　　二、社會組織參與城市公共事務管理的限制性因素⋯⋯208

　　三、構建社會組織參與城市管理的制度環境⋯⋯⋯⋯⋯212

第三節 政府向社會組織購買公共服務的模式研究⋯⋯⋯⋯216

　　一、政府購買：社會組織參與城市管理的重要形式⋯⋯217

　　二、政府購買社會組織服務的北京實踐⋯⋯⋯⋯⋯⋯⋯219

第九章 城市管理公眾參與實踐分析：企業參與

第一節 社會責任：企業參與城市管理的道德基礎⋯⋯⋯⋯227

　　一、企業社會責任的內涵⋯⋯⋯⋯⋯⋯⋯⋯⋯⋯⋯⋯⋯227

　　二、企業承擔社會責任的機制構建⋯⋯⋯⋯⋯⋯⋯⋯⋯229

　　三、中國企業的社會責任承擔⋯⋯⋯⋯⋯⋯⋯⋯⋯⋯⋯232

　　四、中國企業社會責任的案例⋯⋯⋯⋯⋯⋯⋯⋯⋯⋯⋯234

第二節 市場化：企業參與城市管理的動力機制⋯⋯⋯⋯⋯236

　　一、城市管理公共服務供給效率分析⋯⋯⋯⋯⋯⋯⋯⋯237

　　二、城市管理公共服務產品供給市場化的必然選擇⋯⋯238

　　三、中國城市管理市場化改革的必然性和可行性⋯⋯⋯240

第三節 城市管理市場化的國際經驗⋯⋯⋯⋯⋯⋯⋯⋯⋯⋯242

　　一、西方國家城市管理市場化的實踐模式⋯⋯⋯⋯⋯⋯243

　　二、西方國家城市管理市場化運作的經驗啟示⋯⋯⋯⋯246

從策略高度認識城市管理公眾參與的意義與作用

▌代前言

　　城市管理是現代城市經濟社會發展的重要保障。城市管理關係到城市化發展的質量，關係到城市的運行保障。現代城市發展的經驗表明，實現有效的城市管理，需要與城市管理服務對像一社會公眾密切聯繫，需要建立起政府與社會公眾共同參與的管理體系。實現城市管理的公眾參與，是現代城市管理的一項重要策略。

一、城市管理是一項重要的民生工程

　　城市管理是一項重要的惠民工程。城市管理是政府對城市公共空間進行有序管理的一項重要的公共服務。目的是透過建設整潔、有序、規範的城市公共空間環境，實現城市高效安全運行，為城市生產和市民生活提供良好的保障。城市管理直接關係到市民的生活環境和出行便利，是一項與市民利益攸關的公共服務工程，是政府為民辦實事的具體體現。

　　城市管理與市民生活息息相關，城市問題也是一個市民關注的敏感問題。垃圾處理、交通出行、停車管理、空氣質量、占道經營等問題是市民抱怨較多的問題，也是城市管理工作的難點。城市問題事關群眾利益，隨著城市居民物質生活水平提高，市民的環境意識日益增強，對城市公共空間環境問題的關注度不斷提高。近年來，一些城市出現的市民對垃圾焚燒場抗議、對交通擁堵和停車困難的怨言，都說明城市管理無小事，城市問題是關係社會和諧、穩定的大問題。我們在一些城市進行的城市管理市民滿意度調查顯示，市民文化程度、職業層次與城市管理滿意度有較高的相關性。一般情況下，市民文化程度越高、職業層次越高，對城市管理與公共服務的要求相對高，滿意度相對低。因此，城市管理需要建立起政府與公眾溝通的渠道，服務主

體與服務對象結合，把握公眾對城市管理服務內容和方式的需求，才能保證城市管理惠民工程的有效實施。

二、充分認識公眾在城市管理中的主體角色

城市管理工作的性質和目標決定了公眾在城市管理中的主體角色。城市管理的目標是為城市生活提供良好的公共服務產品，讓廣大市民享受到清新的空氣、乾淨整潔的環境、方便快捷的出行條件、安全保障的城市生活環境。城市管理的相關主體有政府、企業、社會組織和市民。在城市管理過程中，政府的作用是為社會提供各類城市管理與公共服務產品，促進市民福利的最大化。企業的作用是透過有償提供優質的公共服務產品，實現經濟收益最大化。社會組織的作用是利用專業和行業優勢提供各類城市管理服務，實現公益事業的使命。公眾是城市管理與公共服務的服務對象和最大受益者，與城市管理利益直接相關；公眾也是城市管理的實施者，沒有公眾的支持配合，城市管理的效果難以完全實現。公眾還是城市管理的出發點和落腳點，是城市管理的最大主體。因此，明確公眾在城市管理中的主體角色地位，有助於明確城市管理的目標和動力機制，對城市管理具有策略意義。

三、公眾參與是有效實現城市管理目標的重要保障

近十年來中國城市管理內容的一個顯著變化，是城市管理重點由市政公用設施管理轉變為公共空間環境管理。當前困擾城市管理的問題主要集中在市容景觀、環境衛生、環境秩序、生態環境等方面。這些問題遠比城市基礎設施和公共服務設施管理更加複雜，治理難度更大。環境建設已經成為現代城市管理的重點和難點。隨著中國城市化發展加速及城市外來人口的迅速增力口，城市將面臨越來越嚴重的環境問題壓力。這些城市問題根本上是人的不規範行為所導致的公共空間無序、環境髒亂等一系列問題。環境問題具有發生比較分散、行為主體多為社會弱勢群體和無固定職業者的特點。解決城市問題，單靠政府力量不容易管理到位，管理成本高，而且容易激化矛盾。這幾年發生的城管與小販的矛盾就是一個典型例子。借助社會力量，依靠公眾參與環境秩序維護，擴大了城市管理的社會資源，有助於解決公眾關注的

環境問題，提高城市管理的效率。在公眾參與過程中，形成政府與社會在城市管理中互動的穩定性結構，最大程度上彌補政府管理的不足。

城市管理任務目標的實現離不開公眾參與。城市管理的目標是為廣大市民提供優質的生活環境條件，提高城市生活的宜居性。政府開展城市管理和公共服務的良好願望需要與公眾的真實需求有效溝通與結合，才能有效達到城市管理的任務和目標，城市管理工作才能得到公眾的理解與認同，城市管理的社會價值才能真正實現。公眾參與城市管理的過程，是政府與公眾為了共同目標進行有效溝通的過程，在這個過程中，公眾參與城市管理任務的確定、參與城市管理實施的監督、參與城市管理效果的評價，可以增加政府與社會的協同性，提高公眾對政府工作的滿意度，保證城市管理始終堅持為民服務的正確方向。近年來中國許多城市在管理中的成功的事例，很大程度上是由於得到公眾的理解與認同所致。

四、中國已進入公眾全面參與城市管理的公共治理階段

現代國際城市管理的一個突出特點是城市管理社會化程度很高，社會發育比較完善，社會公眾參與城市公共事務的範圍廣，社會公眾在城市管理過程中全程參與，政府與社會建立起了比較和諧的公共治理體制。中國城市化正處於快速發展期，越來越多的城市人均 GDP 已超過或正在接近一萬美元大關。這一時期也是城市社會問題的高發期，面臨社會結構轉型的各種矛盾。當前，中國經濟快速發展，社會結構顯著變化。隨著利益主體的日益多元和利益訴求的普遍提高，不同群體對分享經濟發展成果、擴大政治參與的要求明顯增強，中國社會處於社會矛盾和風險高發期，社會發展處於重要的策略調整期。中央適時提出推進社會管理創新，目的是協調社會利益關係、促進社會平衡和諧發展。城市管理的公眾參與，實際上是在涉及社會主體利益的公共服務資源分配上實施均等化，滿足社會分享改革發展成果、參與社會公共事務的訴求。城市管理問題根本原因是人的行為問題，城市管理與社會管理聯繫越來越密切。中國已經進入城市管理與社會管理結合的時代。深化城市管理的市民參與，實際上是構建社會自我管理、自我服務的新型管理體制，是在城市管理領域推進社會管理創新。因此，需要在城市管理理念、管理體

系、管理標準等方面增加社會公眾參與的要素，擴大公眾參與城市管理的範圍，提升參與水平。構建起政府與社會公眾協作的新型治理結構。

五、本書的內容和觀點

本書分析了城市管理公眾參與的基本概念，全面回顧了中外城市管理公眾參與的歷史演進過程，系統總結了城市管理公眾參與的思想源流和理論體系，為分析研究中國城市管理公眾參與奠定了理論和經驗基礎。在此基礎上，分析了中國城市管理公眾參與面臨的問題和壓力，提出了推進中國城市管理公眾參與的目標與路徑。本書結合中國城市管理的現實，對城市管理公眾參與的重要主體的運行模式進行了分類研究，重點分析了市民、社區、企業和社會組織在城市管理過程中的參與功能及實踐模式。本書針對中國城市管理公眾參與的現實，提出了以下幾個主要觀點：

第一，城市管理公眾參與的研究應當以參與主體為線索，使參與責任的落實有具體的對象和目標；

第二，城市管理公眾參與不僅是相關公眾主體的一種政治和公共權益，更是一種公共責任，要注重完善和強化各類參與主體的責任機制；

第三，城市管理公眾參與的持續穩定發展，需要建立起制度體系，使公眾參與長效化、制度化。

本書對中國城市管理公眾參與的體系和模式進行了初步的探索，但作者深知，公眾參與體系和制度建設是一個複雜的系統工程，本書在這一領域的研究還顯得粗疏和淺陋。希望城市管理研究的同仁們給予指點和指正。

第一章 導論

　　人類社會的文明史是和城市的發展緊密聯繫在一起的。英語中的「Civiliza-tion」和「Civilized」的詞源是拉丁語中的「civis」，這個詞的本意就是指生活在城市裡的公民。歷史上出現的許多燦爛文明都是和城市緊密聯繫在一起的，比如西方的雅典、羅馬以及中國漢唐時期的都城長安等。弄清城市產生、發展的歷史，是探求有效城市管理路徑的前提，也是城市研究的重要內容。

▌第一節 城市的特徵及標準

　　城市的興起和發展，是人類社會進步的產物，是社會生產力發展的必然結果。人類祖先從穴居到宅居，從分散居住到集中居住，經歷了悠久而漫長的歷史。

一、城市的產生

　　城市是怎麼形成的？產生城市的基礎是什麼？城市研究學者提出了以下幾種不同的城市起源學說。

　　1. 防禦說。認為古代城市的興起是出於防禦的需要。氏族首領在居民集中居住的地方或氏族首領、統治者的居住地修築牆垣，以抵禦和防止別的部落、氏族的侵犯，保護居民的財富不受掠奪。

　　2. 私有制說。認為城市的產生是私有製出現和發展的結果。

　　3. 階級說。認為從本質上看城市是階級社會的產物，是統治階級用以壓迫被統治階級的一種工具。

　　4. 集市說。認為商品經濟的發展，商品交換的經常化，導致居民和經濟活動的集中而出現了城市。

　　5. 地利說。用地形狀況、山川形勢、自然資源條件來解釋城市的產生和發展。認為有些城市的興起是由於地處商路交叉點、河川渡口或優良港灣；

有些城市的興起是由於地勢險要，乃兵家必爭之地；有些城市的興起與該地區的自然資源有關。

這些學說從不同角度、不同層次對城市的起源作了分析，但從根本上來說，我們必須從城市得以產生的社會經濟條件加以考察和分析，才能說明城市產生的根本原因。

（一）剩餘產品的出現是城市得以產生的物質條件

城市作為人類文明最高形式的載體有一個物質前提：農業生產達到了能養活一批商人和手工業者的水平。因為只有當農業人口能夠養活非農業人口——商人、手工業者、行政官員和宗教神職人員等這些最早城市的最初一批居民——的時候，最初雛型的城市才漸漸開始出現。

城市是人類社會發展到一定階段才產生的。在原始社會的早、中期，人類以採集自然食物和漁獵為生，過著穴居和巢居的生活，沒有出現固定的居民點。隨著社會生產力的不斷進步，出現了農耕產業，形成了以畜牧業和農業分離為代表的第一次社會大分工。由於農業耕作的出現，人類擺脫了對勞動對象的絕對依附性和流動性，依靠工具和技術能生產出滿足自身需要的農產品。於是，人們選擇適合耕作的土地並在附近定居下來，形成了人類歷史上的原始固定居民點——聚落。這時的聚落還不是城市，但卻是早期城市的胚胎。

第一次社會大分工一方面產生了對農業生產工具和技術更高的要求，促進了生產工具和技術的改進。另一方面，金屬的使用，使社會生產力得到進一步發展，農業勞動生產率提高，出現了剩餘產品，使農業能夠滿足手工業者以及其他非農業人口對農產品的需要，為城市的產生奠定了基礎。

（二）社會分工的擴大形成了城市產生的社會基礎

隨著生產力發展帶來社會分工的擴大，形成了城市產生的社會基礎——職業的和專業人員的出現。生產力的發展，農業和畜牧業的分離，農民中原來兼作農業工具的手工匠人獨立出來，成為專門從事工具生產的手工業者。這是第二次社會大分工，手工業者擺脫了對土地的依賴，開始在一些地理位

置適中、交通方便、便於交換的地點集中居住，從事手工業生產勞動和對外交換。

農業和手工業的分離，使手工業者成為專門的生產者，手工業產品和農業生產的剩餘產品相互進行交換，成為商品。在社會生產力進一步發展，商品生產和商品交換急劇擴大的客觀推動下，出現了工商業和農業的分工，形成了專門從事商品交換的產業和階級──商人。職業的分化帶來社會成員的分化，並從根本上決定了聚落的分化，使人類的原始居住點最終分解成城市和農村這兩種性質不同的社區。由此可見，社會生產力的發展以及由此引發的社會分工是城市產生的社會基礎。

（三）商品經濟與集市的出現直接催生了城市的產生

發生在剩餘產品之間、農產品和手工業產品之間的交換，最初是偶然的、分散的、零星的，隨著商品量的擴大、交換頻率的提高、交易人數的增加，原有的交換形式已不能適應需要，於是漸漸集中到比較固定的地點，約定固定的時間，形成定期或不定期的集市或者比較固定的交易場所。交易場所一般選擇在地理位置適中、交通方便、便於居住在周圍的農民趕集和交易的地方。中國古代的《易經》就有「日中為市、致天下之民、聚天下之貨，交易而退，各得其所」的記載。這裡的「市」是指在一定的地域內固定的、集中的商品交換場所。集市是城市的原始和低級形態，但卻包含了城市最基本的內容和功能。集市雖然可以滿足農民和手工業者少量的剩餘產品交換的需要，但是買賣雙方在品種、數量、時間和空間上的矛盾仍然得不到比較完滿的解決，需要向更加集中化、經常化和固定化的方向發展。特別是專門從事商品生產的手工業者的增多和集中，生產出大量的作為商品的手工業品之後，這種要求就更加明顯。在生產力的推動下，伴隨著商品生產與交換的發展，城市不可避免地出現了。

但是城市究竟在什麼地方、什麼時間產生，則取決於自然地理、社會政治等因素。也就是說，當生產力發展到一定水平，城市產生所需的經濟基礎具備時，一些非經濟因素直接導致城市的產生。從自然地理條件來看，古代城市大都出現在江河湖海的口岸、交通要道、平原地區，這些地方商品生產

比較發達，交通比較方便，適合進行商品交換，而且便於商品運輸和集散；從社會政治條件來看，隨著生產力的發展，剩餘產品的出現和私有制的產生，人類社會分化成統治者和被統治者，統治階級為了維護和加強自己的利益，建牆挖溝，設關造城，並在城市設置行政機關、軍隊、警察等公共政治機構，把城市變成強大的統治中心。

二、定義城市的標準

城市到底是什麼？不同的學科對城市往往有不同的定義。一般來講，定義城市有以下標準：

第一，人口標準：最常用，最直觀的標準，但世界各國的標準很不一樣。比如在丹麥，250 人就可以成為一個城市；加拿大是 1000 人；美國為 2500 人；埃及是 11000 人；在人口相對稠密的東亞國家，日本為 3 萬人；韓國 4 萬；中國 7-8 萬。但是，在中國的北方平原地區，有的村莊人口超過 3000 人，它們能夠算作城市嗎？可見，單純人口的標準還是有問題的。

第二，職業構成標準：從事非農業活動人口的比重。許多國家都將職業構成作為定義城市的一條重要標準，而且往往與人口標準同時使用。

第三，政治功能標準：城市一般是行政管理的中心，比如省會和州府，可能城市本身的規模並不大。城市的定義是基於城市在該區域的政治功能。

第四，法定標準：國家政府依據人口、職業、政治功能等不同的標準，賦予一個地方以城市的資格。但有一個問題，那些沒有法定資格，但迅速城市化或者已經城市化的地區，比如在美國大城市周圍的郊區，完全具有城市的形態和生活方式，但是並沒有法定的資格，甚至連一個正式的地名都沒有，這能算作城市麼？

第五，文化/社會結構標準：這是社會學家使用的方法，城市是具有確定特徵和地理邊界的社會組織的一種形態。它是人口進行組織的一種形態，而且這些人口結構和特徵，具有和鄉村社會不同的特點。

從城市在世界範圍內發展的全過程來看，任何人都難以給城市下一個適合於任何地區、任何時間的準確定義。因為城市的發展本身是一個動態的過程。不同時期、不同地區的城市，有著不同的形態、性質和功能。但無論城市形態如何變化，其功能和性質如何更新，城市總有一些區別於鄉村的本質特徵和共同屬性。

德國社會學家馬克斯·韋伯認為，一個「完全城市社區」是這樣一個聚居地，它們必須具備：（1）防衛力量，（2）市場，（3）自己的法院，（4）相關的社團，（5）至少享有部分的政治自治[1]。以羅伯特·帕克和歐內斯特·伯吉斯為首的芝加哥古典生態學派認為，城市是一個有秩序的、相對封閉的生態系統，對城市組織過程起支配作用的是競爭與共生，人們為了生存而相互依賴與競爭。城市發展理論家劉易斯·芒福德認為，「從完整意義上講，城市就是『藝術』，是『劇場』，甚至城市就是『文化本身』」[2]。他指出，整個人類文明史就是以城市為中心發展起來的，城市與文明是不可分割的，城市是文明朗實體，而建築則是城市的實體。美國社會學家路易斯沃思認為，城市是一種生活方式。他指出，城市是由人的聚集而產生的，這個聚集過程從微觀上看，塑造了城市人的性格，從宏觀上看，則在產生作為生活方式的文明。在《作為一種生活方式的都市性》一文中，他把城市定義為：（1）規模大，（2）人口稠密，是永久性居住地，（3）人口具有異質性[3]。

雖然存在著許多差異，但一般來講，社會學家大體是根據組織、功能、人口特徵等來給城市下定義的。歸納起來，城市，尤其是現代城市具有以下的特徵：

1. 相對大規模的人口，且要有一定的密度和異質性。

2. 至少要有一些人從事專門的職業，具有勞動的分工。

3. 城市要具有市場功能和管理權力。

4. 城市裡的互動多數是發生在陌生人之間的，並且人的互動被他們所扮演的角色的互動所取代。

5.城市要求的「社會的組合」是基於一種比家庭和宗族廣泛得多的原則，比如是基於理性和法律為社會契約的基礎。

綜合起來，城市是大量異質性居民聚居，以非農業職業為主，具有綜合功能的社會共同體。城市中居民較多是集中居住，具有不同職業身份，大部分居民從事非農業勞動，某些居民具有專業技能。城市具備市場功能，至少具備局部的調節功能和以法律為基礎的「社會契約」功能 [4]。

第二節 世界城市發展的不同階段

一、古代城市發展階段

古代城市發展時期是在公元前 5000—3500 年至 18 世紀中葉，也可稱作農業社會的城市發展。據歷史記載和考據，早期城市主要分佈在東地中海沿岸和印度河之間的廣大弓形地帶，即兩河流域（底格里斯河、幼發拉底河）、尼羅河流域、印度河和恆河流域以及黃河中下游和中安第斯山脈。這些地區是世界文明的發樣地、人類文化的搖籃，也是地球上第一批城市的誕生地。

在古埃及，從公元前 3200 年到公元 332 年，亞歷山大統治埃及為止，共經歷了 30 個王朝，歷代王朝都將都城建在尼羅河沿岸，由於灌溉的有利條件，農業比較發達，城市人口多集中在這一帶地區。如孟菲斯、卡洪城、底比斯、法雍姆等城市卡洪城建造於公元前 2500 年前，是古埃及的第 13 個王朝。這座城市的結構是用牆將城市隔為兩大部份。西面為貧民居住區，都是用泥土和蘆葦建造的小房子。東面則又以一條道路將南北分開，路北是貴族居住地，路南為中等階級的居住地。整個城市的結構表現出明顯的階級對比。

在古代西亞，兩河流域的美索不達米亞平原上出現了亞述和巴比倫帝國，建立了烏爾、提洛斯、亞述、巴比倫等城市；在兩河流域，最古老的城市名叫烏爾。它在經濟逐漸上升的情況下，成為行政和宗教的中心，也是帝王、貴族、手工業者和商人等的居住中心。這座城市建於公元前 2000 年，在城中心建有高聳的有階梯的金字形的建築物，作為帝王的宮殿，並築有堡壘，

用來監視城外奴隸的耕作勞動。為了預防洪水的泛濫，城市都是在河旁的高臺上建造，因此傳說中的巴比倫具有「空中花園」之稱。

在古希臘和古羅馬，地中海沿岸也建立了馬西利亞，敘拉古、拜占庭、斯巴達、雅典和羅馬等城市；在古印度建立了哈拉帕和莫亨卓達羅等城市。以上這些城市的區位特點具有共性，都坐落在當時的河谷地帶和農業生產力相對發達的地域，規模一般都比較小。早期城市產生和存在的年代大致處於奴隸制社會，因此城市的發展同奴隸主的統治密切相關。城市的職能比較單一，大多數是維護奴隸主統治的政治、軍事、宗教中心，商品交換量小，經濟基礎薄弱，城市的規模一般不大，城市人口絕大多數都在數千至幾萬人之間。城市已經出現功能分區的結構安排，城內劃分有不同等級的住宅區，建造有華麗的宮殿、寺廟、庭院等，市政設施達到一定水平。早期城市興衰變化大，如羅馬城在鼎盛時期人口高達 100 萬，而到 7 世紀竟衰落得不足 4 萬人。

由於奴隸社會的生產力比較低下，農業在整個經濟中占統治地位，城市在經濟上對農村的依賴性很強，國家的實際控制權在農村，因此出現了許多城邦。通常以一個城市為中心，加上週圍村莊共同組成一個獨立的國家和行政組織，實現奴隸主對城市和周圍村莊的統治。在古希臘、古印度、古埃及都出現過城邦，較為典型的有雅典、斯巴達等。

古希臘是歐洲文明的發源地，在公元前 5 世紀，古希臘經歷了奴隸制的民主政體，形成了一系列城邦國家，這些城邦國家主要是以一個城市為中心，周圍有村鎮。古希臘人對哲學理性極為崇拜，他們好辯論的習慣導致人們在公共場所和室外度過大量的時間，因此，形成了古希臘極具特色、豐富多彩的城市公共空間體系。古希臘建築中的柱廊實際上圍合出了許多半公共、半私密性的空間，開敞的城市廣場成為人們戶外活動的良好場所。古希臘是一個多神教的社會，其宗教對城市生活、城市建設產生了巨大的影響。人們將聰明才智和極大的熱情投入到聖地建築上，以塑造他們的城邦精神。舉世聞名的雅典衛城除了一般的宗教紀念、防衛作用以外，更重要的功能是作為人們集會、歡慶的場所。

古羅馬時代是西方奴隸制發展的最高階段。公元前 5 世紀建立了共和政體，在其後的幾百年中，隨著國勢強盛和財富聚斂，城市的規模逐漸擴大。在羅馬帝國時期，城市數以千計，中小城市規模可達幾萬人口，大城市可達幾十萬人口甚至上百萬人口，城市建設更是進入了鼎盛時期。與古希臘重精神輕物慾不同的是，古羅馬錶現為強烈的世俗化特徵。城市裡作為公共活動場所的神廟已經退居次要地位，而宣揚現世享受的公共浴池、鬥獸場、宮殿、府郵、劇場等建築卻大量湧現，其宏大的空間尺度和規模，已經遠遠超過了實際的使用要求。古羅馬帝國，其城市規劃和城市建設帶有強烈的軍事化色彩。在其廣闊的疆土上，古羅馬建造了大量軍事功能極強的「羅馬營寨城」，並在全國範圍內開闢了大量的道路，修建了橋樑、城牆和輸水道等策略設施。羅馬帝國時期，帝王們為了彰顯功績和財富，在城市中修建了許多的廣場、銅像、凱旋門和記功柱等。所建造的皇帝的宮殿極其豪華。城市建設講究秩序和等級，具有對君權神聖不可侵犯的象徵意義。到公元前 2 世紀，羅馬帝國使古代城市的興盛達到了頂峰，羅馬城市的人口數接近 100 萬。

二、中世紀城市發展階段

隨著羅馬帝國的衰亡，羅馬城市的人數亦開始減少，公元 5 世紀，羅馬帝國消亡，以務農為主的日耳曼人的南下，徹底摧毀了古羅馬奴隸制帝國，歐洲由此進入了封建社會的中世紀，社會生活中心轉向農村，手工業和商業十分蕭條，城市處於衰落狀態。羅馬時代的城市大多荒廢，古羅馬城的人口也由上百萬減至 4 萬人，漫長的中世紀時期城市建設幾乎停滯。長達 600 多年的古代西歐城市化結束，城市發展進入了十分緩慢的階段。直到 19 世紀，由於倫敦城市的飛速發展，才使整個西方世界有了人口突破百萬大關的城市。

自城市產生至 18 世紀中葉的工業革命前，自給自足的自然經濟占著統治地位，農業和手工業是國民經濟的主體，商品經濟極不發達，城市在社會經濟生活中的功能和作用都很小。

這一時期的城市發展主要有以下特點：

第一，經歷的時間最長，城市人口增長緩慢，世界城市人口比重僅占總人口的 3% 左右。

第二，城市的功能主要是軍事據點、政治和宗教中心，經濟功能極其薄弱，主要是手工業和商業中心，對周圍地區影響不大，還不具備地區經濟中心的作用。

第三，城市地域結構較為簡單，尚無明顯的功能分區。一般以教堂或市政機構占據市中心位置，城市道路以此為中心呈放射狀，連結周圍市場。

第四，城市形態上最明顯的特徵就是四周設有堅固的城牆或城壕，由於受城牆的限制，城市地域規模和人口規模都不大。

第五，城市地區分佈具有很大的侷限性，主要分佈在農業灌溉條件良好的河流兩岸，或是分佈在交通運輸便利的沿海地區。

古代城市的出現代表著人類首次產生了一種新的社會體制和居住形態。社會中開始有一部分人能夠脫離開直接生活資料的生產活動而專門從事各種精神生產活動和服務性職業，如宗教、政治、行政、管理、藝術、數學和商業、貿易等。但由於古代城市與當時周圍農村地區息息相關，城市和農村還被緊緊連接在生產及剩餘產品分配的同一過程中，因此，古代城市與農村系統仍然沒有割裂開來。

當古代歐洲城市經歷著興起和衰落的時候，其他地區的城市卻以完全不同的方式發展著。中國的城市就不曾有過像歐洲中世紀城市衰落一樣的歷史，公元前建立起來的許多城市歷經數世紀仍然一直保持著生命力和經濟活力。聞名於世的長安城在公元 7 世紀作為唐代都城時的人口就已達到 100 多萬。日本的京都作為都城有 1000 多年之久，18 世紀時其人口亦超過了 100 萬；東京在 18 世紀中葉人口也達到百萬。亞洲大部分城市的人口規模都遠遠超過了歐洲的城市。造成這種差異的原因與當時亞洲文明獨特的政治經濟體系和地理環境分不開。雖然亞洲的封建帝國也曾歷經興衰，但由於城市建築在高度發達的傳統農業之上，城市既是文化中心、宗教中心、商業和貿易中心，

又是行政管理的中心，因此，亞洲的城市才在封建社會一直保持著生命的活力。

歐洲殖民者的侵入打亂了亞洲傳統城市的前進步伐，帶給傳統的亞洲社會一種新的城市類型，即歐洲商業化城市類型。這種類型的城市隨著殖民擴張的加速亦迅速取代了傳統城市的地位，在亞洲城市景觀中占據了支配地位並一直延續到殖民主義結束的 20 世紀中葉為止。

三、近代城市發展階段

近代城市發展時期是指 18 世紀中葉至 20 世紀中葉。18 世紀中葉西歐發生了工業革命，極大地促進了社會生產力的發展，也使城市發展進入了一個嶄新的階段。工業化是城市發展的根本動力。工業化帶動城市發展這一過程，首先開始於工業革命策源地英國。從 1800-1850 年，倫敦人口由 86 萬猛增到 232 萬，成為世界最大城市。同期，英國全境 5000 人以上的城鎮數目從 106 個增加到 256 個。

從 18 世紀中葉到 20 世紀中葉的 200 年內，城市的發展遠遠超過以往幾千年。工業革命使近代城市發生了質的變化。

與古代城市相比，近代城市發展具有以下一些特點：

第一，城市發展加速，城市規模越來越大。至 1900 年全世界城市人口比重上升到 13.6%，1950 年達 28.7%；10 萬人以上的城市數目由 38 座增加到 484 座，其中百萬人口以上的大城市就有 71 座。

第二，城市功能趨於多樣化。城市性質由農業社會時期的宗教性、行政性和消費性，變成了工業性和生產性。金融、訊息、科技、文化及交通等功能也得到了加強；城市成為整個國民經濟和地區經濟的中心，對國家和地區經濟產生很大的影響。

第三，城市的物質空間形式發生了巨大變化。不僅工廠成為城市物質空間的組成部分，高層建築不斷在城市地域上竄起，而且整個城市內部空間出

現了較為明顯的功能分區。如大片工業區、商業區、居民區以及倉庫碼頭區等。同時，城市的基礎設施明顯得到改善，生活質量明顯提高。

第四，城市分佈空間格局得以擴展。城市分佈逐步擺脫了農業生產的影響，在一些資源分佈地區出現了工礦城市；鐵路運輸促進了內陸地區的城市發展；航運和殖民主義擴張促進了沿海城市的發展，改變了古代城市分佈十分侷限的空間格局。

第五，地下鐵路的修建，代表著城市公共交通運輸進入了一個新的階段。公元 1863 年，倫敦建成了世界上第一條地鐵，1890 年電氣化地鐵形成網絡。在第一次世界大戰前夕，世界上有 12 個城市修建了或大或小的地鐵，逐步形成了名副其實的交通體系。

第六，「城市病」逐漸生成並蔓延。由於城市工業生產的集中，人口的急劇增長，造成了困擾城市至今的環境汙染、交通擁擠、居住條件惡化等城市問題。

四、現代城市發展階段

現代城市發展時期是指 20 世紀中葉至今的階段。20 世紀中葉以來，西歐大多數經濟先進國家進入了工業化的後期，開始了城市現代化的進程；許多發展中國家也相繼進入工業化發展階段，世界上的城市就進入了現代化的發展階段。

縱觀近幾十年世界城市的發展，主要表現出以下一些特點：

第一，全世界城市發展進程加速，其中發展中國家的城市發展速度超過了先進國家。從 1950—1970 年的 20 年裡，世界城市人口總數從 7.06 億增加到近 14 億，城市人口占總人口的比重由 1950 年的 28.6% 提高到 1970 年的 38.6%，1980 年又上升到 41.3%，即在僅占全球土地面積 0.3% 的城市面積上居住著 41.3% 的世界人口。1999 年則已達到 50%，即在世界範圍內，已有一半的人口居住在城市中。在世界城市發展進程加快的過程中，發展中國家或地區的城市發展尤為迅速。在 1950—1980 年這 30 年間，世界城市人

口增加了 2.5 倍，其中發展中國家增加了 3.6 倍，城市人口年遞增率為 4.2%，大大超過先進國家 1.9% 增長速度。

第二，大城市規模繼續擴大，出現了全球性城市及大城市帶。大城市以其特有的空間優勢和集聚效益吸引著工業和人口，城市規模不斷擴大，數目增多。1950-1980 年，世界百萬人口以上的大城市由 71 座增加到 234 座，在短短的 30 年中增加了 3 倍以上，並且出現了如墨西哥城、聖保羅、紐約、東京、倫敦、上海等這樣千萬人口的特大城市。城市地域不斷向外擴張，大城市連同周圍的中小城市，組成了大城市群或城市帶。如美國東北部大西洋沿岸的巨大城市帶，在美國從北起緬因州，南到維吉尼亞州，在長達 550 公里的地帶區，分佈著波士頓、紐約、費城、巴爾的摩和華盛頓等五個大城市，還有上百箇中小城市，組成一個世界上最大的人口稠密、城鎮密布的城市群。類似的城市群在德國有魯爾的埃森 - 多特蒙德 - 杜伊斯堡城市群；日本的東京 - 橫濱和大阪 - 神戶 - 京都的城市群；在中國以特大城市上海為中心，西起南京，東到杭州的地區內包含著 13 個大中城市、上百個小城鎮，以及幾千座農村集鎮構成一個城市群，該地區是中國重要的經濟中心區。

第三，城市功能向綜合性方向發展，城市職能第三產業化。在每個城市中，由於生產專業化和社會化程度提高，勞動分工在加深，企業對各種生產服務提出了更多的專業化的要求，例如，貨物運銷要求有批發、運輸、郵電通訊、金融以及廣告、研究機構的配合；在居民生活方面，隨著勞動生產率提高和個人收入增力口，對消費品的要求也向多品種、高檔化方向發展，這就要求有相應的零售業、飲食業、文化娛樂、社會保險、醫療保健等多部門相配合。這樣，以服務性為主要特徵的第三產業日益壯大起來，成為推動現代城市發展的動力之一；第三產業的發展使城市功能更趨於多樣化，城市尤其是大城市不僅是工業生產中心，同時也是商業貿易、交通通訊、金融保險以及科技文化等中心。

第四，城市空間組織發生了新的變化。早期城市規模不大，生產區和生活區毗連，沒有明顯的地域分工。工業革命促進了近代城市的發展，城市內部開始出現功能分區，如工業區、商業區、住宅區、文教區等。到了現代，

城市規模擴大，經濟活動日益頻繁，內部這種功能分區也日趨明顯，並按一定的原則呈現有規律的排列。如中心商業區、輕工業區、住宅區、近郊重工業區等。而且，由於現代化交通事業的發展，城市中心區人口密集、用地緊張及環境汙染等原因，使人口和企業不斷向城市周圍地區擴散，出現了城市發展中的「郊區化」和「逆城市化」等新的傾向。即，一些先進國家的大城市中心區日趨衰落，而郊區或衛星城鎮發展迅速，出現了大量的工業區、住宅區、商業區、學校、道路、停車場等，它們與中心城有著密切聯繫，從而使原有的單一城市向組合城市發展。

第三節 城市管理公眾參與的相關概念

城市管理是城市發展的永恆主題。從人類城市的發展史考察，自從有了城市便開始了城市管理的實踐性探索。城市的發展過程也是城市管理的發展歷程。城市管理是城市政府的首要職能。「都市是人類的重要生活環境，必須管理得當，人類才能過著幸福快樂的生活。都市為文化發源地與傳播中心，必須妥善管理，人類文化才能不斷發展滋長。都市為各種制度的發展地方，必須管理適當，才能使都市中存在的各種制度健全發展。都市乃國家興衰所繫，都市管理健全與否關係國運之昌隆與否。」[5]

一、城市管理的涵義

對城市管理的理解，在城市科學和城市管理研究中爭論頗多。歸納起來，主要有六種不同的觀點：

1. 城市管理就是市政管理，主要是城市政府部門對城市的公用事業、公共設施等方面的規劃和建設進行控控制、指導。[6]

2. 城市管理就是城市各部門管理的總和，包括人口管理、經濟管理、社會管理、基礎設施管理、科技管理和文化教育衛生管理在內的城市群體要素管理。有的學者指出，「城市的管理，主要是對城市中人們所從事的社會、經濟、思想文化等方面的活動進行決策、計劃、組織、指揮、協調、控制等

一系列活動的總和」，「它不僅要對城市中物的因素進行管理，而且要對城市中人的因素進行管理」。[7]

3. 城市管理是城市政府對城市的經營行為，即以城市為對象，對城市運轉和發展所進行的控制行為，其主要任務是對城市運行的關鍵機制——經濟、產業結構進行管理和調節。如有的學者把城市管理的概念描述為：「城市管理是城市政府，透過一系列有目的的自覺活動，去組織、協調、控制城市運行過程的行為。」[8]

4. 城市管理是指以城市基礎設施為重點對象，以發揮城市綜合效益為目的的綜合管理。作為一個綜合概念，城市管理包含了城市經濟管理、城市社會管理和城市環境管理三個方面。[9]

5. 城市管理是城市中非政治、非經濟的社會公共事務的管理活動。它由一些管理子系統構成：教育管理、醫療衛生管理、文化體育管理、社會保障管理、人口管理、安全管理、生態環境管理、基礎設施管理。[10]

6. 城市管理是以城市的長期穩定協調發展和良性運行為目標，以人、財、物、訊息等各種資源為對象，對城市運行系統做出的綜合性協調、規劃、控制和建設活動。因此，城市管理的內容包括城市的社會管理（含人口、治安、生活服務、文化管理等）、經濟管理、社區的生態環境管理和基礎設施管理。[11]

上述各種對城市管理概念的不同界定都是從城市管理對象和範圍不同的角度來進行的。管理作為人類一種有目的的透過發揮自身的主觀能動性來改造客觀世界的活動，對其內涵的確定，在明確其對象和範圍的同時，還必須明確其主體。城市管理總體上應該屬於公共管理的範疇，因為它謀取的是城市居民的公共利益，而不是某一個組織的私利。據此，首先可以把城市管理界定為人類對城市社會公共事務進行科學管理的活動，它是以社會公共利益為目的的，具體地說，城市管理的根本目的在於充分利用城市資源、維持和促進城市發展，以持續提高城市居民的生活質量。

　　人們通常理解的城市管理是城市政府對城市公共事業、公共設施、公共事務進行的管理活動。當然，也有人從廣義上理解這一概念，把城市政府承擔的所有以城市為對象的管理活動都統稱為城市管理。但凡此種種，都有一個共同的特徵，即城市管理是以城市政府為主體的管理活動。另外，傳統城市管理的特徵不僅在於城市政府是其唯一主體，而且，在管理的方法和手段上，它表現為權力控制、行政命令，制度約束是主要手段，非人性化的管理相當突出。在如今的城市發展和城市管理中，城市發展財政不足、可持續發展能力低、公共產品和公共服務質量差、公共管理成本過高、管理效率低下、不能對夕卜界的變化和市民的需求做出靈敏的反應等，都是傳統城市管理的缺陷。

　　隨著「新公共管理」的興起，那種延續了幾千年的、以城市的政府機構為唯一主體的城市公共管理活動正在發生變化。世界許多國家正在不斷推進城市基礎設施建設中的市場化改革，開始把更多的傳統上由政府管理或者專營的公共事務、公益事業及公共產品的提供改由私營企業共同參與或乾脆實行「私有化」。這就是說，城市管理正在由傳統的政府為唯一主體的公共管理轉變為現代並非由政府「獨家經營」的公共管理。現代意義上的城市管理，是城市政府和非政府組織對城市各項公共事務的管理。在這種城市管理中，政府雖然仍具有不可推卸的責任，但城市社會中的其他主體開始擁有更多的發言權和決定權。

二、公眾參與的一般性理解

（一）關於公眾的概念

　　公眾（Public）通常是指具有共同利益基礎、共同的興趣或關注某些共同問題的社會大眾或群體。「公眾」一詞在社會學、政治學與社會科學中使用的頻率比較高！近年來』隨著建立公眾參與機制呼聲的高漲，「公眾」一詞出現在環保、扶貧、自然資源管理、城市管理等領域的頻率越來越高。但實際上，一直以來，「公眾」僅僅是一個日常用詞，而不是一個科學概念，因為就「公眾」的詞義來說，它的外延和內涵都具有不確定性，往往是因人們使用的時間和地點的不同而有所不同的含義。有的時候，「公眾」一詞指

的是一個國家或一個社會中普通社會成員所構成的群體，這個社會中的政治家、知識分子等社會精英分子可能是被排除在外的；有的時候，「公眾」一詞所指的是與政府相對應的社會，是作為政府公共政策和公共管理對象而存在著的人群；有的時候，「公眾」一詞被視同於人民群眾，是不帶有意識形態色彩的人民群眾的概念。在政府公共政策領域（如環境保護），「公眾」是指政府為之服務的主體群眾。

從國際社會來看，1991 年 2 月 25 日，聯合國在芬蘭締結的《跨國界背景下環境影響評價》，首次嘗試對「公眾」一詞加以界定，它規定「公眾」是指一個或一個以上的自然人或者法人。1998 年，歐洲經濟部長會議在丹麥奧胡斯簽訂的《公眾在環境事務中的知情權、參與權和獲得司法救濟的國際公約》第 2 條第 4 項規定，「公眾是指一個或一個以上的自然人或者法人，根據各國的立法實踐，或包括他們的協會、組織或者團體」。世界銀行對公眾參與中的公眾定義包括以下幾方面：

（1）直接受影響的人群，包括預期要獲得收益的人、承擔風險的團體、利益相關團體，他們大多位於項目範圍或位於項目的影響範圍內。

（2）受影響團體的公共代表：國家和省政府的代表、地方官員、傳統的當局人員、地方機構、私有行業代表。

（3）其他感興趣的團體。但是，在大多數的情況下，公眾一詞所反映的是一些特定的人群，他們因為共同關心某一件事件而結合在一起，但又不具有共同的價值取向和思想意識基礎，所以我們往往會看到在社會生活中，存在著多少問題就相應地存在著多少個公眾群體。

如關注城市管理、關注環境保護、關注扶貧的公眾群體。在現實的社會中，公眾只要在憲法和法律允許的範圍內，可以在任何情況下，對任何公共事務發表自己的看法和意見，成為社會參與的主體。

本書所指的公眾概念，是指政府以外的城市管理過程中的各相關利益主體和責任主體，主要包括城市居民（市民）、企業、社會組織、社區等。

（二）關於參與概念

在西方，「參與」一詞有多種表述方式，如 participation、involvement、consulta-tion，世界銀行傾向於使用 consultation，歐盟國家使用 involvement，美國則較多使用 participation。參與性概念的流行，來源於 20 世紀 80 年代以來國際組織在發展中國家援助的包括農村社區發展在內的項目。20 世紀 70-80 年代，國際社會的發展理論強調了「以人為本的發展思想」，提出發展過程中必須保持「公平、機會均等、參與」的原則。參與性的思想在先進國家的推行下，在其他發展中國家的發展項目中得到推廣和發展。20 世紀 90 年代，西方提出了可持續發展理論，由於這一理論十分重視人力資源的開發，因此更加強調了「參與」的重要性。

「參與式」在理論上基本包括了 3 個層次的含義：

第一政治學角度，「參與」就是對弱勢群體賦權，弱勢群體在發展決策中的參與，以及最終在變革社會結構的過程中發揮作用；

第二，社會學角度，「參與」強調社會變遷中各個角色之間的互動，以此引申出社會角色在發展進程中的平等參與；

第三，經濟學家以及發展援助的管理者則更多地從干預的效率角度來認同「參與」的概念。

事實上，「參與」反映的是一種基層群眾被賦權的過程，而「參與式發展」則被廣泛地理解為在影響人民生活狀況的發展過程中和發展計劃項目中的有關決策主體的積極的、全面介入的一種發展方式。也就是說，「參與式發展」帶有尋求某種多元化發展道路的積極取向。

（三）公眾參與的一般含義

在既有的研究文獻上，公眾參與的概念界定形形色色，不盡相同。而與公眾參與相關的名詞，如：公民參與、社會參與、政治參與、公共參與等，這些名詞雖然名稱不同，使用的學術領域和議題不同，意思有些微差別，但所指的參與內容、行動和意義大致類似，內涵也相當接近。就政治參與和公民參與來說，政治參與一般認為是指公民透過合法途徑和方式，對國家的政

治構成、政治運作、政治決策、政治結果的關心、利益表達和施加影響的行為及過程。而廣義上的公民參與除了政治參與以外，還必須包括所有關於公共利益、公共管理等方面的參與！公民參與理論的先驅謝爾·阿斯汀（Sherry R.Amstein）認為，「公民參與是一種公民權力的運用，是一種權力的再分配，使目前在政治、經濟等活動中，無法掌握權力的民眾，其意見在未來能有計劃地被列人考慮。」[13] 謝爾·阿斯汀按照參與的程度將公眾參與分為三個層次（見圖一）。格爾森（Gamon）與威廉姆斯（WiUianms）提出，「公民參與是在方案的執行和管理方面，政府提供更多施政回饋的渠道以回應民意，並使民眾能以更直接的方式參與公共事務，以及接觸服務民眾的公務機關的行動。」[14] 在代議制民主中，公民在政治上的參與越來越成為次要角色，而公民在公共行政活動中直接參與關係到公民切身利益的公共決策以及公共事務的處理，這日益成為民主行政的主要內容。

圖一謝爾．阿斯汀的公眾參與層次圖

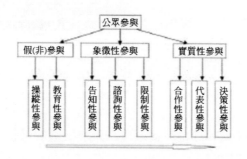

公民屬於憲政概念，在現代政治框架中，公民是國家的主人，享有一系列基本權利。公民對政治的參與是政治學探討的基本問題。對於具有壟斷性的行政，公民往往處於相對無聲、被動的地位。隨著民主行政和治理理論的興起，公民的觸角開始深人行政領域，公民概念也從憲政框架下引用至公共行政領域，本質屬性自然延伸至公共行政領域，但是其含義與外延發生了一定的變化。

傳統公民概念是政治學中的界定，指具有一國國笈的人。公共行政中的「公民」已經有些變化，現在學者提出「行政公民」概念，突破了傳統公民

概念，向公眾概念發展，公眾概念不再僅限於個體的公民，並且擴展到由個人組成的民間組織（如社區的社團組織、公益性學術與評論組織）、營利性組織（如房地產開發商）、專業性服務性組織（如諮詢、設計、中介公司）等其他的非政府組織。所以，公眾的參與行動通常有兩類，一類屬於個人獨立行動；另一類屬於組織行動。從歷史的角度來看，公眾行動較多屬於個人行動。然而，現代社會是一個組織化程度越來越高的社會，公眾的那種原生性的非組織性特徵正在逐漸消失，代之而起的是有組織的活動。在社會生活的不同的領域中，我們都可以看到為了某一或某些共同目標組織起來的公眾群體。這些公眾群體在大多數情況下是一些隨機性的、鬆散的和臨時性的組織，但是也有一些公眾群體具有相當高的穩定性。這些各種各樣的社團把整個社會成員結合成不同的集團。所以，在對現代社會的考察中，我們看到的人往往是存在於一定的社會群體中的人。在這個意義上，社會群體也就成了公眾的一種存在形式，而且是主要的存在形式。

為了體現這種新的理論與實踐背景下的城市利益相關主體內涵與外延的變化，本書使用「公眾」一詞來探討城市管理中的多元參與。城市管理中的公眾參與，是指在城市發展和管理中，以公民個體和由公民組成的社會組織、營利性組織等城市社會行動主體，以一定的方式，透過一定的途徑，直接或間接地參與城市的管理過程，以使其有利於自身利益、特定團體利益或社會公共利益實現的一種活動。其中，城市管理中公眾參與主體是公民個人或公民組成的社會組織。參與的內容包括發現城市問題、參與決策、參與實施、參與監督。參與的重心在於影響城市政府的公共政策制定、實施過程。參與的目的在於促成特定利益和公共利益的實現。

▌第四節 城市管理公眾參與的結構體系

當代城市問題越來越突出和嚴重，對城市管理提出了挑戰。在工業革命後城市急速膨脹式發展的初期，城市管理的主要特點是，公共部門提供公共服務，進行城市基礎設施建設投資，創立臃腫的各種政府管理機構。從那時起，私營部門和非政府組織在城市管理中的作用一直被排斥外。如今，越來

越尖銳的城市問題顯然已經不是政府部門所能獨立解決的了。換言之，城市問題導致的城市政府不可治理性的進一步增加，迫使我們在提升政府能力的同時，力求公眾和非政府組織發揮更大的效力來支持政府的管理，擴大政府與非政府組織、社會、公民之間的廣泛合作。也就是說，要迎接城市問題前所未有的挑戰，必須對現行的城市管理模式重新做出詮釋，告別傳統的城市管理。

一、城市管理的政府 - 市場 - 社會結構模式

城市管理的公眾參與首先是一個結構體系。理論與實踐都證明城市空間並不是一個只由政府和市場構築的二元結構，而是由政府、市場、社會共同架起的三元結構。政府失敗與市場失靈的發生，也說明在公共領域和私人領域相交的地帶，存在一個政府與市場都治理低效、無效，某一方都難以介入或不願介入的區域。在此區域，做為第三域主體的社會將會比政府和市場更有作為。因此，「政府 - 市場 - 社會」三元結構是城市管理多元參與模式的最理想結構。這一結構從根本上不同於傳統的城市管理自上而下的一元控制結構。

要進一步明確城市管理三元主體的結構體系，就需要對眾多的城市利益相關者進行分類，為城市管理的公眾參與提供一個大概的研究框架。顯然，城市管理中的各個利益主體都有著各自不同的利益追求，他們都是根據各自的動力機制來運行的。而且，隨著組織自身、社會環境的要求的改變，他們的利益追求也在不斷地發生著改變。各個利益主體在城市管理中展現了他們的利益要求，並以各種組織形式和手段措施，為實現這種利益要求而努力。儘管城市利益相關者在城市管理中的利益訴求和表現形式各不一樣，但是除了公民個體，組織形式的利益相關主體基本上都包括在政府部門、私營部門（企業）和非營利組織（社會組織）這三種類型之中，所以，根據這個特點，可以把組織形式的城市利益相關主體劃分為政府部門、私營部門和非營利組織，在此基礎上就可以建立起政府、市場、非營利性組織和公民個體等多種城市管理的參與機制，綜合動用各方面的力量來調動各類主體共同參與到城市管理的過程中來，以推進城市管理公眾參與的進程。

在城市管理公眾參與的結構體系中，由於城市管理本身就是城市政府的職責所在，所以政府部門仍然是城市管理的核心主體，是城市管理的組織者和引導者，在城市公共管理中發揮著不可替代的作用。同時，在城市管理公眾參與的結構體系構建中，政府也要發揮出主責作用，因為政府組織對城市管理的運作模式和運行機制，深亥影響到其他城市利益相關者的行為方式和行動結果。因此，城市政府在明確自身職責的同時，要催化、釋放市場組織的正向潛能，要致力於培育公民社會，培養城市管理多元化主體的參與能力、提高城市社會自主治理水平。比如，政府組織可以透過各種方式如分權給私營部門和非營利性組織、主動改制某些公營部門等，透過對這些利益主體的引導與合作，來影響他們的利益選擇和行為方式。同時中央政府的分權，也在一定程度上給予了城市政府部門管理的動力，使城市政府有更多的自主權和活動空間來處理城市事務，以及加強和改善與其它利益主體之間的關係。

城市中的私營企業也是城市管理公眾參與的一個主體成分，企業作為主體參與到城市管理中，既是其社會責任的要求，也是其保障自身利益的具體手段。企業的發展在一個城市的發展過程中起著舉足輕重的作用，企業的發展狀況甚至能夠決定一個城市的興衰。縱觀世界城市發展史，企業是城市經濟領域上的帶頭者。企業作為私營部門的代表，在城市管理過程中的影響主要體現在以下幾個方面：首先，是直接提供公共物品；其次，是和政府簽訂相關的合約；再次，是憑藉它們對城市經濟的巨大影響力，來影響或改變政府所做出的在城市管理不同層次的政策。

在城市管理的多元主體結構中，非營利組織具有很強的參與城市管理的志願性，它們是城市管理的主動參與力量，在城市管理過程中，非營利組織透過各種形式提供部分公共物品。當然，在不同的制度環境下，非營利組織發揮作用的途徑和方式存在著差異，因此，在現有的體制下如何充分發揮非營利組織在城市管理中的作用，還有待進一步深入的研究。

城市居民的政治利益和社會利益的要求體現在其參與城市管理的過程中，作為城市管理發展的微觀基礎，城市居民的參與不僅是一種政治參與，也是社會參與，他們構成了城市管理公眾參與的基礎結構。

在現代城市管理的主體結構中，儘管城市利益相關者錯綜複雜，人數眾多，在治理的過程中還不斷的變化，但並不是說每個組織和個人都能成為利益相關者，只有當他們的利益不同程度的涉及城市公共活動才能進入利益相關者的範疇。各利益主體在各自所屬的層次區域內造成了主要作用，這與 20世紀的以政府作為管理中心的模式是不一樣的。政府部門和非營利組織以及私營部門的作用和地位與過去相比都有了新的變化，這使得它們的行為方式和利益選擇也跟著有所改變。在這一結構體系中，政府充當引導者和組織者的角色，權威是其行動的準則。政府是透過制定政治規則來分配資源、調整和協調各利益主體的行動的；而私營部門則透過價格槓桿影響供求關係來起作用；非營利組織則是透過信任信念、價值和標準來實現其功能。總體來說，現代城市管理過程是一個各種利益主體共同參與、共同作用的多元化治理過程。不同的參與主體對涉及自身的城市管理的相關問題如何發揮影響，影響的程度如何，他們的權力和責任如何界定，透過什麼方式實現，等等，如何在分析和借鑑中西方相關理論與實踐基礎上構建這一運行機制是本書試圖實現的目的。

二、城市管理的三元結構模式

強調城市管理主體的多元化是基於城市管理面臨的新挑戰。城市化快速發展的同時伴隨著社會轉型，諸多矛盾交織在一起，使當前的城市管理面臨不少問題。從中國城市管理的本質來看，城市管理存在一部分群眾的環境需求和一部分群眾生存需求之間的矛盾。從管理體制來看，存在明確的二級政府（市政府、區政府）三級管理（市、區、街道）四級網絡（市、區、街道、社區）體制與各級責任都不很明確的矛盾。從城市管理投人來看，存在著管理有時間成本而群眾對環境需求無時間限制的矛盾。從城市管理行為來看，存在表象為市容管理不到位，而實質為各有關部門未盡職的矛盾。所有這些問題的核心是有些事情無人管，有些事情有人管但力不從心管不好，問題的根源是管理主體的缺位 [15]。

強調城市管理主體的多元化，是要綜合運用國家機制與政府組織、市場機制與營利組織、社會機制與公眾組織三套有利於城市健康發展的城市管理

工具，構建一種全民參與的現代城市管理體制。城市管理主體多元化模式運行的關鍵，一是政府放權，二是公眾參與，三是各主體間利益協調，同時要利用訊息化的平臺為各主體參與管理提供載體與渠道。

（一）多元管理主體間的協調

多元主體的城市管理主要有歐美和東亞兩種典型模式，歐美模式主要利用市場主體進行城市管理，政府透過間接手段調節，但是這種模式往往需要比較完善的市場經濟體系作為保障。東亞模式以日本為代表，日本的城市管理還是以政府為主導，但給社區以相當的自治權力，並透過社區的內部組織在本社區範圍來進行城市管理。

多元城市管理主體之間的協調可以引入市場機制。市場機制的引入，一定程度上需要自主利益群體的形成，每個管理對象都是利益主體，對他們進行研究可以發現，他們都希望自己利益最大化，因此對城市管理形成一定抗力，如果適當引導也可以推動他們的聯合，形成較規範的經營實體。社區居民是另一利益群體，充分讓他們瞭解到自身利益的形式、界限，並在社區層次上加以組織，會形成自覺維護自身權益，改變身邊城市環境的機制。

因此多元主體的引入並不能簡單理解為把基層組織發動組織起來，而應該從利益群體入手，發揮社會的自組織功能。透過調動主體追求利益的積極性，把原本為政府 - 管理對象的二元矛盾，轉化為多元主體之間的利益之爭，最大程度上透過市場和法律解決問題。

（二）政府的放權與分權

樹立有限政府的理念。政府不能包辦一切，政府城市管理職能也應從「全能」政府向「有限」政府轉變。在管理主體上，要有政府、企業、社會團體、市民等多元主體觀，變主要依賴政府為政府倡導、社區介入和公眾參與共同管理，發揮社會團體、行業協會和中介機構在城市管理中的作用。要把政府城市管理工作的重點放在宏觀調控和依法行政方面，充分發揮市場經濟的調節優勢，形成政府體制、市場機制、社會機制在城市管理上的協調和優化。

在歐美國家，生活福利設施以及其他公共設施的建設與運行都是作為獨立的行業出現在城市管理體制中，專業化程度非常高。職工日常的生活起居都是由社會來負責，組織只是定期繳納一些物業管理費用。西方國家明確的社會分工帶來了高效率。古希臘政府「凡是私人能做的事，絕不讓政府做；凡是低層政府能做的事，絕不讓高層政府做」的原則，仍然被美國管理學界所重視。將城市管理推行社會化，近年來也成為中國城市管理改革的趨勢。如浙江省長興縣嘗試推行的「城市物業管理」模式。

一是把國有資產經營的理念引入到由政府投資建成的城市設施的管理工作中，透過「有償使用」原則的實際應用，確保國有資產發揮最大的社會、經濟效益，實現在使用過程中國有資產的保值增值。

二是積極推行管干分離、管養分離，實行城市維護作業的社會化、市場化運作，不斷降低城市管理成本。以「花最少的錢買最好的服務」的方式體現了政府職能的轉變，同時提高了城市維護的效益和效率。

而城市管理的分權主要有兩方面的含義，一方面，是政府內部的分權，即上一級向下一級的分權和基層政府向派出機構的分權；另一方面，是政府與社會的分權，將由社會解決的問題歸還社會，鼓勵民眾、非營利組織、社會團體參與公共管理事務，主動承擔許多政府做不了的而企業又不願管的事情，實現「小政府，大社會」的政府管理模式。在此模式下政府才能扮演好掌舵導航的角色，而政府的工作效率才能提高。

（三）提高公眾參與層次

公眾參與實際上是國家的權力向社會的回歸，公眾參與的過程就是一個還政於民的過程。公眾參與城市管理強調公眾對管理過程的決策、實施和監督，體現了政府和公眾之間的良好合作。公眾參與作為一種新的管理理念，將促使城市管理由上而下逐步向自下而上的轉變，最終達到兩種形式的平衡。

城市的主體是人，城市管理目標也主要為了人。城市管理水平的提高，必須堅持「以人為本」的服務理念，實現從「管民」到「為民」的轉變，把公眾當作城市管理的積極行動者而非被動的接受者。引導公眾參與要提高公

眾參與城市管理的層次。目前，公眾參與城市管理較多停留在假（非）參與的層次上，象徵性參與在逐漸增多，實質性參與則較為少見。鼓勵引導公眾參與城市管理涉及制度、渠道等多方面因素，但公眾參與的積極性與自覺性是很重要的，而這在很大程度上取決於參與者對參與程度的感知。只有實質性參與才能讓參與者感覺到自己是所生活城市的真正主人，從而發自內心地以主角的姿態參與城市管理。城市管理的基礎在社區，社區是城市居民聚集和生活的主要場所。家庭、社區是人們活動時間最長、穩定性最強、依賴性最大的地方，也是人們養成或好或壞生活習慣、衛生習慣的發源地。要以社區為載體，加快城市管理的社會化進程。

註釋

[1] 馬克斯韋伯：《韋伯作品集Ⅵ：非正當性支配——城市類型學》，廣西師範大學出版社，2005，1-2 頁。

[2] 劉易斯·芒福德：《城市發展史：起源、演變和前景》，中國建築工業出版社，2005，172 頁。

[3] L. 沃思：《作為一種生活方式的都市性》，見 R.E. 帕克等著，《城市社會學》，華夏出版社，1987。

[4] 王穎：《城市社會學》，三聯出版社，2005。

[5] 董樹藩：《都市管理概論》，（臺灣）商務印書館，1987，第 22—26 頁。

[6] 錢振明等：《善治城市》，中國計劃出版社，2005。

[7] 王建民：《城市管理學》，上海人民出版社，1987。

[8] 張躍慶等：《城市管理概論》，北京經濟學院出版社，1990。

[9] 尤建新：《現代城市管理學》，武漢出版社，2003。

[10] 張鐘汝等：《城市社會學》，上海，上海大學出版社，2001，第 203—204 頁。

[11] 葉南客，李薈：《策略與目標——城市管理系統與操作新論》，南京，東南大學出版社，2000，第 27—28 頁。

[12] 劉淑妍，朱德米：《參與城市治理：中國城市管理變革的新路徑》，《中國行政管理》，2005 年第 6 期。

[13] Amstein.Sherry，「A Ladder of Citizen participation」，Journal of American Institute Plan-ner8，VoL35（1969）.

[14] Gars on，GD.And J.D.Willianms，「Public Administration：Concept，Reading，Skill」，Bost Publon，Massachusetts：Alyn&Baenlne.1982.

[15] 張超：《城市管理主體多元化模式探討》，《學海》，2006 年第 6 期。

第二章 西方城市管理公眾參與的歷史演變

　　西方城市的發展史就是一部公眾參與城市管理的歷史。在西方城市的發展演變中，公眾參與城市管理的領域不斷擴大，參與程度不斷深化，逐步形成了比較成熟的公眾參與城市管理的制度。西方國家城市管理公眾參與的制度模式為中國建立和完善城市管理公眾參與制度提供了借鑑和參考。

▍第一節 古代西方城市管理的公眾參與

一、古希臘時期西方社會城市管理的公眾參與

　　在古代希臘，城邦或國家（polis）首先是一個公民集體。公民是城邦的主體，在城邦中形成一個特權階層，並享有一定的權利，而公民首要的權利就是參與對城邦公共事務的管理。「公民權」一詞的詞根是「polis」，即「城邦」，希臘文中的「politeia」一詞本身就有以城邦為基礎的公民社會的意思。也就是說，公民權和城邦是密不可分的。在希臘城邦中，公民群體是城邦公共事務與社會生活的主體，在城邦政治方面，公民有權參與對城邦公共事務的直接管理，參與城邦重大事件的決策過程。

　　亞里士多德在給公民和城邦下定義時說：「當一個人有權擔任官職，或議會成員，或陪審團成員時，我們就認為他是城邦的公民，而當一個公民群體大得足以維持自給自足的生活時，我們就可以稱它為城邦。」[1] 顯然，在亞里士多德看來，在希臘人的觀念裡，公民權和政治參與的權力是分不開的。亞里士多德又說：「人從天性上來說是個政治動物。」[2] 這句話的希臘文原意是說，人從天性上來說是生活在城邦裡的動物。這也就是說，公民只有生活在公民群體即城邦中才具有意義，離開了城邦這個公民群體，公民也就不成其為公民了。因此，對城邦公共事務的參與和管理對古代希臘人有著特殊重要的意義，它成為個體是否具有公民權的一個像徵。

（一）雅典公民對城邦公共事務的管理

在古希臘早期，希臘各地的貴族統治導致了社會矛盾的普遍激化，並引發了社會下層為爭取社會與政治權利而同貴族統治階層進行的爭鬥。古代希臘城邦內部的爭鬥是一種普遍現象，是城邦社會與政治生活的一部分。這種爭鬥導致了意義深遠的社會變革：貴族階層的權力得到削弱和限制，同時，以中小農為主的社會下層獲得了一定的經濟權利以及參與城邦政治的權利。這種變革的結果最終以立法的形式確定下來，便產生了制度化的政治體制——城邦制度，同時也確立了公民權的觀念。

1. 雅典城邦制度的確立

在雅典，城邦制度確立的代表是公元前 6 世紀初的「梭倫改革」。在改革以前，一個封閉的貴族階層統治了雅典城邦。他們對下層農民進行無情的剝奪，許多農民陷入債務，甚至因此而失去自由，被賣身為奴隸。這種嚴酷的現實引起了下層農民的強烈不滿。在這種情況下，梭倫被推舉為立法者，以調和社會下層和貴族統治階層的矛盾。在梭倫上臺以後，他進行了全面的立法，先是廢除下層農民的所有債務和債務奴隸制，並將貴族強占的土地歸還給下層農民。接著他又按土地財產的多少將公民分成四個等級，賦予每個等級相應的政治權利。此外，他還建立了城邦的一些管理機構如四百人會議和人民法庭等。

梭倫的這些立法，同樣從經濟權利和政治權利兩個方面限定了公民權。債務奴隸制的廢除保障了公民的人身自由，債務的廢除和歸還土地給農民的措施改善了下層農民的經濟地位，同時確立了公民擁有土地的權利。公民等級的劃分一方面打破了貴族階層對政治權利的壟斷，一方面又把政治權利和土地財產聯繫起來。雖然政治權利的分配仍然不是民主的，但即使是最貧窮的第四等級也獲得了基本的政治權利，即參加公民大會和投票的權利。對公民群體的限定亦即公民社會的形成實際上代表著雅典城邦制度的確立，正是在這個意義上，古典的學者如亞里士多德和柏拉圖都把梭倫看成是雅典城邦的建立者。由此看來，希臘公民社會是在城邦制度的確立過程中形成的，它也是城邦制度賴以存在的基礎。

2. 雅典公民參與城邦事務的形式

在實行民主政治的雅典，公民透過公民大會、四百人會議和人民法庭直接管理城邦。公民大會是城邦的最高權力機關，凡年滿二十歲的男性公民均有權出席公民大會。它也是最高立法機關，並對城邦的所有重大決策進行直接投票。四百人會議相當於城邦的常設政府機構，其成員從年滿三十歲的男性公民中抽籤選出，任期為一年，不得連任，而且任何公民一生中擔任四百人會議成員不得超過兩次。這就意味著，大部分公民都有機會成為四百人會議的成員，從而直接參與城邦的日常管理。人民法庭是公民參與城邦管理的另一重要機關，它有權對違反城邦利益的公共案件做出裁決，其裁決方式是由陪審團成員直接投票進行判決。陪審團成員的總人數達到六千人，全部從志願公民中抽籤選出來，因此人民法庭實際上是公民行使其城邦管理和政治權利的又一個重要機構。

（二）斯巴達公民對城邦公共事務決策的參與

1. 斯巴達的城邦制度

在斯巴達城邦，公元前 7 世紀前期的「萊庫古立法」代表著斯巴達城邦制度的確立。由 28 名貴族和兩個國王組成的元老會議是斯巴達城邦的權利中心。但是「萊庫古立法」還規定，元老會議的決議必須經過人民（damos）亦即公民的確認。為了滿足社會下層平均分配土地的要求，「萊庫古立法」將斯巴達人所占領的美西尼亞領土劃分成平等份地，分配給斯巴達人，分得份地者即成為城邦的公民。與此同時，他還在城邦的公民群體中推行一種共餐制。凡斯巴達的男性公民都必須集體用餐，但每個公民必須將其份地的一部分收穫上交城邦，以供共餐之用。共餐制是斯巴達公民行使政治權利的基礎，它與其獨特的軍事制度一起形成了公民政治生活的主要方式。十分明顯，公民的份地又是這種共餐制的基礎。透過這樣的改革，「萊庫古立法」從經濟權利和政治權利兩方面定義了公民權。公民擁有平等的份地，同時有權參加城邦的共餐，因而也有權參加城邦的社會事務的決定與政治活動。

2. 斯巴達的公民參與形式

在實行貴族政治的斯巴達，對城邦的重大決策同樣要由公民大會進行投票。與雅典城邦制度不同的是，公民大會不是唯一的決策機構，和它同等重要的還有由貴族組成的元老會議。雖然如此，貴族元老會議的決定也還必須取得公民大會的贊同。此外，公民對政治生活的參與還透過共餐制和集體的軍事訓練表現出來。共餐制是斯巴達公民行使其政治權利的基礎，也是公民參與政治生活的主要形式。包括國王在內的所有男性公民都要集體就餐，其目的就在於培養一種公民群體的集體意識。實際上，斯巴達整體的社會與政治制度十分注重對公民集體意識的培養。所有斯巴達兒童從七歲開始，都要進行集體生活，經過嚴格的集體教育。這種教育制度和它的共餐制在公民群體中培養了一種平等的觀念，因此斯巴達公民把自己稱為「平等的人」。在經濟方面，公民享有土地所有權，這是公民群體的特權。

希臘城邦從根本上來說是以農業為經濟特徵的社會，因此土地所有權在公民權的觀念中佔有十分重要的位置，沒有公民權的自由人不能擁有土地和房屋，他們只能租用土地和房屋。另一方面，公民的土地所有權使得農民階層成為城邦政治生活的主體力量，亦即公民社會的主體。雅典民主政治代表了古代高度完善的民主政治制度，它同現代西方的代議制民主政治不同，是直接的民主政治。公民以抽籤和輪流的方式直接參與城邦的管理。這同以選舉為原則的現代民主政治有著根本的不同。在希臘人的思想中，在亞里士多德的政治分析裡，選舉所代表的不是民主政治，而是貴族或精英政治。民主政治的根本原則是平等，反映在政治生活中就是抽籤和輪流執政。從這個意義上說，雅典民主政治代表了迄今為止人類歷史上最為民主的政治制度。

二、古羅馬時期城市管理的公眾參與

（一）古代羅馬人的公民觀念

無論是在政治觀念上還是在政治制度上，古代羅馬人都深受希臘人的影響。拉丁文中的「civitas」一詞同古希臘文中的「pofiteia」相對應，其含義也十分相近，意即「公民權」和「公民群體」。同時它還直接用來表示

「國家」，與「repub-lic」的意思相近。反過來，羅馬人所說的「國家」（republic）一詞也含有公民群體之意。根據西塞羅的觀點，國家應該顧及所有公民而不是部分公民的利益，所有公民都有權參與公共事務，而且國家必須建立在一套為所有公民接受、同時制約所有公民的法律之基礎上。顯然，在羅馬人的觀念裡，國家和公民群體是等同的。和亞里士多德一樣，西塞羅也相信，公民的最崇高職責是參與政治生活。

（二）古羅馬時期公民的參與形式

在羅馬歷史的早期階段，公共權利為貴族階層所壟斷。但從公元前 5 世紀開始，平民階層為爭取平等的政治權利，同貴族階層進行了一系列的鬥爭。結果到公元前 3 世紀，平民階層獲得了與貴族階層完全平等的政治權利，亦即完全的公民權。同古代希臘一樣，古代羅馬的公民權也包括政治權利和經濟權利兩方面的內容。公民大會是公民行使其政治權利的主要途徑，它是國家的立法機關，同時選舉各級官員（包括國家的最高行政長官——兩名執政官），並授予他們行使其職責的權力。此外，國家官員沒有處死任何羅馬公民的權力，只有公民大會才擁有這樣的權力。到公元前 3 世紀前期，主要由下層平民組成的平民大會也得到國家的認可，並獲得了立法權，成為羅馬政體的一部分。在經濟上，公民擁有土地所有權，同時可以享受國家所提供的各種補貼，其中最重要的是糧食補貼。顯而易見，公民群體是羅馬國家的主體，也是羅馬城市政治與社會生活的主導力量，而這個公民群體同樣包括農民和土地所有者在內。因此可以說，古代羅馬的城市社會是公民積極參與公共事務管理的社會。

然而，古代羅馬的情形同古代希臘並不完全相同，它不是以一箇中心城市為基礎的小城邦。透過一系列的征服戰爭，到公元前 2 世紀中葉，羅馬人建立起了一個橫跨歐、亞、非三大洲的大帝國。被征服地的居民雖然沒有羅馬公民權，但有權參與地方的政治生活和市政管理，在自己的城市中享有選舉權和被選舉權。從這一點上來說，每個城市也都形成了一個相對獨立的城市社會，它同樣也就是公民社會。

三、城市管理是古代西方社會政治制度的主要內容

從根本上來說，歐洲的古典文明（即希臘羅馬文明）是一個城市文明。這不僅因為城市是政治活動、社會活動和宗教活動的中心，而且還因為城市實際上也包含了農村。這種包含指的是在政治社會觀念以及制度上的包含，即城市居民和農村居民並不因為其居住地域的差異而被賦予不同的政治和社會權利。無論是在希臘城邦還是在羅馬帝國，農民和城市居民一樣，都享有同等的公民權，擁有同樣的政治和社會權利。城市和農村不是隔離的或對立的，而是連為一體的，這個連接的紐帶便是公民權。

在希臘羅馬文明中，城市的功能主要是政治和社會活動的中心。人們在這裡討論國家或城邦事務，召開公民大會進行法庭審理。參加各種公共節日和宗教節日，同時也在這裡觀看戲劇和決鬥表演。在羅馬帝國時期，手工業、商業和貿易的發展，使得城市不再僅僅是一個政治和消費中心，而且還成為一個生產和商業中心，城市生活呈現出一片欣欣向榮的景象。

但是，從公元 4 世紀起，羅馬帝國和整個歐洲的社會背景發生了深刻的變化。先是日耳曼人的各族紛紛入侵羅馬帝國境內，最終導致了它的解體。而後由穆罕默德的後繼者們建立的伊斯蘭阿拉伯帝國開始向西進行大規模征服戰爭，其勢力直達西班牙和法國南部。再後來，來自斯堪的那維亞的北歐海盜和來自東方的匈牙利人又席捲了整個歐洲。這一系列的事件打破了羅馬的和平，使得歐洲社會長期處於動盪不安的局面。由於蠻族的劫掠、海盜的猖獗和穆斯林的侵入，自古以來就作為東西方貿易主要通道的地中海失去了它的活力。與此同時，歐洲大陸內部南北之間的交通與貿易也受到衝擊，商路中斷。商業的衰退導致了城市生活的衰落，曾經繁榮興盛的沿海港口城市變得毫無生機。相反，一些地處內陸、與外界隔絕的城市因較少受到衝擊而變得興旺起來。作為社會最富有的階層，羅馬帝國的元老階層曾經是城市繁榮的支柱，這時也因城市的動盪不安而退居到他們的莊園裡過起了自給自足的生活。

第二節 中世紀西方城市管理的公眾參與

羅馬帝國滅亡之後，歐洲逐漸進入中世紀，城市生活走向衰落，代之而起的是封建莊園制度，農民變成了沒有自由的莊園農奴，公民社會也隨之消失。

一、中世紀歐洲的城市變遷

到公元 8 至 10 世紀，隨著加洛林帝國的分裂，社會治安的進一步惡化，商業經濟進入一個最為衰落的階段，市場上流通的物品和貨幣都減少到最低限度。由於貿易的衰落，原先專門為市場生產的貴族莊園，這時卻發現市場已經不再需要它們的產品了，因此它們逐漸轉向自給自足的生產。在這樣的背景之下，歐洲的封建莊園制度迅速發展起來。莊園主將土地出租給農民耕種，後者每年交納一定數量的實物地租，並且成為附屬於莊園、沒有自由的農奴。這樣的生產模式成為占統治地位的經濟形式。與此同時，國王以下的大小封建主也都以同樣的方式，建立起個人的依附和效忠關係。人身依附關係成為社會的主要連接紐帶，而市場和金錢作為一種社會連接關係的功能被完全取代了。相應地，以商業和貿易為主的城市也為封建貴族的城堡所取代。

到公元 10 世紀，歐洲大陸的政治格局逐漸安定下來。阿拉伯人向歐洲的擴張得到遏制，東西方的勢力達到了暫時的平衡。不斷騷擾歐洲大陸的斯堪的那維亞人退了回去，東斯拉夫人和匈牙利人的入侵也被擊退了。歐洲進入了一個相對和平的時期，經濟也隨之開始復甦。

到公元 11 世紀，商業與貿易再次興盛起來。在義大利和佛蘭德斯，商業最先發達起來。義大利的商人重新打開了同東方的貿易，在西歐與拜占庭和阿拉伯世界之間架起了一座通商的橋樑；而佛蘭德斯則是波羅地海沿岸地區同西歐各地之間貿易的中轉站。正是在這兩個地區，城市又開始重新復甦，並迅速發展起來。在義大利，以威尼斯、熱那亞和比薩為代表的商業城市成為最為繁榮的國際性都市，它們吸引了來自東西方的商人；佛蘭德斯、布魯日、根特、依普熱、里爾等成為南北方貨物的主要集散地，它們是北歐、法國、英格蘭、甚至義大利商人經常出沒的地方。市場的需要、商業和貿易的發展

反過來又刺激了手工業的生產。很快，手工業生產和手工業者也加入到城市生活的行列之中。在這樣的背景之下，城市一旦在義大利和佛蘭德斯興起，便迅速擴散到整個歐洲。到13世紀中葉，在歐洲業已形成了前工業時代的城市網絡。在最大的城市巴黎，人口達到10萬以上；人口超過5萬的城市將近10座，其中絕大部分都在義大利；人口超過1萬的城市達到60至70座，而擁有幾千人口的小城鎮則更是多達幾百座。

二、中世紀歐洲對城市管理權的爭奪

同古希臘羅馬時期的城市相比，歐洲中世紀的城市有了顯著的不同。然而，這種不同與其說是城市本身的不同，還不如說是城市所處的社會環境的不同。在古希臘羅馬時期，城市同整個社會是連為一體的，是整個社會和政治制度的一部分；但在中世紀，城市是在封建主的領地和城堡、封建莊園、教會領地和修道院的包圍之中出現的。

與封建農莊裡自給自足的生產方式不同，城市裡的商業和貿易活動首先需要有自由的保障。同時，古希臘羅馬時期所奠定的自由的城市生活的傳統仍然沒有中斷。這樣，以商人為首的城市居民為爭取城市的自由同封建領主展開了不同形式的鬥爭。儘管這種鬥爭有時候會發展到使用暴力，但在許多情況下還是採取較為和平的方式進行的。有時候，商人們甚至不得不用金錢向封建領主買得城市的自由。從封建領主的立場來看，給予城市自由並不完全是權利的喪失。他們中的大多數很快意識到，一個欣欣向榮的城市會給他們的領地帶來巨大的經濟利益。因此，在給予城市自由的時候，他們並沒有表現得頑固不化。

在形式上，城市的自由是透過城市同封建領主之間訂立的憲章或條約來確定的。雖然這些憲章和條約的規定不盡相同，但在根本原則上都是一致的：城市必須向封建領主納稅，但後者放棄對城市的統治權和司法權。這樣，城市成了一個自治的、自由的世界，而包圍著它的卻是一整套以束縛個人自由為特徵的封建體系。從這個意義上來說，城市同它所處的社會環境是分離的。這個時期德國的一句格言「城市裡流動著自由的空氣」，最為真實地反映了城市同農村的分離。

實際上，中世紀後期城市的興起主要歸功於商人階層的興起與壯大。商業活動的增加首先在交通便利的地方形成集市，隨著大量商人的遷入，這些集市的所在地就逐漸發展為城市。隨著商人階層的壯大及其經濟實力的加強，他們開始為爭取自由和政治權利而鬥爭。11世紀後期，義大利的一些城市首先獲得了自治權，並建立起城市自治政體。其市政長官由選舉產生，並且沿用古代羅馬執政官的稱號。其後阿爾卑斯山以北的一些城市也紛紛爭取到自治權，建立起自己的自治政體，許多城市甚至同封建領主簽訂憲章，使城市的自治權得到保障。

雖然各城市的自治政體並不完全相同，但它們都有一些基本的共同點，即每個城市都由一個市政委員會對城市事務進行管理，市政委員會的成員和城市官員均從城市的公民群體中產生，公民透過行會或公民會議參與城市的管理。顯而易見，中世紀城市自治政體的基礎仍然是它的公民群體。在某種程度上，「城市」一詞所指的就是它的公民群體。在這一點上，中世紀的城市同古代希臘和羅馬的城市有著相同之處。公民享有人身自由，並有權參與城市公共事務的管理。這同封建莊園裡的農奴形成鮮明對比，後者依附在封建領主的土地上，沒有人身自由。但公民群體的範圍有所限制，只有在城市內住滿一年零一天的人才能獲得自由，也即在城市擁有公民權。

三、中世紀西方城市管理公眾參與的表現

西方中世紀的城市自治一方面表現在城市同封建領主之間的關係上，另一方面表現在城市的管理制度和城市生活中。

中世紀對城市管理的公眾參與是透過自治團體完成的。這種自治同樣有兩個方面的含義：一方面是相對於封建領主統治的自治，另一方面則是自我管理或自我統治。城市自我管理的核心是它的公民群體。在中世紀的城市中，「市民」一詞具有特定的歷史和政治含義。它表示享有公民權的城市居民，因而市民群體就是城市的公民群體。市民的公民權賦予了他們參與城市事務和城市管理的權利。城市公民群體的範圍很廣，即使是逃到城市裡的奴隸或農奴，如果在城市裡生活了一年零一天以上，他也會獲得公民權。它包括了城市裡所有的合法居民。

公民對城市事務的參與，首先是透過行會或兄弟會來進行的。行會和兄弟會是城市裡最先出現的自治機構。商人們為了保護自己的利益，對商業活動進行規範，最先組成了行會或兄弟會。入會的會員必須宣誓遵守行會的章程，維護團體的共同利益。這種行會和兄弟會的組成各不相同，有的行會由從事同一行業的商人組成，有的則由不同行業的商人組成，兄弟會的成份則更為混雜。從制度上來說，中世紀的城市就是由這些行會和兄弟會組成的。城市公民也必須宣誓，遵守城市法律，維護城市的利益。在法國，這種由誓言約束、以共同利益為基礎的城市公民自治群體稱為「公社」。行會和兄弟會由會員推選出來的代表來進行管理，並設財務官來管理行會的財政。每個行會都有一個行會大廳，會員們定期在這裡聚會，討論行會的事務。

在行會和兄弟會之上，城市由一個市政議事會來管理，它的成員是由行會和兄弟會的代表所組成。市政議事會的權力來自於公民群體，並受到市民大會的監督。在司法方面，同樣體現了市民群體自治的原則，訴訟案件由市民組成的法庭和陪審團按照城市的法律進行審理，由市民組成的陪審團保證了執法的民主性和公正性。事實上，現代西方國家的陪審團制度，就是從中世紀流傳下來的。

四、中世紀歐洲的城市管理體制

從根本上來說，中世紀歐洲的城市具有兩個來源：一是希臘羅馬城市文明的傳統，一是中世紀商業的興起形成的商業中心。雖然在羅馬帝國解體之後』城市生活逐漸走向衰落，但城市文明的傳統從來沒有中斷過。公元 10 到 11 世紀，城市之所以率先在義大利復甦，除了商業的因素以外，還因為作為羅馬帝國的心臟，義大利保留了濃厚的古典城市管理體制的傳統。

具體地說，古典城市管理體制的傳統主要體現在中世紀城市的政治與社會制度之中。城市中公民群體和公民權的觀念、陪審團的制度以及市政議事會和公民大會的制度，實際上都是古典世界公民參與公共事務決策的發明。城市管理體制的這種傳承關係，在義大利的城市中反映得最為明顯。由選舉產生的市政長官被稱為「執政官」，這個稱號本來是羅馬國家最高行政長官的名稱。從 11 世紀後期起，義大利的城市普遍開始設置執政官。先是在

1081 年，盧卡和比薩設置了執政官；而後，米蘭和熱那亞分別在 1094 年和 1099 年選舉了自己的執政官。最後在 1138 年，佛羅倫薩也有了自己的執政官。在其後的 30 年裡，伯加莫、布萊西亞、摩德納、博洛尼亞和維羅納都設立了自己的執政官。由於執政官曾經是羅馬國家最高行政長官的稱號，因此它不僅僅是一個官職，而且還是完全意義上自我統治的象徵，是從封建制度中獲得自由的象徵。

另一方面，中世紀商業的興起，是城市能夠在封建莊園制度的環境之中復甦的關鍵。商業的興盛，使得商人階級的力量日益壯大起來。他們在城市的社會和政治活動中起了核心作用。正是在商人階層領導的鬥爭中，城市才從封建領主那裡爭取到了自治權利。另外，商人為了行業規範的需要而建立起來的行會，也成為城市管理體制的一個重要組成部分。行會最初起源於古典城市文明傳統較為薄弱的德意志地區，不過很快它就為其它地區的商人所接受，成為城市中普遍存在的社會組織。從這個意義上說，城市自治政體又是古典城市傳統與行會的結合。

如果單從城市本身來看，中世紀的城市同古典時代的城市本身並沒有根本的差別。城市生活的主體都是一個公民群體，他們在很大程度上享有自治權，並透過選舉和公民大會直接參與城市的管理。所不同的是，城市所處的社會環境發生了根本性的變化。古典時代的城市同整體的社會與政治制度是相一致的，同它周圍的農村之間並不存在明顯的差別。但在中世紀，城市同包圍它的農村是分離的。城市本身的結構就明確反映出了這種分離，每座城市都築有完全封閉的城牆，並嚴格把守城門，這一方面是為了抵禦外敵的入侵，另一方面則是用來將它同周圍的農村分離開來的。

城市同農村的分離具有非常重要的歷史意義。在這裡，「農村」所代表的不僅僅是鄉村，更重要的是，它還包括占據統治地位的封建制度。也即透過同農村的分離，城市從整套的封建制度中脫離出來，成為它的對立面。正是在這個意義上，西方學者將中世紀城市社會看成是公民社會，並把它定義為同政府分離的自治性社會群體或非政府群體。然而，公民社會的重要性並

不僅僅停留在它同統治整個社會的政府的分離，而恰恰在於它對城市管理、對整個社會的政治生活、社會生活的影響和參與。

到了西方歷史的近現代，隨著城市和農村區別的逐漸消失，隨著二者之間界限的模糊，同時由於公民權擴大到農村地區的居民，公民社會的範圍再次將農村居民納入其範圍之內。它的界限不再像中世紀那樣，包括地域範圍的限制，而是完全代之以公民權為基礎。公民群體主要是一個政治群體，其社會與政治權利為國家政體所規定，它是國家政治生活的主體。

總體說來，城市管理的公眾參與是在西方制度化政治體制中產生和發展起來的，同制度化政體一樣，它最根本的基礎是公民權及其觀念。制度化政體是建立在公民群體的基礎之上，它保障公民的政治與社會權利，並且要求公民積極參與政治生活，因而就形成了一個以政治生活為紐帶的公共領域。希臘城邦是制度化政體的原型，同時也孕育了最早的公眾參與的因素。羅馬人繼承了希臘人的政治思想和政治制度，雖然羅馬國家實行的是貴族政治，但其政體仍然以公民群體為基礎，屬於制度化的政體。歐洲中世紀的封建王權和教會統治打破了制度化政體的傳統，對公共生活的公眾參與也隨之消失。到中世紀後期，城市的復甦使得對公共事務的社會參與再次成為可能，就在於城市內實行的是制度化政體。但是，由於中世紀的城市產生於封建莊園制度之中，由於制度化政體僅僅侷限於一些城市，因此，其對公共事務的參與也不是普遍意義的公眾參與，而是特定歷史情形之下的參與，其覆蓋面受到特定地域的限制。從這個角度來看，歐洲中世紀對城市管理的公眾參與並不具備典型意義。

第三節 近代西方城市管理的公眾參與

在封建君主貴族的專制統治下，專制君主和封建貴族對權威、秩序和穩定的追求使得人們對自由和平等的追求受到壓抑，無法實現。因此，在封建社會裡，對公共事務的參與是少數人的「私域」，普通民眾基本上無法參與公共事務的決策，直接參與模式幾乎蕩然無存。

一、近代西方社會對城市管理權的爭奪

從 15、16 世紀開始,歐洲的封建制度逐漸解體,民族國家也隨之逐步形成。而城市也就融入到民族國家中來,成為它的一部分。這時候,城市的市民群體已經發展成為一個擁有深厚的經濟基礎和社會基礎的資產階級。他們帶著城市的自由氣息和民主觀念,帶著同社會統治階級分離的心態走進民族國家,但卻意外地發現,他們成了社會的被統治階級一第三等級,而占據統治位置的則是世襲的、幾乎擁有絕對權力的君主。由於他們仍然帶著城市的分離的心態,也由於他們是被統治階層,他們自然而然成了同統治者相對立的階級,成為監督統治者和政府行為的一支主要的社會力量。他們要求將早已習慣了的城市自由而民主的生活方式引入民族國家。正是在他們的推動下,歐洲國家相繼爆發了資產階級革命,走上了政治與社會民主化的道路。也正是在這個過程中,公民社會才體現出了它真正的歷史重要性。

隨著資本主義商品經濟的迅速發展,隨著資產階級經濟地位的不斷上升,它們越來越要求以市場 - 平等的交換關係來代替土地 - 人身的依附關係。為了達到這一目的,它們首先發動了一場以自由、平等和博愛為口號的啟蒙運動,在思想領域引導人們擺脫封建的「君權神授」、「貴族特權」的思想束縛。在這場偉大的啟蒙運動中,雖然思想家們在對如何管理城市的公眾參與問題上有些分歧,但他們普遍都呼籲參與權利的擴大。在他們的影響下,爭取普遍參與權的運動越來越大,也越來越頻繁。透過鬥爭,資產階級參與權不斷得到擴大。

二、代議制公民參與模式及功能

到了 19 世紀 60 年代,在風起雲湧的無產階級革命運動的壓力下,在資產階級的推動下,歐美各主要資產階級國家被迫對選舉制度進行了新的改革,參與權擴大到無產階級。但是,隨著無產階級運動的不斷擴大,資產階級開始限制無產階級的公民參與權,而且直接民主在當時的社會條件下也無法實現。於是,西方資本主義國家相繼建立了代議制政府,實行代議制民主。由於這種代議制政府最終是以一種國家制度的形式確定下來,並且這種制度決

定了人們參與政治的基本方式和途徑，所以也可以把它稱之為代議制公民參與模式。

從實質上看，這種參與由於是人們透過選出代表去參與公共政策的制定和執行，而不是人們親自參與，所以在本質上這種參與屬於間接參與。這種間接參與主要表現為以下幾個特點：從政治參與的內容上看，參與主要集中在立法和對議員的選舉上；從國家制度安排層面上看，這種參與模式需要憲政、普選制及分權制來保障；從參與的形式來看，公民透過普選制，保證人們的基本參與權，透過罷免、預期選票、定期選舉等對代理人施加影響，透過代理人實現對立法和公共事務的管理；另外，政黨的存在和發展，極大地提高了公民代議制參與的程度和水平，其作用主要表現在利益匯聚、組織選舉、參與立法、組建、監督和控制政府等方面。

雖然這種代議制的間接參與模式使廣大人民群眾難以參與政治決策，與直接參與的理想有著較大距離，但是在當時的條件下，它確實不失為一種較好的參與模式。

▌第四節 現代西方城市管理的公眾參與制度

19 世紀中後期以後，資本主義開始發生巨大的變化，開始由自由資本主義向壟斷資本主義過渡。在這個過程中，資本主義的代議制民主也面臨著新的挑戰，並一度出現了危機。這種危機一方面來自於法西斯的上臺，另一方面來自於社會主義的興起。儘管最後代議制民主渡過了危機，但是在這一過程中它自身也發生了變化。這種變化主要表現在代議制政府內部權力從以議會為中心向以行政機關為中心的結構轉變。發生這種轉變的原因有以下幾種：首先，19 世紀 30 年代西方世界普遍發生的經濟危機，使得習慣於長時間討論而難以做出決斷的議會地位下降，政府的作用提升。特別是羅斯福「新政」的成功，更是提高了政府在決策中的地位，擴大了政府的干預範圍。其次，無產階級的不斷覺醒和鬥爭，迫使資產階級國家不得不考慮無產階級的利益，加大對社會經濟的干預，實行福利國家的政策。第三，這種政府對經濟的干預使得資本主義的無政府狀態下的生產與分配之間的矛盾得以緩和，刺激了

經濟的發展。政治、社會環境的變化對城市的管理和公民日常公共服務模式也產生了一定的影響。

一 現代城市管理的直接參與制度

雅典民主衰落後，直接參與模式作為主流已悄然逝去，但直接參與的餘波仍然時起時隱。據歷史記載，早期日耳曼部落和中世紀阿爾卑斯山區的居民曾享受過直接民主的生活。英格蘭和威爾斯的地方自治區人民也享有直接參與的權利。北美新英格蘭鄉鎮政權一直由每個公民都可參加的鄉鎮大會掌控。瑞士自12-13世紀起，部分州是由人民集會統治的，其中5個州延續至今。在代議制參與模式占主導的今天，有3種直接參與模式作為補充，即公民投票、公民創議和罷免民選公職人員。

公民投票是公民對已經提出的議案或現行法律進行投票表決。通常，當代議制政府出現危機不能有效地運作時，或在重大問題上黨派意見分歧嚴重而力量相當時，政府便訴諸於公民投票，由被認為是權力源泉的全體公民進行裁決。在第二次世界大戰前，公民投票只是偶然為之。之後，公民投票越來越頻繁地進行。據統計，在1945年到1980年間，在21個國家中共舉行過244次公民投票。只有荷蘭、印度、以色列、日本和美國等五個民主國家從未舉行過全國範圍的全民投票。瑞士被公認為是實行直接民主的國家的代表，在實行直接民主制度的近130年中，共有450多個全國性問題由全國性公民投票來裁決，占世界上全部全國性公民投票的一半以上，平均每年全國性公民投票達3次半。在澳大利亞，曾舉行過50多次全國範圍內的公民複決投票。義大利近年也成為公民投票的積極倡導者。1993年和1994年，西歐各國在決定是否加入《馬約》時，大多數都採用了全民公決的手段。總的說來，像瑞士和北歐諸小國較易在中央一級實行全民投票，而日本、德國和美國則較難實行這類全民公決，在這些大國裡，全民公決主要在州、地方政府、工作場所和地方社團等層面上實行。比如美國，聯邦憲法修正案要分別在各州舉行全民投票（特拉華州除外），在其他事務上，美國略過半數的州經常使用公民投票。到20世紀80年代，有1000多項由州議會提出的議案舉行了全民投票[3]。

公民創議可視為公民投票的一種特殊形式，它由達到法定數量的公民提出議案，政府組織全民投票。如果說，公民投票屬於一種意在糾正立法機關「作為過錯」的參政，那公民創議是糾正其「不作為過錯」的手段。未來學家約翰·奈斯比特曾指出，在 20 世紀 70 年代，美國人投票表決了 175 項州一級的創製議案，這個數字要比 60 年代增長 1 倍。到 80 年代，有 200 多項公民提出的議案交付表決 [4]。

罷免就是透過一定數量公民簽名提出動議，由全體投票決定是否罷免某一現任民選官員。到 20 世紀 80 年代末，美國有 15 個州可以罷免州一級民選公職人員，有 36 個州可以罷免各級地方公職人員。在實際運作中，州級公職人員遭罷免的情況是有限的。但在縣市一級，自 1903 年以來，大約有 2000 名官員被罷免 [5]。

應當承認，公民投票、公民創議和罷免的實行不僅是代議制參與模式的補充和修正，而且從量和質兩個方面代表著公民參與能力的提高和參與範圍的擴大。

二、開放議會制度及模式

國外議會除了具有立法、決策、監督政府等重要功能外，還有一個基本功能就是加強與公民的聯繫、促進公民對議會事務的參與。公民的支持為議會的存在提供合法性，議會的有效運轉也依賴於公民的支持。議會要改善自己在公民中的形象，獲得更廣泛的社會基礎，需要為公民提供更多訊息，不斷增強公民對議會事務的參與程度。在促進公民參與議會事務和支持議會方面，議員個人和選民之間「一對一」和「一對多」的聯繫，是議會和公民直接聯繫的重要環節。它可以幫助議員對於一些公共政策做出審慎的決定，也為解決公民對政府的訴願提供了有效的機制，使公民的意見和建議得到充分表達。但是，議會與公民聯繫的更為正式、公開、透明的機制，則是透過以下途徑來實現的 [6]。

1. 向公民開放議會大樓

　　議會的公民參與，最基本的一個環節是普通公民能夠進入議會開會的建築物。在美國和大多數西方國家，代表著國家或地方尊嚴的議會大廈是最宏偉的建築之一，是長期向公眾開放的。除了個別廳室和議員開會的會場外，公眾可以在議會大廳裡自由走動。美國所有的議會會議廳都設有公眾旁聽席，使公眾得以旁聽會議進程。雖然美國國會大廈和一些州議會大廈對所有進入者都進行安檢，但這些地方都是允許公眾進入的。美國國會和大部分州的議會大廈還設有參觀者訊息中心，負責解答公眾提出的問題，引導公眾到想去的地方參觀，還為有興趣瞭解議會大廈歷史和議會決策過程的參觀者提供「議會知識游」。美國夏威夷州議會還設立了一個創新性的公眾參與室，即在一個公共休息室提供了議會有關文件、傳真機和電腦終端系統，為那些希望影響立法進程的公民提供了便利條件。德國的柏林議會在設計議會大廈時就意識到了要以象徵的方式表現議會的公開透明。德國統一後，柏林眾議院對東柏林地區的老普魯士議會大樓進行重新裝修，作為議院的新辦公大樓。這個新裝修的議會大廈的會議廳有一個面向天空的玻璃屋頂，象徵著德國民主制度公開、透明的重要意義。

2. 允許公民參加議會委員會公開會議

　　許多國家和地區的議會，在全院大會討論某個議題之前，都是先由相關委員會負責徵求專家和公民的意見。例如，美國北達科他州議會在網站上向公眾發出這樣的邀請：「所有公民都有權利就北達科他州議會討論的任何法案或決定到議會作證。」這種聽證會一般都是議會的委員會舉行的。美國的各級議會運用公共聽證會來獲取公眾和專家的意見。有 9 個州議會要求議會的所有法案都要經過聽證會程序後才能進行審議。委員會的公共聽證會，就其定義來說就是對公眾開放的。但是，在委員會的其他會議是否應當向公眾開放以及開放的程度等問題上，還存在著許多爭論。在美國，51 個州議會的幾乎所有委員會會議都是公開的，唯一的例外是涉及委員會的內部事務，如討論人事決定以及涉及國家安全的事項時是不公開的。佛羅裡達州和科羅拉多州議會透過了最早的、也是最嚴格的「陽光」法律：在這兩個州議會，凡

是兩名或兩名以上議員參加的、討論公共事務的會議都必須對公民開放。美國議會委員會的這種公開化是在近 20 年中發展起來的，從世界範圍看，議會委員會的會議公開程度還遠未達到這種水平。根據各國議會聯盟的統計，有 60% 的國家議會總是或者通常是舉行祕密的委員會會議，一般來講每四個國家中只有一個國家的議會經常召開公開的委員會會議。

在首都或首府舉行的議會委員會公共聽證會和公開會議，只為那些距離議會大廈較近或者有能力長途旅行到議會大廈的公民提供了方便。為此，美國的一些州議會進行創新，採取了「委員會在路上」的方式。明尼蘇達州、華盛頓州和西弗吉尼亞州經常在首府之外舉行臨時委員會會議，以獲得更多的公眾訊息，並使議員對全州情況更加熟悉。1996 年，路易斯安那州眾議院把委員會會議送到了 42 個市鎮，這一做法對於促進公民參與和改善議會的公眾形象效果顯著。該州的眾議院議長對這一實踐作了如下詮釋：一些公民除了投票以外從來沒有機會參與政府事務。透過這次送委員會會議到社區，使普通公民看到了行動中的委員會，並使他們得到了表達自己訴願的機會。公眾看到議員並不是他們以前聽說的那種只在煙霧瀰漫的密室裡開會的神祕人物，而是與他們自己有著共同關心問題的、腳踏實地的立法者。

現代訊息技術的發展，使得委員會能夠運用視頻系統接收來自邊遠地區的公民證言。在地域遼闊的美國西部各州，如內華達和阿拉斯加，州議會通常採用衛星系統為居住在遠離首府的公民提供聽證的機會。得克薩斯州為所有參議員在選區和首府的辦公室之間安裝了互聯網視頻會議系統，因此普通公民只需到參議員選區辦公室，就可以聽到遠在首府奧斯汀的參議員本人的聲音並與其交談。在議會委員會階段，公民參與的另一種措施是吸納一些普通公民參加立法研究委員會。根據美國威斯康星州的法律規定，州議會的臨時委員會必須由普通公民和州議員共同組成。在其他國家或地區，議會的一些特別研究委員會中也可以包括普通公民。

3. 向公民提供議會訊息

國外議會採取各種不同的方法為公民提供關於議會工作的訊息，直接與公民進行溝通。大多數議會印刷一些介紹議會情況的小冊子，包括議員名錄、

照片、簡歷、議會工作人員和議會聯繫方式，以及議會立法、預算程序的簡要介紹等。大多數國家的議會還出版一本議會記事錄，這種記錄可以採取美國國會議事錄那樣每言必錄的形式，也可以像美國大部分州議會那樣出版一本定期刊物記錄議會的各項活動和投票情況。一些國家的議會對議會會議進程進行錄音並將錄音帶歸檔，但只有應法院要求才能進行轉錄。議會介紹和記事錄一般都要求使用者親自到議會大廈索取或閱讀，但也有少數國家的議會將議會介紹等材料分發到新聞媒體、公共圖書館和機場等公共場所。

　　一些國家的議會不僅僅侷限於提供介紹性的小冊子和議事錄，還想方設法為公民提供更加有效的訊息。如巴西的一個州議會建立了一套複雜的公共訊息系統，他們出版了一份日報，報導議會討論的情況』並配有照片和特寫故事，還在電視臺創辦了每週一次的談話節目，對議員進行採訪，並請議員現場接聽公眾打進來的電話。薩爾瓦多議會在國際組織的資助下，不僅出版了一本議會指南，而且透過在電視和電臺做廣告、在報紙開設專欄、出版漫畫等形式介紹和宣傳議會的立法進程。津巴布韋議會在全國範圍的農業和貿易交易會上舉辦展覽，展出選區地圖，散發介紹議會作用和歷史的小冊子，播放總理在議會「詢問時間」回答問題的錄影等。一些國家的議會透過廣播和電視影響更多公眾，它們為電臺和電視臺提供一些設施，並允許議員向當地電臺、電視臺披露一些新聞和訊息。美國國會允許一家電視臺對國會會議進行現場直播，美國有 17 個州的州議會也允許電視臺播放未經剪輯的議會會議實況。一些國家和地區的議會還運用現代訊息技術向公眾介紹議會情況。比如，在美國華盛頓州，公眾可以透過上網收聽收看議會辯論、委員會聽證會和其他議會活動。密蘇里州議會設立了免費電話，公眾可以打進這個電話來收聽議會會議進程。巴西的一個州議會為公眾提供了電腦觸摸屏，使公眾更便捷地瞭解議員和議會活動。這種設施目前只在議會大廈裡使用，但該州議會已計劃在購物中心和公共圖書館安裝這種設施。

4. 對公民進行議會教育

　　對公民進行議會教育是促進公民參與議會事務和增強對議會信心的關鍵措施。為推動公民教育的開展，使之真正收到實效，許多國家從中小學開始

對公民進行長期的議會教育。議會要求各學校必須開設關於議會的課程，並保證知識豐富和訓練有素的教師任教。議會還會提供一定資金購置相關教材和教學材料。一些國家的議會使用了形式各異、富有創造性的教學資料來幫助學校向學生講授議會進程。如，美國賓州議會根據議會立法過程設計了一種棋類遊戲，免費發放到公立學校。巴西的一個州議會出版了由獲獎的兒童文學作家編寫的一系列故事書和遊戲，向兒童解釋代議制民主。薩爾瓦多議會透過聯合國資助的一個項目，為小學生出版了介紹議會制度的漫畫書。美國的公民教育中心，由美國國會贊助主辦了全國範圍的高中學生憲法知識競賽。在美國，還有一種被稱為「公民工程」的計劃，重點對初中學生進行議會教育，並鼓勵學生參與在社區解決實際問題的實踐。這一計劃被翻譯成西班牙語、波斯尼亞語和捷克語，在講這些語言的國家也得到了成功運用。為了防止議會課程只介紹聯邦政府、而忽視州和地方政府作用的偏向，美國明尼蘇達州議會和州議會全國會議聯合出版了教科書，詳細解釋了州議會的地位和作用。美國喬治亞大學的政府學院還為講授州議會和政府作用的公民課教師提供了教學簡訊、教學資料和培訓工作室。

三、城市管理公眾參與典型模式：以美國為例

美國是西方國家中城市管理社會參與程度較高的國家。美國在 20 世紀 70 年代開始，城市基層的社會參與和自我管理就受到持續的重視和強化。

（一）城市公共事務的社區管理

1971 年，麻省的牛頓市開始把大量城市公共事務交由社區管理，隨後檀香山、匹茲堡、華盛頓特區、安克雷奇等一系列城市開始仿效牛頓市。1975 年，紐約市修改了城市憲章，把相當多的城市公共事務交給該市的 59 個社區特別是各社區的規劃委員會處理，這一系列改革為城市社區自治組織作用的充分發揮奠定了制度基礎。以西雅圖市為例，雖然西雅圖市政府內部設有社區部和居民服務中心，但對社區事務負主要責任的仍然是社區自治組織——各類理事會。西雅圖市 200 多個社區都有自己的社區理事會承擔本社區的管理和服務責任，如幫助改進鄰里關係、反映居民服務訴求、治安、環保等。同時，西雅圖市還有 13 個區理事會，由區域內的基層社區和各種經濟組織

如商會的代表組成。理事會的日常運行如下：每個區理事會選派 1 名經濟組織的代表和 1 名居民代表，與政府相關部門官員一起，組成城市居民理事會實施社區管理。其中，區理事會的功能主要是溝通、協調市議會與居民之間、市政府與居民之間以及城市居民理事會與社區理事會之間的關係。城市居民理事會的職責主要包括對城市公共事務的協調、溝通、項目資助和實施服務等。

美國城市管理公眾參與案例：菲尼克斯市的垃圾收集承包工程

1978 年，美國亞利桑那州的菲尼克斯市決定把垃圾收集工作承包給私營公司經營，從此開始了公營部門和私營部門進行競爭的試驗。在菲尼克斯市，競爭機制不僅應用於垃圾收集工作，而且還應用於廢渣埋填、停車場管理、街道清掃、道路維修、食品和飲料經營特許、治安等涉及城市管理的各個領域。從 1981 年至 1984 年，該市與私營公司簽訂的大型承包合約，從 53 項增加到 179 項。改革發現，競爭帶來的最明顯好處是提高效率，即投入少產出多。紐約市的市長髮現，將紐約市的公共衛生部門同紐約市及其周圍地區的私營部門作比較，私營承包商收集每噸垃圾花費約 17 美元，而公共部門卻要花費 49 美元，低成本高效益的結果顯而易見。

（二）透過集體行動參與城市管理

集體行動是美國城市管理公眾參與的重要形式，它包括了兩種類型。一種是具有共同利益的民眾為了共同的目的而結合起來，採取共同行動。比如為了反對在自家門前修建公路，民眾便組織起來向政府請願、施壓，反映意願提出訴求，影響政策選擇。另一種是自組織起來以固定的組織形態（非政府組織）來謀取共同利益。在美國，存在著數量與種類繁多的非政府組織，有各種商會、各種工會如教師工會，各種協會如少年足球協會、體育愛好者協會、退伍軍人協會、環保組織等。民眾以集體力量，用一個聲音與政府對話，表達訴求，效果更好。因此，集體行動的力量往往會影響甚至決定最後的政策結果。集體行動的存在本身也給城市政府以強大的監督和壓力，促使城市政府更加廉潔和高效。集體行動作為公民自組織參與城市公共事務、保護或增進自身利益的活動，是城市治理體系中的一個非常重要的構成性要素。

這一構成性要素的主要特點是批判現實社會，並透過批判對城市政府產生壓力以實現理想社會的目的。

（三）非政府組織是城市管理的重要主體

在美國城市管理中，非政府組織與城市政府相互制衡、平等互動，提供公共服務、處理公共事務、實施自我管理，成為城市管理中獨擋一面的自主行動者。

第一，非政府組織是城市公共物品的重要供給者。非政府組織並非都是作為美國城市政府的壓力集團而存在，它們更多是提供城市公共物品的「實際的行動者」。很多城市公共物品的主要提供者是非政府組織而不是政府，這在教育培訓、濟貧救困、公民權益維護等方面成就卓著。當然，非政府組織在供給公共服務的過程中也離不開城市政府的支持，在美國，政府一直是第三部門的親密夥伴和資助者。首先，非政府組織開展公共服務時會得到城市政府的免稅優惠。如財產稅、所得稅和銷售稅等，這是一種間接的資助。其次，城市政府直接撥款資助非政府組織，而後非政府組織在特定的領域自主開展服務。如紐約市政府一直出資資助乞丐和囚犯救援組織，將與乞丐和囚犯救援相關的公共事務交由此類組織自主處理。最後，透過合約承包、特許經營等方式，城市政府出資將公共服務轉包給非政府組織，或者從非政府組織那裡購買特定的公共服務。此項活動始於上世紀 60 年代，到目前已有 200 多種公共服務項目被納入了城市政府的購買體系。如紐約市每年在社區服務領域內 80% 的項目屬於非政府組織的合約範圍。再如，洛杉磯亞裔青少年活動中心每年的活動經費中，有約 75% 是以簽訂服務合約的形式向政府申請獲得。這種公共服務供給模式具有一定的優勢，用維斯布羅德的理論來說，搭便車的存在使得市場無法解決公共物品的供給問題，此時制度選擇的範圍便縮小到政府和非政府組織之間，但政府在供給公共物品時傾向於反映位於中位的選民偏好，導致一部分人對公共物品的過度需求得不到滿足，另一部分人的特殊需求也得不到滿足，這裡產生的公共物品的供給缺口需非政府組織來填補。

美國城市管理公眾參與典型案例：聖保羅市的拉蒂默改革

20 世紀 70 年代中期以前，美國明尼蘇達州的聖保羅市曾是一個破敗不堪的霜凍地帶城市，看上去已處在垂死邊緣。其人口已降到大蕭條以前的水平之下，人們預計人口和投資還會流失到郊區去。1975 年，喬治·拉蒂默當選為市長。拉蒂默意識到，靠徵稅來解決聖保羅市的問題是絕對沒有希望的。於是，他決心利用這個城市的資源加上私營部門中更多的資源來改革。拉蒂默從聖保羅市衰敗最明顯的象徵——市中心開始著手。他利用首批聯邦城市開發撥款中的一筆資金，與一傢俬營公司合作，在市中心一處有兩個街區見方的空地上——該地一直空在那裡等待房地產開發商的地方，建造了一家直接利用太陽能的旅館、兩幢高層的商用辦公大樓、一個帶玻璃頂棚的城市公園、一個三層樓面的室內購物中心，利用志願者管理該市的公園、娛樂中心、圖書館、健康中心，這些志願者們所貢獻的時間價值數百萬美元；。隨後，拉蒂默和他的同事們把垃圾收集和該市的青年服務局交給私營部門負責；同各家基金會建立夥伴關係，利用基金會的錢對一些破敗的地區進行投資開發。透過不斷地在公營部門之外促成種種解決城市問題的辦法，拉蒂默得以在增加政府影響的同時又精簡了 12% 的市政府僱員，把預算和財產稅的增長率保持在通貨膨脹率之下，減少了城市的債務。他沒有大量裁員，又使政府僱員的生活更加豐富，給了廣大選民所想要的東西——一個少花錢多辦事的政府。拉蒂默的改革在美國的許多城市被紛紛仿效，加州的維塞利亞市、首都華盛頓、印第安納州的印第安納波利斯市、馬薩諸塞州的洛厄爾市、新澤西州的紐瓦克市，以及舊金山、波士頓等。他們的改革可以說並沒有什麼宏偉的策略，但他們從根本上給政府在城市管理中扮演的角色重新下了定義：市政當局將會越來越經常地規定自己扮演催化劑和促進者的角色，同時，市政當局將會越來越多地規定自己的任務是確定問題的範圍和性質，然後把各種資源手段結合起來讓社會公眾去具體解決問題。

第二，非政府組織代替城市政府履行職責。非政府組織代替美國城市履行管理與服務職責的情形主要集中在行業管理、經濟服務和政策研究等領域。以俄克拉荷馬州的彭卡市為例，該市的經濟發展局屬政府機構，該局與民間性的地方商會是「一套人馬，兩套牌子」，兩者聯合辦公，其工作人員都是志願者，不拿政府薪資。換句話說，作為民間性的會員型組織，商會代替經

濟發展局承擔了發展和管理當地經濟的職責，在當地經濟的發展與管理中擔負主導角色，例如創造就業機會，制定經濟發展策略規劃，開展經濟發展研究，協調企業與其僱員間的關係，為企業提供求職人員訊息，為本地商業發展提供訊息支持，進行勞動力培訓。當然，為維持運作，商會除了向企業會員收取一定會費之外，也需要政府財政的直接資助。另外，在具體的項目中，地方商會還可從城市政府那裡得到項目經費。這裡，商會與城市政府是一種合作互益的關係非政府組織獲得合法地位並取得資金和政策支持，發揮了民間組織的優勢；城市政府在縮小機構，降低行政運作成本的同時，實現了經濟管理的職能。

第三，城市基層的「草根」組織及其自治作用強大。在美國城市基層還存在一些「草根」組織，有社區互助組織、自助組織如禁酒俱樂部、讀書會、青年踏閣車俱樂部等。一項調查顯示，約有 40% 的美國人加入了種類各異的「草根」組織。此類組織規模相對較小，結構鬆散，正式化程度較低，制度規則也不甚嚴密，但其作用卻不容小覷。它們所涉及的社會問題相當廣泛，在社會管理和基層公共領域發揮了重要作用，包括權益保障、失業人員幫扶和職業培訓、殘疾人和移民問題諮詢、自然環境問題宣傳、濫用藥物防範和吸毒防範以及組織業餘愛好活動、業餘技能培訓等。「草根」組織的上述功能實質上是社會自治的體現，是不同於行政命令機制和等價交換機制的另一種人類關係協調機制。「草根」組織及其自我管理行為構建了一種獨立的行動領域和自主活動空間，擁有一套自主創製、創議、決策和執行的運作機制，能夠透過自治協調成員的利益關係，滿足成員的利益需求，幫助城市政府處理基層公共事務。

註釋

[1] 亞里士多德，《政治學》，北京，商務印書館，1980，第 38 頁。

[2] 亞里士多德，《政治學》，北京，商務印書館，1980，第 1 頁。

[3] 叢日雲：《當代世界的民主化浪潮》，天津，天津人民出版社，1999，第 382 頁。

[4] 約翰·奈斯比特：《大趨勢——改變我們生活的十個新方向》，北京，中國社會科學出版社，1989，第 161 頁。

[5] 叢日雲：《當代世界的民主化浪潮》，天津，天津人民出版社，1999，第 382 頁。

[6] 艾志鴻：《國外議會和公民參與》，《中國人大》，2005 年第 11 期。

第三章 中國城市管理公眾參與的歷史演進

中國城市的產生與發展，有著近 4000 年的漫長歷史。漫長的城市發展中，中國的城市管理也經歷了逐步的演變過程。早在西周，黃河流域就出現了京城都會和大小城邑，成為當時的政治、經濟和文化中心。春秋戰國時期，城市和鄉村開始出現較為明顯的分化。由於城市規模不斷擴大，城市商業日益繁榮，城市經濟活動也就活躍起來。據記載，在戰國時期，齊國的都城臨淄就出現了「車轂擊，人肩摩、連衽成帷、舉袂成幕、揮汗成雨」[1]的盛況。在這種情況下，對城市的管理不容忽視，統治者更是把城市的規劃和管理有意識地納入政府行為中。對城市管理是歷朝歷代統治者的一項任務。在中國漫長的城市發展中，中國的城市管理也經歷了逐步的演變過程。

▌第一節 古代中國城市管理公眾參與的形式

隨著社會生產力的發展和社會生產關係的變革，中國古代城市不斷發展和繁榮。城市數量不斷增多，城市類型日益多樣化，有些城市規模不斷擴大，城市人口在社會總人口中所占的比重逐步上升，中國古代出現了像唐都長安、北宋開封、南宋臨安、明清代北京等擁有百萬人口或百萬以上人口的特大城市。

從社會生活看，城市居民開始形成與農村不同的城市生活方式。城市裡興起的戲劇、體育、雜技等文娛活動，以及茶坊、酒肆、瓦肆（戲園）等行業，一方面極大地豐富了城市居民的精神生活，另一方面帶來了對城市管理發展的需求。從商業行為看，市場交換由西周時期的「日中為市」逐步發展，到春秋戰國之後，「市」既有早市，也出現了夜市，市場也由侷限於封閉的坊裡之內蔓延到街道，最後衝破城牆和坊裡的約束，充斥到整個城市中。商品交換突破了以物換物的侷限，貨幣交換慢慢地發展起來，並形成了固定的市城，店鋪林立，買賣興旺，不少城市甚至與外國人做生意。在這種情況下，城市管理的內容也日益發展和豐富起來。比如，隨著市場的增加，市場管理

制度和機構的設置逐步完善；隨著坊裡結構的崩潰，城市基層管理制度也在不斷髮生變化；先秦時期同一機構掌管的治安、市場和消防等城市事務到後來逐漸分而治之。隨著城市社會生活內容的豐富，城市的各項管理和服務制度逐漸在逐步地發展。

一、古代城市管理制度的發展

中國古代的城市管理，有幾個典型的發展階段，比較突出的是西周時期的鄉里制、唐代的坊裡制、宋代的廂坊制和清代的保甲制。這幾種有一定延續又呈現變化的基層城市管理模式都存在一個最大的特徵，就是有明顯的自治性。在其中，我們可以觀察到中國古代基層城市管理中社會參與的因子。

（一）先秦時期的閭裡制

閭裡制是中國古代城市最早實行的基層管理制度。夏商時期因為沒有文獻資料可考，城市是否實行閭裡制或者說是否存在基層管理制度，尚不得而知。但在西周和春秋戰國時期，城市的基層管理實行閭裡制，則是確定無疑的。閭裡制與軍事制度相配合，是先秦時期城市基層管理制度的最大特點。

在周代，天子的王城附近區域稱為郊區，稍遠的地區稱為甸區，郊與甸都屬王城管轄，稱為王畿。郊區中的居民按「五家為比、五比為閭、四閭為族、五族為黨、五黨為州、五州為鄉」[2] 的「鄉制」組織起來；甸區居民按「五家為鄰、五鄰為裡、四里為贊、五贊為鄙、五鄙為縣、五縣為遂」[3] 的「遂制」組織起來。「閭」由 25 戶組成，閭裡為城市基層管理單位。閭裡制與田制、軍制和賦稅制緊密聯繫並相互適應。一閭的居民需為國家出兵役 25 人及戰車 1 輛；一里的居民需為國家出徒兵 25 人並承擔國家軍賦。先秦時期的城市因城市規模、城市地位的差別，閭裡設置的數量不盡相同。不過，每一閭裡的管理機構和管理模式大體相同，即設有裡垣裡門，沿幹道開設。裡門和城門一樣，按規定的時間開啟，即所謂的「審閭，慎管鍵，管藏於裡尉，置閭有司，以時開閉」[4]，其目的在於使「民無流亡之意，吏無備追之憂」。[5]

到了春秋戰國時期，各國在自己的轄區內都建立了地域性的行政系統，並都把鄉、裡作為國家政權的基層組織。春秋時期，各國均存在著某種形式

的城市管理制度，並且已開始逐漸制度化。齊國的城市比較繁榮，城市基層管理制度比較完善。齊都臨淄在春秋時代就是中國當時最大的也是最繁華的城市。臨淄城內劃分為若干「裡」，見於記載的有「魚裡」「莊裡」「嶽裡」等。齊桓公即位後任用管仲為相，管仲在「國」（都城）地，分國以為五鄉、分鄉以為五州、分州以為五里、分裡以為十游」；在「野」（郊區）地，置「五家為軌，十軌為裡，四里為連，十連為鄉，五鄉為一師」[6]。這種基層管理制度與軍事是合二為一的。這個時期，由於中央集權的確立和郡縣制的實行，國家透過行政管理、連坐制度、宗教控制、人口控制加強了對鄉、裡的統治。戰國時期，鄉、裡作為地方基層組織的職能已經基本形成，具有了組織生產、征派徭役、維持治安、鄉里選舉、防災防疫、婚喪祭祖等一系列社會職能。

（二）秦漢及隋唐的裡坊制

隨著城市的發展，城市的基層管理制度也在逐漸發生變化。秦漢時期，閭裡制逐漸演變為裡坊制，到隋唐時期逐漸成熟。裡坊制的實行更有利於統治者對城市居民的控制。

漢代的城市基層單位還是叫「裡」，不叫「坊」。在《史記》、《漢書》等歷史文獻裡，時常可見到「裡」名。漢代的裡一般築有裡牆，開設裡門，設裡正、裡監門、祭尊、街等裡吏，監督居民並維持治安。從曹魏開始，「裡」在城內的分佈顯露出方格化、棋盤化的趨勢，並逐漸改稱為「坊」，裡坊機構日益完備。

秦漢時期，鄉、裡管理體制由鄉、裡自治體制、治安管理體制、行政管理體制構成。這三者相輔相成，有效的構築了國家在鄉、裡統治的基礎。鄉里組織以五家為伍，十家為什，百家為裡，十里一亭，十亭一鄉，鄉則以人口的增減而變更。鄉官主要有三老、嗇夫、游徼、鄉佐；裡吏主要有裡正、父老、什長、杜宰、裡監門等。鄉里治安由亭長、游徼負責，其治安職責有三：一是追捕盜賊，維護治安；二是協助都試；三是調解訴訟。亭作為一個地方行政機構，除亭長外，還有亭侯、亭佐、亭父、求盜等。這個時期』鄉、裡的社會職能更加完善，舉凡國家的賦稅、徭役、兵役及地方教化、獄訟、治安、鄉里選舉等，無不由其承擔。

　　唐代繼承和發展了秦漢城市「坊裡」劃分制度，廣泛在城市中列置坊裡。長安、洛陽以及各州縣均開設過坊制，而這種坊制以長安城最為典型。唐長安城內的坊裡，是由外郭城中的東西向 14 條大街、南北向 11 條大街，相互交叉、彼此分割而成的，這些被分割的棋盤式網絡地段被稱為「坊」。據《長安志》（卷一）記載，長安的皇城南 36 坊，每坊各有東西兩門；其他 70 餘坊，各有東西南北 4 門。坊內除了聯絡東西南北各門的道路外，還有若干條被稱為「曲」的道路。城坊的周圍，除坊門外，都圍著坊牆，只有特定的人才被準許坊牆面向大街開門，即「三品以上及坊內三絕者」。城坊一般設有坊正，坊正的職責主要是「掌坊門管鑰，督察奸非」[7]，負責坊內治安。由於坊內同時居住著一些農業人口，較小的縣級城市尤其如此，所以坊正不得不承擔一部分「催驅賦役」的任務。

　　唐代城市同歷代城市一樣，實行嚴格的夜禁制度。唐代坊市門及宮門、皇城門、郭城門、昏而關，晨而開，定時啟閉。太宗時，接受馬周的建議，隨晝夜鼓聲以行啟閉，在城內直通郭城門的 6 條大街設有街鼓，日落時敲街鼓 60 次後即關閉坊門。夜禁以後，街使以騎卒循行叫呼，武官進行巡察暗探，各城門坊角，設置有武侯鋪，以衛士分守，嚴禁在坊外行走。

（三）宋代的廂坊制

　　隨著城市經濟的發展和繁榮，城市人口的聚集和增加，定時啟閉的坊裡制度在晚唐開始瓦解。城市經濟的活躍，促使街坊之間交換活動的展開，封閉的坊裡制越來越成為禁錮人們活動的障礙。晚唐時期，居民就開始衝破坊牆的藩籬，直接向街開門，甚至蠶食街衢，將屋宇建在街邊，政府雖屢禁而不止，這種早期的「違建」現像在當時被稱為「侵街」。

　　北宋初年雖然個別地方實行過坊裡制，但到北宋中葉，作為城市基層管理制度的裡坊結構已經基本瓦解。在宋代，東京城的居民區不再有坊牆圍繞，而是用「表柱」標明地域範圍。在宋代，取代坊裡制的城市基層管理制度是廂坊制。廂坊制到北宋中葉基本確立，以北宋的開封城為典型代表。北宋開封城的廂坊設置前後有很大變化。宋太宗至道元年（995 年），舊城內有 4 廂，分管 46 坊；新城內 4 廂，分管 74 坊，即外城和裡城共 8 廂 120 坊。廂無名，

以方位相稱，舊城內為左第一廂、第二廂，右第一廂、第二廂；新城內 4 廂以東、西、南、北相稱。由於城內各方位人口密度不同，每廂所轄坊數也不盡相同，少者 2 坊，多者 25 坊。至真宗大中祥符元年（1003 年），由於附郭居民不斷增加，始置新城外 8 廂，由開封府統一掌管。至天禧五年（1021年）再添一廂，每廂管 1 坊或 2 坊，共 9 廂 14 坊。這樣，開封城裡裡外外共 17 廂 134 坊。坊有坊名，設有坊正。但是，此時的坊與唐代的坊名同實異，坊門管制（定時啟閉）業已取消，街坊之間僅僅用「表柱」作為空間標記。街衢建有小樓，上置鼓以報昏曉，坊名即「列牌於樓上」。每廂的範圍也是按街衢等自然區域劃分，設有廂官，下領廂吏，全面掌管廂內鬥訟、盜賊、火警、街巷、買賣等事[8]。

與坊裡制度相生相息的街鼓制度在宋代也逐漸弛廢。唐前期夜鼓之後，市坊閉門。唐中葉以後，百姓房門開始直接向街開啟，夜行之人日增，坊門或街鼓未動既先開，或夜已深猶未閉，宵禁之制逐漸成為歷史，一些州郡城市也逐漸解除夜禁。到唐宣宗以後，城市中的夜生活則更加自由活潑。夜市生活的興起，使街鼓管理也日漸鬆弛。到宋代中葉，金吾職官（負責監視街坊之官）已不能嚴格執行宵禁巡警任務。

（四）元明清的裡甲制

宋代以後的元明清三代，城市基層管理實行裡甲制，與隋唐及宋的裡坊、廂坊制有較大的差異。元代城市跟農村一樣，基層管理以裡甲製為主要形式。據《大元通制》記載，元代裡甲制的具體內容是：以四家為鄰，五鄰為保，百家為裡，裡設里長。里長的職責在於「催督差稅，禁止違法」，辦理國家委辦的事項。

明代實行的裡甲制較為嚴密和完備。明裡甲之制，始於洪武 14 年（公元 1831 年），具體方法是：110 戶為裡，一里之中推丁糧多者 10 人為之長，餘百戶為 10 甲。歲設里長 1 人，甲首 10 人，管攝一里之事。[9] 在明代，城內的稱坊，在近郊的稱廂，在鄉村的謂之裡。雖然如此，明代城市中的「廂」、「坊」與宋代的「廂」、「坊」有較大差別。

　　清初城市基層組織仿明朝裡甲、廂坊之制，每百戶為 10 甲，甲有長。城中稱坊，近城稱廂，各置一長。坊廂以下，有甲而無保！以後雖推行保甲法，但城坊和城廂之稱仍未有改變。清代的京都，分東西南北中五城，劃為十坊；省、縣治城內，一般分東西南北四城、東西南北四廂（也叫關）。各坊廂街巷，入夜均有更夫，或執鑼，或持梆，到處巡鑼。各城中均有鼓樓，鼓樓按更次擊鼓，示民以時。[10]

二、古代城市管理的控制性與參與性特點

（一）以維護統治為目的的控制性城市管理

　　在國家產生過程中，各部落聯盟間經常相互發生戰爭。為了在這些掠奪性戰爭中，防禦敵人的掠奪、屠殺，保護自己的財產，氏族首領必須組織人們在駐地周圍構築起夯土城牆。這就是早期的城或城堡。春秋戰國時期社會生產力的發展引起了對土地和人口的大量需要。為了爭奪土地和人口，各諸侯國之間展開了瘋狂的兼併戰爭。頻繁的戰爭使各諸侯國不得不據城或築城自守，各霸一方。在這種歷史氛圍中，統治者進一步地加深了對城市及城市管理重要性的認識。所謂「地之守在城」，「城者，所以自守也」，「築城以衛君，造廓以居人」等，城市的軍事功能迫使統治者重視對城市的管理。

　　城市也是統治者的衣食之地。統臺者居在城中，賴之以食、賴之以兵、賴之以財。城市一方面是國家的政治中心和文化教育中心，但主要作用還是作為古代統治者實施其階級統治的據點。如果失去了這個據點和堡壘，也就意味著統治者失去自己的統治。為此，統治者採取的措施除分築城與郭、將統治者與城市居民分開加強對居民的統治外，還在機構設置與力量配備上，加強了對城市居民的管理和控制。例如，周秦及漢初的都城及周圍地區，劃入中央政府（而不是由地方政府）的專門機構管理。城市管理在統治者心目中的地位可見一斑。

　　為加強對城市的管理和控制，中國古代城市管理中也就引進了許多軍事因素。一方面大興土木，大規模地建設城市，城市築得高大堅固；另一方面城市居民被組織在嚴密的坊裡結構中，坊門定時關啟，城市居民過著一種準

軍事生活。中國古代城市儘管規模很大，消費需求強烈，市面繁榮，但城市無不處於一種嚴密的政治控制之下。以古都為例，古代都城為了保護統治者的安全，往往有城與廓的設置。從春秋一直到明清（只有秦始皇時的鹹陽是一個特例），歷代王朝的都城都有城廓之制。「築城以衛君，造廓以守民」，指明城市是保護國君的，廓則是看管人民的。城市管理的政治性盡在其中。

（二）城市管理具有一定程度的公眾參與性

中國古代城市居民幾乎從一開始就被組織在一種與農村截然不同的制度規範與文化氛圍中。農村基本上是自給自足，雞犬相聞，老死不相往來的小國寡民社會。而在城市，手工業發達，商業交換頻繁。文娛活動豐富、社會化程度較高。地方政府為維持城市生活運轉，還為城市居民提供了一定的社會化服務，如治安、消防等。因而中國古代城市規劃、城市基礎設施建設、城市社會公共服務、城市環境保護、城市治安、市場管理、稅收征稽、消防救災等都有一整套制度，反映了中國城市在古代的發展已達到了相當的水平。

無論採取哪種管理模式，中國古代的城市管理一個非常重要的特徵是它的自治性。中國古代的統治者一方面依靠官僚體制和嚴密的組織形式對城市進行控制和管理；另一方面，在基層的城市管理中，官僚所依賴的是民間的自治，這種自治有兩種形式：一種是宗族內部的管理，另一種是職業聯合體對其成員的管理。

就宗族在城市管理中的社會性參與來說，遷到城裡的居民（特別是有錢人）仍然保持著同祖笈的關係，保持著同他出生的村子的一切禮儀性的和個人的關係。「從社會學角度來說，對於宗族成員，包括在異鄉、特別是城裡生活的人的存在來說，宗族就是一切」。[11] 宗族的作用主要有：對外團結一致（必要時，也同外族械鬥）；扶危濟困是富裕族人義不容辭的；在必要的時候，宗族還施醫捨藥、操辦喪事、照顧老人和寡婦，特別是舉辦義塾。除了宗族之外，對於那種不屬於任何宗族或不屬於某個年代久遠的強大宗族的人來說，職業聯合體是支配其成員的全部存在的最高主宰。它們事實上掌握了對其成員的審判權。一切對其成員有意義的事都在它們的控制之下。

　　中國古代朝廷的官員非常信賴形形色色的城市居民社團，這些居民社團既包括宗族性質的同鄉會，也包括職緣性質的行會和同業公會等，它們在非常大的程度上把握著城市經濟生活的命脈，比朝廷的行政管理屬害得多，在許多方面它呈現出中國古代城市管理的社會參與性質。

▎第二節 近現代中國城市管理中的公眾參與

　　中國近代歷史與西方列強的入侵緊密相關，中國近代城市的發展也透過外國租界受到租界母國近代文明的強烈影響。鴉片戰爭以後，英、法、美、德、俄、日、比、意、奧等國，在中國上海等 10 個重要的口岸城市設置了租界。這些租界的設置，翻開了中國城市發展史新的一頁。外國人先後在租界修築碎石、柏油、水泥馬路，拓寬幹道使人車分行、左來右往，鋪設排汙管道，修建磚石結構的高層洋房，使用自來水、煤氣和電燈，推廣化糞池，租界內實行了與其母國相似的自治城市的行政管理制度。外國租界的發展對租界所在城市的非租界區形成了巨大的衝擊，租界所反映出的西方先進的物質文明，也對租界所在城市非租界區的居民產生了影響。強烈的反差，促使非租界區向租界區學習，對中國城市市政建設的近代化造成了巨大的推動作用 [12]。

一、近現代城市的發展與轉型

　　鴉片戰爭之前，中國城市由於自身經濟活動的發展，近代化因素在封建城市中逐漸孕育、形成並緩慢地聚集和增加。但是，早期資本主義國家的侵略中斷了中國社會自身歷史的發展進程，中國開始了城市近代化之路。

　　中國城市由「傳統城市」的形態走向近代是從 19 世紀 40 年代開始的。西方資本主義的入侵，中國與世界聯繫的加強，帶有資本主義性質的工場手工業和早期的機器工業在沿海一帶產生，一批有別於傳統封建市鎮的近代城市，首先在通商口岸崛起。這使得中國城市在近代化過程中具有其自身的特點。

　　開埠是中國城市近代化的起始點。鴉片戰爭打破了中國經濟社會的封閉狀態。1842 年 8 月，英國軍隊逼迫清王朝簽訂《江寧條約》，規定英人可以

攜帶家眷等「寄居大清沿海之廣州、福州、廈門、寧波、上海等五處港口」，這些城市被迫開放，以後陸續正式開埠，於是中國這個長期被隔絕的市場對世界敞開了。西方國家為擴大產品銷路，奔走於全球各地，到處落戶，到處創業，建立聯繫，包括中國在內的東方國家，都被捲入近代工業和近代國際貿易中來。在開埠前，即使是較發達的漢口、天津、上海，也僅僅是中國中國貨物的集散地。商人們賺取利潤的方法，莫過於長途販運和賤買貴賣，城市規模不大，人口一般在 20 萬左右，市鎮建設和城市管理也帶有濃厚的傳統色彩。以天津為例，因處大運河和海河交匯處，南方漕糧在此轉輸京城，北方七省的貨物透過天津轉運東北和南方的廣州、上海，因而沿海河交通線一帶較為繁華，所有富商大賈，百貨居集，均在城外。但天津城市並不繁榮，縣城四周是城牆，城牆外為護城河，縣衙坐落在縣城中央，有一條彎彎曲曲的河街。再如漢口，處在交通便利的江漢合流之地，是「九省通衢」的交通要道，商船既可通陝西、四川、雲南、貴州、湖南，又可達江西、安徽、江蘇、浙江，從明代始已是客商雲集，八方雜處，來自全國各地的土特產品和手工業製品都在此匯聚和散發，與佛山鎮、朱仙鎮、景德鎮並稱「四大名鎮」。漢口的城市建設也很傳統，城市的市場交易規模狹小、分散，城市路面多為麻石所鋪，兩旁為土木建築。開埠使這些城市首先接觸到西方近代工業文明和城市文明。先進的機器設備、技術工藝以及城市建設與城市管理的經驗與模式不斷傳入，不僅為近代開埠城市的工商業、交通運輸業提供了良好的投資條件，也為中國資本主義的發展和城市近代化奠定了物質基礎。

自 1843 年英國在上海設立第一個租界，此後到 20 世紀初，各國先後在 10 個通商口岸設立了 25 個租界。這些租界在市政建設和市政管理上完全承襲其建設國近代城市的模式，透過租界，西方近代城市的新技術、新觀念被移植到了中國傳統的城市中，這大大改變了中國封建城市的傳統結構，強制性地把中國帶進了城市近代化的行列。

二、近現代城市社會結構調整與城市管理理念變化

隨著中國的對外開放，西方市政文明的輸入以及本國資本主義的發展，部分城市被注入新的活力而得到新的發展，中國城市的規模、類型、結構、佈局等方面都有所變化，城市功能和城市社會關係也發生了深刻的變化。

近代工業的出現不僅使得資金、技術、人才大量集中於城市，而且使城市的社會結構、功能發生了顯著的變化。城市開始從傳統的以政治 - 軍事功能為主轉向以生產 - 消費功能為主，由單一功能逐漸轉向多功能，打破了原來城市作為政治中心，農村作為經濟中心的二元格局，並首次在經濟上取得了對周圍農村的支配地位。

城市功能的變化，深刻地影響著城市社會結構的變化。所謂城市社會結構，是指城市人口構成結構和城市社會組織的組成結構。近代城市社會結構的變化，主要是指近代城市人口構成中工商業人口比重的顯著增加以及城市工商業者中資產階級的社會組織形式——商會的出現。商會等社會組織的出現，其重要意義體現在商會對城市公共事務的積極參與與功能發揮上。城市功能的變化和城市二元格局突破帶來了兩方面的影響。一方面，引發了人們的思想觀念的變化，價值取向趨於多元化。讀書、做官在一部分人的思想中逐漸淡薄，許多人開始投身近代工業，成為中國首批企業家階層，紳商就是典型的代表；另一方面，引發了一系列現代行業的誕生，如銀行業、郵政業、新聞出版業等。新行業的產生增加了就業職位和就業機會，增強了城市吸納能力。大批農村剩餘勞動力湧入城市，進入工廠，成為新興的產業工人。他們改變以往「日出而作、日落而息」的自然經濟生活方式，開始了現代意義上的作息制度，如上下班制、星期日休息制等。這樣，由於城市經濟功能增強和城市功能多樣化而集聚在一起的人——工人、士紳、企業家、銀行家、記者、買辦等——構成了城市的新興階層——市民階層，在近代城市人口結構中佔有顯著的比重。

傳統城市的社會結構中，居民以官吏、士兵、地主、士人及其家屬和服務人員為主體，工商業者所占比例一般很低，而且其工商業活動在相當大的程度上依附於封建政治和經濟，主要為封建主階級及其附庸服務。工商業者

在城鎮人口中比重的顯著增加,體現了城市功能的變遷。城市社會結構的變化還表現為近代城市的社會組織發生變化。舊的行會、幫會解體,新的社會組織出現。比如,近代上海成立的上海商業會議公所,開啟了中國商會組織的先河。商會的建立,打破了舊式組織地域和行業的限制,表明城市已逐步突破了自然經濟的侷限開始呈現出近代城市結構的特色。

三、近現代城市管理公眾參與的不平衡發展

(一) 近代中國城市市政基礎建設

中國傳統城市市政基礎建設歷史悠久,僅就沿江、沿海城市而言,築城、設渡、修堤、鋪路等市政工程的實施經驗豐富,為近代口岸城市的興起和發展奠定了基礎。但是,總體來看,中國傳統城市市政建設的推進速度是比較緩慢的。鴉片戰爭以後,近代城市的興起和發展,尤其是近代工業的出現,促使了城市功能和結構的近代化,城市規模迅速擴大,生產力水平進一步提高,改變了人們對城市建設的基本構思和要求,開始注重城市的基礎設施建設。在這方面,租界仍然造成示範作用。

在城市規劃與城市市政基礎設施建設中,近代中國城市受西方城市規劃思想發展演變的影響,開始突出城市的經濟功能。過去以政府廣場、教堂、寺廟為中心的城市佈局,改為以商業街區為核心的城市格局。人們根據交通便利、環境優美、生產集中和消閒方便的原則來設計城市,根據城市內各種職能部門不同的功能需求進行城市規劃和佈局,將城市劃分為商業區、居民區、工業區等不同的功能分區,使城市初步具備了近代城市的佈局。但是居住區被劃分為洋人區、華人區、貧民區、富人區,相互隔離,涇渭分明,這一非理性因素衝淡了近代城市發展的進步意義。

在城市市政設施建設和城市公用事業建設上,上海公共租界最早興建當時屬於高標準的碎石馬路,在租界內形成四通八達的道路網絡。上海公共租界工部局在租界內修建馬路、橋樑、涵洞。而且築路的技術和材料也不斷改進,先是泥土改碎石和碎磚,以後逐步改用柏油水泥,路面也不斷拓寬並分出車行道及人行道,路旁設排水系統,排水系統初由磚砌成,後改成陶制水

管,再改為水泥管道。在市政公用事業建設方面,在上海租界建成中國境內第一家煤氣公司——上海自來火公司。隨後,租界內煤氣燈取代油燈,部分居民用上了煤氣爐灶。同時,上海到吳淞之間架設了陸路電線,海底電纜通到上海,這使上海電報電話、郵政系統得以建立。另外,上海設立了中國第一家自來水公司,建成中國境內第一家發電廠,街燈隨之出現。

在中國的其他租界城市,比如天津,英、法、日租界不僅都推行了排汙工程,還建置了當時最新式的衛生設備,並推廣了化糞池。再如德國占領時期的青島,不惜重金修建自來水設施,不斷開闢水源地,構築城市排汙管道系統,辦青島病院,建造屠獸場,設農事試驗場植樹造林,為防止水土流失開闢海濱浴場和匯泉公園,等等。租界在市政基礎建設方面引進了比較先進的技術和管理方法,為中國早期城市的規劃與建設提供了模版和借鑑。並且,華界模仿租界,加快舊城區的市政基礎建設,推動了中國城市市政基礎建設的近代化,使城市的交通和市容市貌改變,提升了城市居民的生活質量。

在市政建設的實踐中,近代中國的城市帶有明顯的西方國家近代自治城市的色彩。從工程項目的立項、集資到成本核算,均須依照租界法規,列入當局的年度預算,經租界內外僑納稅人大會審議透過後方可實施。這一機制,使租界市政工程建設的重點始終放在商業區和工業區,循商業程序漸進,有規劃、有資金保證,社會效益和經濟效益明顯。

(二)近代中國城市管理的公眾參與

租界對中國近代開埠城市管理體制的變化起著示範、刺激和促進作用。儘管租界的政權結構不完整,和西方國家政體有很大不同,但是,西方國家基本上是將本國的管理制度移植到租界。因此,近代中國的租界城市在管理體制上具有西方城市管理社會參與的成分。如在上海英租界,由領事召集選舉人選出擁有立法和執行權力的董事會,其下設工部局,成為中國最早出現的市政管理機關。工部局內設財政、稅收、工程、警察等部門,負責租界內的管理。這一運作機制明顯帶有西方自治城市的管理特色。

租界內的城市管理制度很多,包括市政規則、道路要求、消防要求、治安要求等諸多方面。以上海租界為例,城市管理方面先後頒布了行路章程、

垃圾傾倒規定、廣告管理、攤販管理、徵收房捐、公路建設、取締拾荒、對巡捕的監督等一系列規定，這些城市管理制度的頒布與實施，增強了市民的公共意識，使城市管理日益有序化和高效率。

租界內的行政管理制度和管理組織模式的變化也影響了中國其他非租界城市，非租界城市開始模仿租界的管理體制。比如，上海南市設立的馬路工程局，已具備城市市政管理機構的雛形。又如，上海地方士紳開展了地方自治運動，設立了上海城鄉內外總工程局，後又改為城鄉自治公所，其主要職責是進行市政建設和組織市民進行市政管理。

對近代未開埠的城市或者一些中小城市而言，租界的作用就比較有限。這些城市的管理體制及城市管理的社會參與，主要受二個方面的影響，一是受政府政策的影響。比如清政府頒布的《城鄉地方自治章程》和《城鄉地方自治選舉章程》，代表著清政府倡導地方城市自治的開始，由此揭開了市制確立的序幕，為近代城市管理公眾參與體制的形成和管理組織的建立創造了條件。二是受市政當局主動吸收西方城市管理經驗和城市自身發展規律的影響，並對城市管理體制變遷和近代管理組織的形成造成促進作用。比如，江蘇南通自清末實行地方自治，市政當局和一些企業家主動吸收西方城市的管理經驗，與傳統的城市格局相融合形成了比當時其他中等城市如蕪湖、鎮江等更具自治性的城市管理模式。比如，南通道路工程處是南通城市的自治機關，負責道路橋樑的規劃建設和市政基礎設施建設，商埠警察局貝是管理機關，這充分展示了南通城市管理的社會參與機制。

在國民黨統治時期，中國城市的地方政府主要是作為中央控制向下的延伸。這種情況大大地增加了政府的負擔，從而沒有建立起能夠發揮主動性和激發社會支持的真正的地方自治機構，因而也就沒有能夠建立起像西方國家那樣的具有社會參與特色的城市行政管理體制。

▎第三節 中華人民共和國成立後城市管理的公眾參與

1949 年以後，中國建立了社會主義制度。到改革開放前的 30 年時間裡，中國的城市形成了「單位社會」。這種單位社會沿襲了中央集權的傳統，與

西方公民社會的差異是顯而易見的。首先，城市社會由一個個相對獨立和封閉的單位構成，這些單位的資源配置是根據嚴格的行政等級決定的，單位之間的資源交換主要取決於上級政府的行政命令，因此不存在獨立的民間社會。其次，單位成員高度依附於單位本身。沒有單位，城市居民就無法生存，因此單位對居民有絕對的控制權。它與西方公民社會中獨立自主的個人、群體、社團和利益集團有著根本性的區別。這種單位社會利用官僚體制和意識形態加強了對社會成員的控制，在城市管理體希彳上形成了當時中國獨特的城市管理模式。

一、計劃經濟時期城市管理的公眾參與

（一）計劃經濟時期中國的城市管理模式

在中國，由於社會歷史條件的限制，中華人民共和國成立初期不得不繼承舊中國經濟政治極其落後的遺產。面臨現代化發展的多重目標，國家必須同時兼顧來自多方面的巨大壓力，於是，建國後的中國仿效蘇聯的社會主義模式，建立了一套高度集中的計劃經濟體制，形成了高度集中、全面控制的統治型政府管理模式。

「只認識到社會主義是計劃經濟，而計劃經濟的代表就是直接下達指令性指標；商品經濟被認為是與社會主義經濟不相容的東西。」[13] 在這種模式下，城市政府既是行政組織，又是經濟組織；既是全民財產的所有者，又是全民財產的管理者和實際經營者；既提供公共產品又提供一般物品；既直接發動和分配投資，又直接安排和管理消費。政府對城市的規劃建設從制定決策、執行到監督，對城市社會管理從宏觀、中觀到微觀，對城市社會生產過程從投資到生產、流通、消費進行全面的控制和管理。政府在城市社會生活中處於絕對支配性的地位，對於每一個公民而言，無論是受益還是受損，或者需要還是不需要，都必須接受政府所提供的服務，政府很少甚至不必要與公民進行協商和溝通。總之，政府成為「包攬一切」的「全能人」，其管理的觸角伸到了城市管理和城市社會生活的各個領域，整個城市社會的一切活動處於政府的強控制之下。

這種具有鮮明「全能主義」色彩的「統臺型政府」城市管理模式，具有高度集中的城市政府公共決策與管理權，其基本特點表現為：

第一，「統治型政府」的城市決策過程，是由上而下的中央集權式的決策模式。城市政府被當成萬能的管理中心，排他性地擁有對城市社會公共事務管理和決策的一切權力。城市政府被認為是城市全體人民利益的忠實代表，政府是大公無私的，政府的目標就是全社會的目標，政府的行為是完全符合社會公共利益的，而社會公共利益又是與個人利益完全一致的。所有的公共事務甚至包括私人事務都寄希望於政府來管理和決策，完全依賴於政府，並且相信政府可以透過實施行政行為構建一個理想的社會秩序，為全民造福。政府掌握著完全的訊息，這些訊息不能也沒有必要讓全體公民知道，因為政府對於訊息的採集和佔有被認為是完全符合公共利益的，因而政府做出的任何決策其正當性和合理性都是不容置疑的，任何一個公民都應當無條件地服從。

第二，「統治型政府」下城市政府決策方式的一個顯著特點就是政企不分，在公共領域和私人領域都以行政命令為指導，嚴重窒息了城市社會力量參與政府公共決策的空間與活力。政府決策的方式採取行政命令的方式，強制性地貫徹某種政治意圖。強制性為政府擴張權力提供了權威基礎，使權威崇拜成為實現強制性行政命令的手段。在經濟發展水平較低、滿足人們需求的商品十分匱乏的情況下，政府只能透過強制性的方式使人們被動地服從超經濟的制度安排。強制性服從的基礎是政府權威地位的獲得，只有加強政府的權威地位，政府所制定的經濟計劃或宏觀目標才能得到各個行政主管部門、各級地方政府以及所有的企事業單位和公民個人的無條件執行。計劃經濟體制所蘊涵的集權性決策文化，容易導致「封閉型政府」。其顯著特徵主要表現在城市政府與城市居民之間缺乏必要的溝通與交流，決策被看作只是政府內部的事務，廣大城市居民實際上被排除於決策過程之外。這使得決策缺乏「公共」特性，也在一定程度上妨礙了城市政府決策的合法性[14]。

計劃經濟時代，國家把政治經濟文化等各方面的權力集中在政府手中，政治權力直接介入社會生活的各個方面，然後，政府權力又集中到黨的各級

領導組織之中。在黨組織內部，權力集中於黨的各級領導團隊，在黨的各級領導團隊中，進一步集中到黨委，最後決定權則集中到黨的第一書記手中。這種金字塔式的政府全能管理模式主要是自上而下、層層控制的單向政治過程，它有利於集中全國的政治經濟資源，迅速貫徹黨和政府的政策和意圖，具有高度的動員能力。它除了可以集中國力，以較快速度發展經濟外，還適合發動大規模的階級鬥爭和群眾運動。但是，這一模式只有「到群眾中去」的過程，而沒有「從群眾中來」的過程。於是群眾路線容易流於形式，從而造成民眾參與不足。民主集中制後來也變得只有集中而沒有民主。為人民服務也僅僅成為流於形式的空洞的政治口號。

（二）計劃經濟時期中國城市管理公眾參與的特徵

　　與「統治型政府」的城市管理模式相適應，計劃經濟時期中國城市管理中的公眾參與體現出了明顯的「單位制」參與和「運動式」參與特徵。

　　第一，公民以「單位人」的身份參與城市管理的政策執行過程。單位制是在計劃經濟體制下產生的一種特殊的社會管理形式，它曾代表國家對社會行使政治控制功能、經濟建設功能、教育功能及公共事務管理功能。在「單位制」中，每個單位（不論事業單位，還是企業單位）都有一定的行政級別，每個單位都是由幹部和工人這兩大政治身份的人群組成。單位制度可以歸結為「組織化的制度和制度化的組織」。一方面，單位最早作為就業場所迅速演變為政府對社會資源進行總體性整合的組織化體制，並伴隨著組織不斷的擴展而制定出一系列的法規細則；另一方面，社會成員隨著這些法規細則的不斷擴展和控制密度的加大而日益依賴於既定的制度，從而使單位組織日益成為支配中國公民生活和社會活動的廣義制度，在單位社會，法定社區處於城市社會的邊緣地位。城市的街道居委會作為一種民間自治組織只是單位制度的一種補充，它們只管理那些沒有單位歸屬的待業青年和家庭婦女。退休職工和單位職工家中的未成年人都不把自己看作是街區人而是屬於單位人，因為其退休薪資和福利以及受教育機會基本上是由單位來解決的。華爾德在「單位依附理論」中指出：由於商品市場不發達，社會主義國家的許多社會

和經濟資源主要是由單位分配給公民個人的，造成了公民個人對單位的依附。因此，公民只能透過單位才能真正、有效地參與到城市管理中。

第二，以動員參與的「群眾性政治運動」為主要參與形式。群眾性政治運動是中國共產黨在長期的革命實踐中所採取的一種卓有成效的領導方法。人民群眾在推翻舊政權、建立和鞏固新制度的鬥爭中造成了十分巨大的作用。黨和政府借助單位制，使每個單位都作為行政體系中的一個部件而存在，使每個單位透過設置健全的黨群組織作為政治動員的主導力量。因此，透過單位這一種高效率的政治動員機制，黨和政府可以運用自上而下的行政手段，大規模地組織公民投入各種政治運動，以實施和執行各項方針和政策。

但是從 20 世紀 50 年代下半期起，中國在進行民主建設的工作方面出現了一系列失誤，中國城市管理中的公民參與逐漸走上了一條畸形發展的道路，並且越來越嚴重，直到「文革」結束，這種畸形發展的趨勢才被基本扭轉過來。在進行社會主義建設的時期，群眾運動被認為是無所不能的「法寶」，每一次群眾運動的參與者都成千上萬，特別是「文革」期間，全國上下幾乎所有的人都不同程度的被捲入這場史無前例的「運動」中。一方面，整個社會政治生活嚴重紊亂，初步成形的公民參與公共政策實施的體系遭到嚴重破壞，全國各級人民代表大會、政治協商組織名存實亡。另一方面，一些極端的參與方式也被納入其中。公民在頻繁、被動的「運動式」參與中受到嚴重打擊，產生了強烈的政治挫敗感和恐懼感。「運動式」參與模式不僅沒有使公民參與得到發展，反而遭到了嚴重的破壞和倒退，導致社會參與泛濫和扭曲，參與體系癱瘓。

二、市場化時期城市管理的公眾參與

（一）單位制社會的解體和公民社會的發育

1978 年，中國國家工作的重心轉移到經濟建設上來，改革開放拉開序幕。農村的改革取得成功之後，1984 年，國家改革的重心轉移到城市。隨著改革開放的推進，城市市場的發育和人才流動逐漸使單位的人事權向單純的勞資契約轉化，個人可以自由支配的時間、資源和可以進入的社會空間不斷

擴大，個人自由的內涵也不斷擴大。與此同時，在單位社會的垂直系統之外形成了一個以個人的自願選擇和自由流動為特徵的橫向結合的公民社會。從中可以看到個人與組織之間的更有彈性、更開放的結合與分離，個人原來與單位的歸屬關係也轉變為可以選擇的關係。

隨著私營經濟的發展，新興社會階層群體逐漸壯大，國有企業的改革也經過了剝離社會包袱的歷程，企業辦社會的狀況得到改變，出現了大量的沒有單位的自由職業者，城市住房制度的改革等因素促使城市裡的單位制社會處於解體的過程中。以此而論，中國已經從單位社會轉型進入公民社會，社會結構的細胞是相對獨立、基本上平等對待的個人，社會運行的原則是普遍主義、平等協商、自願選擇，而在個人與社會之間發揮結合作用的是越來越多的非營利組織。個人可以自由結社對於中國的社會領域和共同體的政治生活都具有重要意義。

結社是一種個人利益正當化的途徑和實現方式，個人利益（價值）或者在社團之內實現，或者透過社團在大社會實現。在現代社會，個人可以持有自己的價值觀，社會就呈現為多元價值的格局；個人對利益的要求也千差萬別，國家體制難以及時、靈活地做出反應。因此，個人利益、興趣必須經過集中的渠道，以有限的形式表達出來、篩選出來、列入社會的議事日程。個人參與社團，能夠找到同道，等於得到了「社會」證明（社團的篩選機制就是一種社會機制），也就成為了合法的利益要求。有了利益和價值訴求，還得在社會中形成恰當的方式去實現，而社團就是讓人習慣在合理方式中進行選擇的訓練營；會過社團生活的成員，往往更有可能成為社會的民主和理性的規範的維護者。民間組織作為靈活地代表民意、貼近民心的行動主體，能夠發揮在社會領域和政治領域、經濟領域之間的溝通作用。可以看到，個人結社對於中國從總體性國家中派生出一個社會提供了動力和組織機制，這樣一種逐漸成形的公民社會與市場經濟和民主政治互為條件，雖然不是齊頭並進，卻不可避免地相互提攜、推動，構成社會共同體良性發展的內生要素。中國社會已經初步開始從總體社會、單位社會向個體自願為基礎的公民社會的轉型。

（二）改革開放後中國城市管理公眾參與的條件

改革開放以來，由計劃經濟體制向市場經濟體制轉變所引發的社會轉型，帶來了中國經濟、政治、文化、社會等方面的長足發展，中國城市由於得天獨厚的優勢更是在各個方面得到了迅猛的發展，城市經濟的快速增長、政治的不斷發展、文化的逐漸繁榮、社會結構的日益和諧都為中國城市管理中公民參與的發展提供了有利的條件。

1. 市場經濟的發展為城市管理的公眾參與提供了根本動力和現實基礎

城市快速發展的經濟為公民參與城市管理提供了物質前提。改革開放以後，城市再次顯示出巨大的經濟活力和社會創造力，經濟持續增長，城市居民生活水平顯著提高。城市公民在衣食無憂、生活較為寬裕的情況下才有財力、物力去參與中國城市管理，才能更好地行使當家作主的公民權利。中國城市經過改革開放 30 年的發展，經濟實力已相當雄厚，這為城市社會參與公共政策執行奠定了物質基礎，提供了良好的物質前提。

社會主義市場經濟喚醒、激活了城市公民的利益意識，這是城市管理中公民參與發展的深層動因。中國在計劃經濟時期，利益結構具有一元性，即國家、集體利益至上，這在一定程度上促進了國家和社會發展。與此同時，卻忽視了個人利益，從而壓抑了公民參與的積極性。以社會主義市場經濟體製為代表的經濟轉軌深刻地觸動了社會利益結構，促進了公民利益意識的覺醒。在利益原則得到社會普遍認同的背景下，公民開始認識到合理追求個人利益的合法性。城市位於經濟發展的前沿，在某種意義上來講，城市公民對於個人利益更加敏感，他們會在條件許可的情況下主動參與城市管理，表達利益傾向，維護和追求個人利益。社會主義市場經濟造成的利益階層多元化是城市治理中公民參與發展的根本動因。

社會主義市場經濟打破了計劃經濟下形成的利益均質化格局，導致了利益群體的分化。中國城市不同的利益群體之間具有相對獨立的利益，即使同類利益群體的公民也會有不同的利益訴求。「因為在現實社會中，公共政策利益和代價分佈的不均衡是客觀存在的，即公共政策存在一定的利益偏向性。」[15] 因此，城市不同的利益群體或個體為了維護和實現自身利益就會積

極參與城市治理過程，從而大大促進了城市治理中的公民參與。正如亨廷頓所言：「社會 - 經濟發展促進政治參與的擴大，造成參與基礎的多樣化，並導致主動參與代替動員參與。」[16]

2. 城市法制的健全為城市管理公眾參與提供了制度保障

長期以來，政府無所不管、無所不能，高度集中的「全能政府」對於社會事物的控制和管理已經超出了自己應有的職能範圍。為適應市場經濟發展的要求，中國進行了政府職能改革，搞好宏觀調控、政企分開、政社分開、合理劃分中央和地方權限等。政府從微觀管理中退出來，將一些管不了、管不好的事務交給社會和市場，把管理內容重點放在為市場和社會發展提供政策環境和服務上。這種從「全能政府」向理性的「有限政府」轉變、「管带ㄔ型」政府向「服務型」政府轉變給城市政治民主化、城市管理中的公民參與帶來了契機。政府這種權力下放和管理重心的下沉，也使得公民參與城市管理成為必需。從實踐層面來看，中國政府職能改革的試點和推廣都是從大、中型城市開始的，城市這種「近水樓臺」的優勢使得城市管理模式的發展一直走在前列，這為城市公民參與城市管理提供了先機和較大的實踐空間。

隨著改革開放的不斷深化和政治民主建設的不斷發展，尤其是城市政府職能的轉變，使得各種民主參與機制逐漸建立和完善起來，例如人民代表大會制度、中國共產黨領導的多黨合作制度、政治協商制度、選舉制度的內容和形式進一步得到完善和發展；新的參與制度如黨內民主、民主評議政府、職代會、行政公示、政務公開、公民監督、人大會議旁聽制度、聽證制度、熱線電話制度等，還有一系列地方性的參與法規，比如上海市《關於地方性法規草案公開徵求市民意見的暫行辦法》、《廣州市規章制定公眾參與辦法》等等，這些規範公民參與的制度和法律都為公民參與的發展提供了合法化的參與渠道和制度化的保障。

3. 城市教育文化事業的繁榮為其準備了文化條件

教育文化事業的發展為城市政策執行中公民參與的發展提供了必備的文化知識和技能。公民只有擺脫了自身文化條件的限制，才能真實有效地參與政治活動，才能充分行使自己的政治權利。中國經濟的發展，推動和促進了

中國文化教育事業的發展。城市教育文化事業的發展速度較快，城市公民教育程度的大幅度提高將會增強公民的主體意識和參與意識，為中國公民參與城市治理奠定了重要的文化基礎。

城市教育文化事業的繁榮進一步促進了參與型政治文化的不斷成熟，從而為中國城市管理中公民參與的發展創造了良好的環境。中國自改革開放以來不斷消解傳統臣民文化和官本位文化的影響，努力構建以馬列主義、毛澤東思想、鄧小平理論、「三個代表」為指導思想的政治意識：以人為本的愛國主義、集體主義政治價值觀；不斷增強的民主、平等、合作、參與的政治心理；到現階段，較為成熟的參與型政治文化在中國城市逐漸形成，它為中國城市政策執行中公民參與的發展創造了良好的氛圍和環境。

4. 城市公民身份的轉變和公民社會的成長為其奠定了社會基礎

「單位人」到「社區人」的逐漸轉變，有利於公民參與權的行使。中國經濟、政治領域的變革導致了社會結構的變遷，利益的多元化衝擊了城市原有的「單位制」，即單位對於公民的控制和約束逐漸弱化，「社會結構走向社區，居民『單位人』的角色在向『社區人』轉化」。根據社會學的理論，當一個社會系統在其行為的過程中不再僅僅依賴於某一個環境系統，而同時依賴於多個環境系統，與多個環境系統發生社會互動關係的時候，那麼這個社會系統就能夠在較大程度上支配自己的行為，進而從依賴的關係和情境中解脫出來，獲得自身行為的自主權和較大的自由度[17]。城市公民的角色轉化使得公民更多更好地行使自己的參與權，投身到各項城市社區事務中去。

公民社會的發展壯大是城市管理中公民參與發展的社會基礎。社會主義市場經濟的確立深刻改變了國家和社會的關係，為公民社會的發展提供了廣闊空間。城市公民社會的成長和成熟為城市公民表達和實現利益鋪就了廣闊道路，它可以擴大公民的直接選舉權、知情權、監督權，還可以進一步推進城市社區自治。城市公民社會的成熟壯大已經成為中國城市管理社會參與發展的重要社會基礎。

（三）改革開放以來中國城市管理中公眾參與的特點

改革開放以來，中國經濟發展迅速，市場取向的改革不斷深化，城市化進程加速，城市更新速度較快，城市經濟社會面貌都發生了較大的變化，城市管理的社會參與也出現了很多新的特點。

首先，城市管理中公民的政治參與意識越來越具有自主性。這種自主性的政治參與也就是公民基於自身利益和需要而自覺地以某種形式對政治過程施加影響的參與行為。改革開放為政治參與的被動性向自主性的轉換提供了動力，私營企業主作為一個特殊的階層，其參政熱情的高漲越來越引起人們的關注。改革使得私營經濟在短期內迅速發展起來，經濟上的強大促使私營企業主參政的慾望愈益強烈，他們透過各種渠道實現自己的參政意願。例如，推選自己的政治代言人，直接當選人大代表或政協委員，在工商聯、婦聯等社團組織中擔任一定的職務等，另外，還透過媒體的宣傳、支持公益事業等形式來參與政治。此外，民主黨派和無黨派代表人士的參政能力也是不容忽視的。《中共中央堅持和完善中國共產黨領導的多黨合作和政治協商制度的意見》明確概括了民主黨派和無黨派人士參與政治的主要任務，即：參加國家政權，參與國家大政方針和國家領導人選的協商，參與國家事務的管理，參與國家方針、政策、法律的制定和執行。同時，各民主黨派及無黨派代表人士也以更積極的姿態參與國家的政治生活，主要是參加人大與政協，在各級政府部門擔任一定的職務直接參與國家管理，擔任監察員、檢查員、督導員等，參與重大問題的處理，並對國家政治、經濟、社會生活中的重大問題進行調研，提出意見和建議等。上述這些都體現出了當前中國城市治理中公民政治參與的自主性意識的增強。

其次，城市管理公眾參與呈現出更強的建設性。這種建設性主要表現為以下幾個方面：

第一，在參與取向上，中國城市管理中公民表現出積極的建設性心態和行為模式。中國的社會主義制度雖然在政治體制和運行機制層面還不完善，但卻為現階段中國公民的政治參與提供了制度框架和保障機制。改革三十年來，無論是透過協商對話、批評建議還是以新聞媒介或其他形式表達自己的

思想見解的政治參與，都是希望透過政治體制改革的深入發展來完善中國的基本政治制度，其建設性心態和行為模式是一致的。

第二，在參與方式上，以合法方式、和平手段進行政治參與。透過影響政府權威性價值、資源和財富的分配來維護自身的合法權益已日益成為人們的共識。它一方面基於對過去所出現的非法政治參與的深刻反思，更重要的是中國的法律體制日益完善，歷次的全國性普法教育和新聞媒體的法制宣傳使廣大人民的法制意識日益增強，這些都成為進行合法政治參與的有利條件。

第三，政治參與被當作政治漸進性發展的工具性手段。改革以來中國社會以「先立後破」代替了「先破後立」的傳統政治變革模式，這種轉變模式有利於社會的穩定，對公民政治參與的心理與意識造成了引導、規範的重要作用，使大多數公民把建設、合作、秩序放在首位並作為行動的準則。當然，動員式仍是中國公民參與的形式之一。比如，在城市社區中，由於缺乏經濟利益的牽引，城市居民對於社區公共事務缺乏參與熱情，往往要靠政府動員城市社區公民進行參與。總之，自 20 世紀 80 年代以來，隨著中國經濟體制和管理體制的不斷深入，國家與社會呈現出了適度的分離，社會的自主性開始增強。市場的發育，社會的生長，社會流動的加快，都在一定程度上為自主式的政治參與提供良性的社會基礎。

第四，網絡政治參與日益成為城市管理中公民表達利益的重要手段。「網絡政治參與」是指公民借助互聯網表達利益、參與城市治理決策從而影響政治過程的行為。它是近幾年來隨著網絡通信技術的發展和互聯網應用的普及而興起的一種嶄新的政治參與類型。作為一種新型的媒體，互聯網具有不受時空限制的訊息發佈能力，即時互動性、匿名性等等，這些特性既可在心理層面激活公民的參與熱情，也在實踐層面提高公民的參政能力。由於互聯網能繞過官方的過濾傳出訊息，減少了政府官員和普通百姓在訊息獲取的不對稱性，克服了由於訊息不暢通導致民眾參與能力低下的問題，增加了公民發表言論的安全感和民意表達的真實性，也有助於公民在討論區中聯絡到持相同意見者。電子公告闌（即 BBS）、網友新聞評論等為中國公民的網絡政治參與提供了平臺。一些重要網站推出的新聞留言吸引了數量龐大的網民參與

城市重大公共社會事件的討論和評論。網絡政治參與的其他表現形式，還有網上簽名、網上請願等活動，試圖向政治系統發出民意來影響決策。

註釋

[1] 劉向《戰國策·齊策一》。

[2] 《國學·周禮註疏》（卷九）

[3] 《國學·周禮註疏》（卷九）

[4] 《管子·立政》

[5] 《管子·禁藏》

[6] 《國語·齊語》

[7] 《通典》卷三

[8] 《宋會要輯稿》方城一、兵三。

[9] 《洪武實錄》

[10] 金雙秋：《中國民政史》，湖南大學出版社，1989，第 520-521 頁。

[11] 馬克斯·韋伯：《儒教與道教》，北京：商務印書館，1995，第 144 頁。

[12] 周紹榮：《租界對中國城市人近代化的影響》，《江漢論壇》，1995 年第 11 期。

[13] 薄一波：《若干重大決策與事件的回顧（上卷）》，北京：中共中央黨校出版社，1991，第462頁。

[14] 蔣雲根：《互聯網發展對公共決策體制創新的作用》，《甘肅理論學刊》，2001 年第 2 期。

[15] 李建中：《社會轉型與長三角發達地區公民公共政策參與》，《安徽大學學報》，2006年第3期。

[16] 塞繆爾·亨廷頓，瓊·納爾遜：《難以抉擇——發展中國家的政治參與》，北京：華夏出版社，1989，第 69 頁。

[17] 李漢林：《中國單位社會議論、思考與研究》，上海：上海人民出版社，2004，第 92 頁。

第四章 城市管理公眾參與的思想源流

　　無論在西方還是東方，有關城市管理公眾參與的理論思想源遠流長。當然，相當長的時期以來，城市管理公眾參與更多地是從管理社會公共事務的角度進行研究的。今天，在全球經濟一體化和全球範圍內資源要素配置的競爭格局下，公民社會思潮和全球普世的價值觀越來越成為主流價值觀的，城市管理社會參與的意義和作用越來越受到重視。在這種背景下，傳統城市管理模式正承受著越來越劇烈的內部張力和外部壓力，變革已是大勢所趨。

　　從中國的情況看，就外部來說，經濟全球化迫使城市管理主體應對國際市場的挑戰，城市經濟發展潛力、投資環境等要素的國際化標準和要求必然需要一個更富效率和效能的管理主體。同時，全球化浪潮又將民主、自由、人權、法治等進步的價值追求帶進了城市，逐漸喚起了城市居民的權利覺醒，人們要求政府更透明、更開放、更公正、更負責。傳統城市管理模式已經無法滿足多元化的公眾利益要求，人們期待著一個真正的服務型政府。就中國中國來說，隨著城市現代化進程的突飛猛進，不同經濟成分快速發展，城市人口急劇增加，社會階層不斷分化，等等，這一系列社會變遷促使城市中各主體日益突破傳統社會大系統中的種種侷限和束縛，開始尋求不同的社會組織形式和社會活動方式。而另一方面，中國城市化仍處於初級階段，物質財富的有限，體制的不成熟，公民社會的稚嫩，政府職能的僵化，都向我們提出一個挑戰性課題——如何實現有效的城市管理。來自城市內部的政府、公民與市場之間的張力，以及來自城市外部的宏觀環境的壓力，促使城市管理向新型的多元主體參與的模式的轉型。為瞭解答這一問題，我們需要借鑑西方國家較為成熟的研究理論和實踐經驗，針對中國實際情況，在可持續發展的過程中不斷摸索城市管理公眾參與的精髓和路徑並以此指導實踐。

▌第一節 城市管理公眾參與思想綜述

一、古代社會公眾參與公共事務的思想

　　城市管理公眾參與的早期思想來自於關於公眾與公民權利的思想，這些觀點可以追溯到古希臘哲學家柏拉圖。柏拉圖倡導公民言論自由、結社自由、選舉自由和公民平等的觀念[1]。亞里士多德的政治理論雖然沒有明確指出公民參與有利於發展公民個體的性格、正義和善良，但是他的政治理論明確表明公民參與能使政府做出更好的決策。亞里士多德把公民參與放在政治生活的中心。他認為，公民有權參與審議並和司法機關分享權力，公民可以在公共議會、行政司法機關和立法機關參與制定政策。同時他認為公民應當透過分享政治利益獲得他們的身份[2]。然而亞里士多德在很大程度上把公民參與解釋為公民參與辯論和評判政府事務並且在政治事務中輪流執政。因此，在他眼裡有一些人不合適或者沒有資格參與政府事務，例如那些很貧窮的人，還有那些工匠和整天出賣體力的人。

　　亞里斯多德的觀點和古希臘時期的城邦政治生活與對公民資格的界定相關。古希臘的「公民」一詞來源於「城邦」（polis），原意是「屬於城邦的人」。在城邦形成之前，部落成員之間的血緣關係被視為非常神聖。血緣部落與外人之間的界限非常嚴格，同一血緣集團的人被視為一個「自然的整體」，一個部落的神壇只有本部落的人才能進入。這一切在部落和外人之間形成了嚴格的不可踰越的界限，也無形中使部落成員之間產生了一種歸屬和一體化的感覺。城邦產生之後，它逐漸演化成公民的共同體，只有公民才屬於城邦，獲得公民資格就意味著成為城邦的一分子，而沒有公民資格的居民雖然生活於城邦之中，但是他們不屬於城邦。外邦人被視為僑民或客民，婦女和奴隸僅屬於家庭成員。城邦被視為一個有機的整體，公民是其中的一個組成部分，個人沒有獨立的價值，他的價值依賴於整個城邦。正如德謨克利特所說，一個治理得很好的國家是最可靠的庇護所，其中有著一切。如果它安全，就一切都安全；而如果它被毀壞，就一切都被毀壞了。為了城邦，公民情願奉獻自己的一切。在希臘人心目中，屬於城邦的感覺極為重要，如果

被剝奪了公民資格就等於剝奪了一個人的精神生命，是僅次於死刑的嚴厲懲罰。

後來的一些政治家和哲學家進一步發展了亞里士多德的思想。馬西利烏斯從亞里士多德的公民權與審議和司法機關分享權力的概念出發，進一步強調公民的參與取決於他們的地位。馬西利烏斯把公民追求他們的自我利益視為一種法定權利，並認為公民參與的動力是期望從公共行動中得到私人利益回報。馬基雅維裡則強調公民在參與中形成的內部衝突會產生豐碩的高價值結果。他主張用衝突、辯論和法律去替代戰爭，並且積極地考慮和容納各種利益集團的合理要求，包括私人的和公眾的利益。馬基雅維裡聲稱人類潛在的美德只有在公民參與的實踐中才能達到。

在羅馬帝國時期，只有羅馬城市中的居民才享有公民的權利。公元 212 年，公民權利擴大到所有羅馬帝國的自由民。當一個人繳納稅金並服從這個國家法律之時，這個人就有權參與社區的事務。在古希臘和羅馬時代，對於社會的觀念是根據其政治結構來界定的。在一個社會由其政治組織來界定的情況下，統一來自於大眾對權力的共同服從，該社會在原則上也為政治權力的無限滲透提供了空間。社會所缺乏的是對抗政治權力侵略的力量。

二、中世紀社會公眾參與公共事務的思想觀點

中世紀的社會觀對西方社會發展起了重要作用。中世紀的社會觀念認為，政治權力機構只是社會中眾多機構之一。這種認為社會並不等同於其政治組織的觀點，可被看作一個重要的分化，是後來公民社會概念的淵源之一。

在歐洲中世紀時期，歐洲大部分地區都企圖建立君主專制體制。君王因此獲得了無需召集社會各階層即可加收賦稅的權力，並利用這些資源設置常備軍，而這些反過來又使他們的權力更難受到挑戰。大約在 1680 年，建構君主專制體制似乎成了一種未來的潮流，當時有許多人認為，只有這種形式的國家在軍事上才是強大有效的。再者，還伴隨出現了許多頗有影響的學說，以證明這種新政治社會模式的正當性。一方面，推崇君權的羅馬法觀念開始占據支配地位。另一方面，霍布斯提出了一種主權觀念，它在很大程度上動

搖或超越了上述所描述的中世紀對社會的理解。這種觀念被人們理解為，一個社會為了生存，就必須經由主權或與不受任何其他權力約束的權力結合起來。換句話說，社會等同於其政治組織的觀點以一種毫無疑問有利於獨裁統治的形式被重新提出。

三、近代社會公眾參與的思想和理論

到了 18 世紀末期，形成了許多反對專制主義的學說，洛克和盧梭是近代西方政治學的奠基人。他們奠定了自由和平等理論的基礎，並且進一步發展了公民參與的理論。雖然兩人在他們的著作中並沒有使用公民參與的字眼，但是他們的理論包括一些非常重要的公民參與的思想。

洛克把政府定義為一種信託，認為社會先於政府而存在。洛克指出，社會首先源自於一個把個人從自然狀態解救出來的契約，然後這個新形成的社會接著才建立了政府。政府儘管可被視為至高無上，但它與社會之間實際上是一種信託關係。如果政府違背了自己的信用，社會就可以恢復其行動的自由。但是，洛克還主張，在所有政治社會出現之前，人類就形成了一種共同體，這些共同體是根據他們所必須遵守的自然法而形成的，而這種自然法則出自於上帝的命令。換言之，我們是透過享受天賦權利而結成共同體的。這個共同體被納入事物本身的自然秩序之中，而不像以前那樣只記載在實在法之中。任何特定的政治社會都必須遵從這一較高級的法則，因為它們的建構者都是受這一較高級法則的制約的，他們不能讓渡其自己並不擁有的權力。洛克強調公民的私人生活源於經濟活動和財產。在他眼裡，財產就是生命、自由和所有權。財產不僅以自私的慾望和利益為基礎，而且支撐整個政治社會。財產不僅是社會的起源，賦予公民政治權利、責任和參與的基礎，而且為社會契約提供了一個選擇性的概念。

盧梭在西方政治學史上第一次把公民參與和能力發展聯繫起來，並且將其引入規範化的政治哲學中。他認為世俗國家的任務就是要造就公意的人民。他堅信公民沒有參與權就等於沒有自由，國家就會死亡。盧梭在他的社會契約論中認為，公民參與能夠推動公民對社會共同利益的關注。同時，盧梭進一步堅持洛克的自由和合法權利的理論，並且強調公民有自由制定他們自己

的法律的權利。因為公民在行使主權中直接參與政治，所有公民參與在政治社會中變成一個比權力更加有力的手段。盧梭指出，國家的連續性越好，公眾事務與公民的連接就越多。在一個秩序良好的城市中，每個公民都奔向議會。相反，在一個壞的政治體制中沒有人在乎去參與公眾事務，因為公民早已知道公民的願望不能戰勝政府。

近代公民概念和公民參與的思想發源於美國獨立戰爭和法國大革命。美國獨立戰爭及後來的美國公民參與借鑑了英國城市會議的形式。美國城市會議作為美國的傳統是對公民參與的貢獻。社區的所有公民對公眾事務共同決策是美國公民參與的特點。法國學者托克維爾從美國旅行回國後撰寫了《論美國的民主》一書。他在研究了支持「美國的民主」的社會條件以後指出美國人習慣於建立公民組織和政治組織的性情具有非常重要的意義，他詳細描述了美國公民參與民主決策的特徵。他說：「各個年齡、各個階層、各種個性的美國人都在永不休止地進行著結社活動。不僅所有的人們都參加了商業和工業的社團，而且還參加了其他的上千種社團——宗教的、道德的、嚴肅的、無果的、很普遍的和很狹隘的、龐大的和渺小的……因此，當今世界上最民主的國家是這樣的，那裡的人們在我們這個時代已經掌握了共同地追求共同的願望所設定的目標的完美藝術，並且已經應用這個新技術追求著最廣泛的目標。」[3]

公民組織有助於民主政府的效率和穩定，不僅因為它們對個人成員的內部效應，而且它們對更廣大的政治體有著外部效應。從內部效應上看，社團組織培養了其成員合作和團結的習慣，培養了公民精神。托克維爾注意到，「感情和思想得到了更新，心胸開闊起來，只有透過人們之間互利互惠的行動才能增進彼此的理解」。[4] 透過自覺的志願社團，「個人可以有效而富有意義地把自己與政治體系聯繫在一起。這些社團幫助他避免成為與政治影響隔絕的村民，或者成為受大批政治機構以及政府擺佈和調動的孤獨無力者這樣的困境。」[5] 這是阿爾門蒙和維巴透過考察包括義大利在內的 5 個國家的公民調查顯示的結果。《公民文化》這項調查證實，公民組織成員在政治上更成熟，更有社會信任感，有更多的社會參與，以及主觀上有更大的公民行

為能力．參與公民組織培養了參與人合作的技巧和在集體勞作中共同分擔責任的意識。

從外部效應看，大量的公民組織組成的密集網絡增進了「利益表達」。用托克維爾的話（「某個觀點由社團來表達時，這個觀點就應該採取更清晰、更準確的形式。它的成功要依靠它的支持者以及他們的參與'這些支持者逐漸互相認識，一些人的熱情上升。一個社團統一了各種頭腦的能量，並有力地使這些能量直指一個清楚確定了的目標。」[6] 按照這個論述，大量的二級公民組織組成的密集網絡既體現了又增進了有效的社會合作。因此，在公民社會裡，觀點相近的平等的人組成的公民組織將增進有效的民主治理，即大量的結社是有效治理必要的一個前提條件。

在古代、中世紀和近代長達 2000 年的有關國家與社會的觀念、公民參與權利的思想發展奠基中，形成了現代豐富的有關城市管理公眾參與的理論基礎，其中主要有公民社會理論、新公共管理理論、新公共服務理論、參與性理論和公共治理理論等。

▎第二節 公民社會理論

西方有關城市管理公眾參與的理論幾乎都建立在公民社會的理論基礎上。在城市管理的複雜環境中，政府必須與其他組織和公民社會共同參與管理城市，對城市的管理是城市政府與非政府部門相互合作促進城市發展的過程。

一、公民社會的基本概念

關於公民社會，各國學者提出了許多不同的定義，所有這些大體上可以分為兩類，一類是政治學意義上的，一類是社會學意義上的。政治學意義上的公民社會概念強調其「民間性」，即公民社會主要是指保護公民權利和公民政治參與的民間組織和機構。社會學意義上的公民社會概念強調它的「中間性」，即公民社會是介於國家和家庭、企業之間的中間領域。聯合國開發計劃署的定義是「公民社會是在建立民主社會的過程中同國家、市場一起構

成的相互關聯的三個領域之一。社會運動可以在公民社會領域裡組織起來。公民社會裡的各個組織代表著各種不同的、有時甚至是相互矛盾的社會利益，這些組織是根據各自的社會基礎、所Ⅰ艮務的對象、所要解決的問題以及開展活動的方式而建立和塑造的。諸如與教會相聯繫的團體、工會、合作組織、服務組織、社區組織、青年組織以及學術機構等都屬於公民社會中的組織。」

公民社會組織（簡稱 CSOs）是公民社會的主體，離開公民社會組織就無所謂公民社會。作為公民社會主要載體的公民社會組織有以下三個顯著的特點。其一是它們的非官方性，即這些組織是以民間的形式出現的，它不代表政府或國家的立場；其二是它們的獨立性，即它們擁有自己的組織機制和管理機制，有獨立的經濟來源，無論在政治上、管理上，還是在財政上它們都在相當程度上獨立於政府；其三是自願性，參加公民社會組織的成員都不是強迫的，而完全是自願的，因此這些組織也叫公民的志願性組織。公民社會組織發展壯大後，它們在社會管理中的作用也日益重要，它們或是獨自承擔起社會的某些管理職能，或是與政府機構一道合作，共同行使某些社會管理職能。[7]

二、公民社會的形成過程

哈貝馬斯在《公共領域的結構轉型》一書中描述了以」公眾或公共空間「為核心的公民社會的形成。哈貝馬斯指出，「公眾」（public）這一概念原指屬於眾人共同關注的事務——這不僅從客觀上，而且是被共同承認屬於共同關注的事務。所以「公眾」屬於整個社會，或者與該社會賴以形成一個整體行動的工具、制度或設置有關。簡單地說，一個社會的政治結構就是公眾者，包括它的執行機構，它的立法權的設置以及由此所需要的各種集會場地，這些就是我們可以稱之為「公眾或公共空間」（public space）的場所。在 18 世紀的公眾或公共空間中，透過在受教育階層中發行報紙、評論文獻和書籍，以及透過在沙龍、咖啡館和政治集會中分散的、小規模的面對面的交流，形成了一種稱得上是「公眾或公共」的意見。所謂公眾或公共意見，是經過詳盡地辯論和討論並被所有人承認為共同同意的那種東西。共同承認這一要素，嚴格來講就是使意見成為公眾或公共意見的關鍵所在。這也是它

賦予公眾或公共意見一種力量之所在，即使之在歷史上獲致一種新的意義之所在：公眾或公共意見完全是在政治結構的渠道以及公共空間之外被闡釋的，是在任何權威的渠道以及公共空間之外發展出來的。公眾或公共意見的新穎之處正是它展示為一種社會意見，且不是透過官方的、既定的、科層式機構來闡釋的。[8]

這一系列關於公眾或公共空間的觀念，構成了有關公民社會區別於國家的認識的一種思想資源。公民社會包括一個公眾或公共的、但卻不是根據政治予以架構的領域。隨著公民社會這一概念的不斷豐富，我們能夠形成這樣的認識，即社會具有其自己的前政治的生命和統一性，而這恰恰是政治結構所必須服務的。社會有權力和權利去確立或取消政治權力，這要視政治權力是否為社會利益服務而定。

公民社會必須擁有一套使它免遭國家侵入並維持它作為公民社會的制度。公民社會必須擁有一個奉行法治、保障個人與機構的獨立的司法制度。它必須擁有一套公開政府行動的機構，包括可以自由報導政府行動的自由新聞出版界（包括新聞出版物、廣播與電視、公開出版的學術性調查、對政治家及文官行動以及政治與政府機構的形式所作的批判性討論和評估）。這些是公民社會的首要制度或機構，因為它們是公民社會與國家分離的保障。

為了使這些首要制度或機構發揮功能，還需要一些支持性制度或機構：自願社團以及它們行使結社、集會、抗議、請願等權利的自由。個人必須享有相應的結社、集會與請願的自由。宗教信仰與崇拜的自由以及結社與受教育的自由顯然也是公民社會的組成部分。學術教育與研究的自由、調查與出版的自由也是公民社會多元模式的組成部分。這些就是使國家受到實質性與程序性制約的制度與機構。公民社會要求並強化自主領域的多元性以及在這些領域內或領域之間行動的自主機構的多元性。公民社會接受利益與理想的多樣性，任何由眾多人組成的社會都會產生這種多樣性。它允許個人及機構追求多樣化的目標。

三、公民社會的核心價值

　　公民社會的公民身份首先是由積極參與公共事務來標示的。邁克爾·沃爾澤指出，「對公共事務的關注和對公共事業的投入是公民美德的關鍵代表。」[9] 當然，並不是所有的政治活動都稱得上對公共福利有益。「犧牲一切純粹的個人和私人目的，持續地認同和追求共同的善」[10] 接近公民精神的核心含義。公民社會的公民並不必須是利他主義的。然而，公民社會裡的公民追求托克維爾所說的「恰當理解的自我利益」，[11] 即，在更廣泛的公共需要背景下的自我利益，「有遠見的」而非「短視的」自我利益，有助於促進他人利益的自我利益。公民共同體裡的參與要具有更強的公共精神，要追求更廣大的共同利益。公民社會裡的公民雖然不是聖人，但是也不認為公共領域僅僅是追求個人利益的戰場。

　　公民社會裡的公民身份要求所有人擁有平等的權利承擔平等義務。這樣一個共同體的聯結紐帶是互惠與合作的橫向關係，而不是權威與依附的垂直關係。公民之間作為平等的人而不是作為庇護與附庸、也不是作為統治者與被統治者發生互動。但是，「這個共同體裡的領導人必須是，以及必須把自己看作是對他們同胞公民負責的。絕對權力和毫無權力都導致墮落，因為二者都注入人心一種不負責任的情感。政治生活越接近互惠原貝基礎上的政治平等，政治生活越採取自治的形態，就可以說這個共同體越有公民精神。」[12]

　　公民精神是一種態度，也是一種行為模式。它是對構成公民社會的那些制度或機構的一種珍視，是對整個社會包括社會的所有階層在內的態度，它是關懷整個社會福祉的態度。「公民精神關注整體的福祉或較大的利益，更為重要的是，公民精神是個人的自我意識被他的集體性自我意識部分取代時的一種行為，他的集體性自我意識的對像是一個整體的社會以及公民社會的制度或機構。」[13]

　　公民精神的概念在過去乃至最近的復興中通常都被解釋為禮貌、談吐優雅、謙遜、尊重他人、自我克制、紳士風度、文雅、高尚、良好的風範、斯文。所有這些術語通常都專用於描述個人之間直接交往時的行為。所有這些用法都蘊涵著顧及他人的感受，特別是顧及他們要求受到尊重的慾望。因此，

拒絕尊重他人或敬重他人是與公民精神背道而馳的。公民精神承認他人至少具有與自己同等的尊嚴，而絕不貶抑他人的尊嚴。

公民精神與公民社會有何種關係？作為公民社會核心的公民精神因其他人作為公民社會成員所享有的權利與義務而將其視為具有同等尊嚴的同類公民；這意味著將其他人視為同一集體的成員，亦即同一社會的成員，即令他們屬於不同社團或種族群體。公民精神有利於公民社會的運作。公民精神不僅是良好的風範與和解的語調，它同時也是一種政治行動的模式。這種模式預設政敵亦是同一社會的成員，共享同樣的集體性自我意識。公民精神在本質上以公民社會的集體性自我意識為基礎。誠然，個人既參與許多不同的集體，同時也是個人。他們共享許多集體性自我意識，同時又有他們自己的個人自我意識。但在他們所參與的公民社會中，他們是社會集體性自我意識的組成部分。

共同利益的概念內在於集體性自我意識的本質之中。集體性自我意識並不抹煞個人的自我意識；它只是透過個人自我意識的行動而影響個人行為。在另一方面，任何個人都不可能在毫不具備集體性自我意識的情況下生存。沒有集體性自我意識，社會便不可能存在。無論哪裡存在人與人之間的持久關係，哪裡就會產生集體性自我意識。集體性自我意識是將自我視為集體之一部分的認知狀態，它內涵著一種將集體利益置於個人或地區與集團利益之上的規範。所有社會都會產生某種程度的集體性自我意識。但這並不意味著集體性自我意識總會高於個人的自我意識。情況往往相反。而且，這也絕不意味著具有較大包容性的集體性自我意識總會高於較小包容性的集體性自我意識。不過，具有廣大包容性的集體性自我意識的存在有一種遏製作用。正是這種具有廣大包容性的集體性自我意識阻止社會徹底陷入自然狀態。

「假如沒有公民精神，一個多元化的社會就可能淪落為一場每個人對所有人的戰爭。公民精神的功能頗似公民社會的管理者。它限制衝突的強度，縮小相互衝突的要求之間的距離，它透過具有這種品質的個人對社會整體的依附，限制人們所追求的地區或集團性目標的不可調和性。社會——無論它是高度分化的，還是相對同質的——在下述意義上都是利益衝突的場所：在

任何特定時刻,當社會某部分獲得較多的某種東西時其他部分就會獲得較少。只要各部分追求的有價值東西的總需求不至於大大超過總供給,這些衝突與爭鬥就不會發生或不致激化。」[114] 公民精神是公民社會的美德。它意味著隨時準備節制個人或集團的特殊利益,而將共同利益置於首位。每當觀點對立的雙方由於認識到共同利益而達成妥協時,他們便再次將自己定義為同一個集體的成員,這個集體的利益高於他們各自的特殊目標。由這一決定賦予優先地位的共同利益也許不過是雙方所參與的集體的繼續存在。無論如何,只要一個具有更大包容性的集體得到認可,共同利益便得到認可。任何行動只要顧及具有更大包容性的集體福祉,便是從共同利益出發的行動。公民社會的規範和價值體現在重要的社會結構和社會實踐裡,而且也由於它們而得到加強。

第三節 新公共管理理論

在城市化和城市發展過程中,世界各國都面臨著如何提高城市管理有效性的問題。20 世紀 70、80 年代興起的新公共管理理論,使城市公共管理的模式發生了顯著的變化。

所謂新公共管理（New Public Management）,是與傳統行政管理（Public Ad-ministmtion）相比較而言的。傳統行政管理模式是建立在韋伯的官僚理論和威爾遜的政治 - 行政兩分法基礎上的,是一種注重行政系統內部結構特徵的管理模式,也是一種相對封閉的理論和行為模式。而新公共管理的基本取向是,採用私人部門管理的理論、方法及技術,引入市場競爭機制如績效管理、目標管理、組織發展、人力資源開發等,廣泛地運用到公共部門的管理之中,提高公共管理水平及公共服務質量。這種變化對城市管理公眾參與的意義體現在（政府強調要重視公眾的需求,把公眾視為顧客,政府應像企業一樣具備「顧客意識」,由顧客驅動,建立明確服務標準,改善服務質量,降低政府服務成本,提高行政效率。

一、公共管理方法變革的理論

在制度設計上，新公共管理理論主張在公共管理範圍內引入私營部門的管理方法。新公共管理理論是一種以企業經營理念為基礎改變公共部門管理的理論，它以現代經濟學和私營企業管理理論和方法作為自己的理論基礎。新公共管理認為，私營部門和公共部門之間不存在本質性的差別，私營部門的許多管理方式和手段都可以為公共部門所借用，那些已經和正在為私營部門所成功地運用著的管理方法，如績效管理、目標管理、組織發展、人力資源開發等並非為私營部門所獨有，它們完全可以運用到公共部門的管理中來。公共管理理論以現代經濟學和私營企業管理方法為理論基礎，目的是為了改變政府面臨的困境，即財政困境和民眾對政府的不滿，其重心是在重新評估政府與社會、政府與民眾的關係上。因此，新公共管理理論強調，一個有效的政府並不一定是一個「實幹」的政府，也不一定是一個「執行」的政府，而是一個能夠「治理」並且善於實行「治理」的政府。為實現有效治理，新公共管理重視策略管理，主張要將政策制定和政策執行分開，政府的主要職責主要從政策和策略層次上進行管理，而把具體的執行事務交給市場解決。這在一定程度上改變了以往福利國家對公共事務管理的過渡干預，還權於社會，嚴格限制政府的界限和規模，讓市場發揮更大的作用。其制度實施上的主導方案就是民營化，也即取消公共服務供給的壟斷性，廣泛引進競爭機制，透過市場的方式提供公共服務，讓更多的私營部門參與公共服務的供給，從而提高服務供給的質量和效率。

二、公共管理目標取向變革的理論

在目標取向上，新公共管理理論強調以公眾需求為導向的公共服務滿意度和績效評估。新公共管理理論指出，公共服務部門的績效評估內容包括效率和成本效益、顧客滿意度、投入產出比率、服務質量等方面。在實踐中，績效評估主要以「3E」為標準，即 Economy（經濟）、Efficiency（效率）、Effectiveness（效益）。在具體操作上，新公共管理反對傳統公共行政重遵守既定法律法規、輕績效測定和評估的做法，主張放鬆嚴格的行政規制，實行嚴明的績效目標控制，即確定組織和個人的具體目標，進行量化分析，並

根據績效目標對完成情況進行測量和評估。這一方面對公共服務部門的服務改進提出了指導性建議，同時也讓政府對公眾的需求更加負責任。

目標控制從過去重視投入改變為重視產出。與傳統公共行政只計投入，不計產出不同，新公共管理更加重視政府活動的產出和結果，即重視提供公共服務的效率和質量。為達到目的，新公共管理理論要求政府應善於下放權力。因為與集權的機構相比，授權或分權的機構有更多的靈活性，對於新情況和顧客需求的變化能迅速做出反應，因而更有效率，更具創新精神，能產生更高的士氣，更強的責任感和更高的生產率，等等。因此，政府要廣泛採用授權或分權的方式，透過積極合作，分散公共機構的權力，簡化內部結構的等級，實行公共參與的管理，讓社區、家庭、志願者組織等進行自我服務、自我管理。

三、公共管理運行機制變革的理論

在運行方式上，新公共管理理論強調以「顧客」為中心的「回應性」的政府行政新模式。因為政府的財政困境、低效率和過去的行政框架的非公眾中心等，導致公眾對政府的強烈不滿。針對這種現狀，新公共管理提出建立注重對公眾要求的回應，即體現為以「顧客」為中心的「回應性」的政府行政新模式。所謂「回應性」，就是強調政府行政應樹立公眾觀念，公眾是政府服務的對象，因此政府應將回應公眾的需求放在首要地位。

新公共管理從公共選擇理論中獲得依據，認為政府應以顧客或市場為導向，政府的社會職責是根據顧客的需求向顧客提供服務。「市場不僅在私營部門存在，也在公共部門內部存在。當市場在公共部門出現時，我們通常稱之為系統，如教育系統、職業訓練系統、心理衛生系統。但它們都是市場，就同金融系統、銀行和保健系統一樣都是市場。如果我們把市場導向的思想應用到我們的公用系統上去，我們就能取得偉大的成就」。[15] 於是在新公共管理中，政府不再是凌駕於社會之上的封閉的官僚機構，而是負有責任的「企業家」，公民則是其「顧客」或「客戶」。「企業家」在新公共管理思想中有其特殊的含義：企業家把經濟資源從生產率和產出較低的地方轉移到較高的地方，運用新的形式創造最大限度的生產率和效率。因此，企業家式的政

府應該是能夠提供較高服務效率的政府。為了實現這一目標，政府服務應該以顧客需求或市場為導向。只有顧客驅動的政府，才能提供能滿足多樣化的社會需求的服務並促進政府提高服務質量。因為這將使競爭進一步發展，不是政府管理人員選擇服務提供者，而是政府管理人員讓公民選擇服務提供者。企業雖然以盈利為目的，但受顧客驅使的機制使企業不斷尋求新途徑使顧客滿意。相反，政府是為公民服務的，但在大多數公共組織中甚至弄不清誰是它們的顧客或服務對象，而且＆務水平低劣。所以，給公民以更多的選擇權，讓公民有機會來評價政府工作效果的「顧客驅動」機制將是一個推動政府改善工作的良好機制。

綜合來看，新公共管理理論主要觀點體現在：（1）充分尊重社會公眾的需要，政府應以市民為導向，增強社會回應力。（2）政府部門應廣泛採用私營部門成功的管理方法和競爭機制，更加重視政府活動的產出和效果。（3）讓更多的私營部門參與公共服務的供給。（4）放鬆管制，向社會分權。政府要放鬆對社會活動特別是經濟領域的限制和規制，給社會更多自我管理的權力。從政府職能定位來看，新公共管理由重視對政府機構、具體過程和行政程序的管理，轉變為重視對項目、結果與績效的管理。新公共管理不再將公共管理的主體侷限為政府機關和官僚機構，而是主張充分利用社會力量，讓非營利組織、營利組織和社會公眾也承擔部分公共管理職責。從管理手段上來看，新公共管理注重引入市場機制，打破政府提供公共產品和服務的壟斷的地位，允許私人企業、社會團體參與服務競爭。

四、「重塑政府理論」——新公共管理理論的核心思想

（一）「重塑政府理論」提出的背景

20世紀80年代，美國政府面臨嚴重的財政危機和國民對政府的信心危機。美國政府的稅收管理窮於對付上萬億的欠稅帳單；政府管理每年耗費巨資而沒有建樹；政府管理的項目設計不靈；20世紀80年代，美國政府面臨嚴重的財政危機和國民對政府的信心危機。美國政府的稅收管理窮於對付上萬億的欠稅帳單；政府管理每年耗費巨資而沒有建樹；政府管理的項目設計不靈'政府的決策者們雖然做出過種種挽救危機的努力，但由於他們的思路

侷限在傳統的管理體制框架內，政府的信任危機和財政危機沒有得到根本解決。美國社會提出了政府管理體制變革的要求，學者們不失時機地創立新的理論。1993 年，邁克·哈默和詹姆斯·錢辟合著的《再造公司：企業革命宣言》一書出版。他們認為，「再造」意味著不能過多地考慮現存的組織結構、政策和方法，而是必須從頭開始。將這個觀點運用於政府，也就是要求對政府進行全面的改造。上述因素催生了美國的重塑政府理論。正如美國的奧斯本和蓋布勒在《改革政府：企業精神如何改革著公營部門》裡所說：「那種在大工業時代建立起來的政府管理模式，反應遲鈍、官僚集權、先人為主、條例命令繁瑣、階層控制，在今天再也不靈了。它在屬於它的那個時代曾經輝煌，但繼續往前，它就與我們背道而馳了。它變得臃腫、耗費而低效。當世界發生變化時，它就被拋在後面。20 世紀三四十年代設計的階層的、集權的官僚體制，面對日新月異、訊息紛繁、知識爆炸的社會已是力不從心。它就像豪華客輪在超音速飛機的時代，顯得龐大、笨重、昂貴和轉向不靈。逐漸地，它被新的公共機構取而代之。」[16]

(二) 「重塑政府理論」的基本框架

「重塑政府理論」（或稱「政府再造理論」）主張對政府進行全面的改革。其代表作是美國的奧斯本和蓋布勒合著的《改革政府：企業精神如何改革著公營部門》，該書明確主張用企業精神改革政府，提出對政府的改革包括十個主要方而。這十個方面反映了對如何建立政府管理新體制的有意義的探索。

(1) 起催化作用的政府：掌舵而不是划槳。「從划槳到掌舵」的政府管理，就是指政府的職能主要是決策和制定政策，而不是進行具體的操作。在面對許多急需解決的社會問題的巨大壓力下，政府管理部門不得不放棄一些傳統觀念和做法，如政府開始廣泛地與經濟的和非經濟的社會組織結成提供社會服務的合作關係，依靠社會力量去服務於由民主機制確定的優先解決的社會項目，從而創造了「政府駕駛，社會共同划船」的社會服務的新模式。

(2) 社區擁有的政府：授權而不是服務。政府的大量服務項目應透過授權由其他社會組織來承擔。重塑政府理論認為，授權或分權的機構帶來更多的靈活性、更有效率、更具創新精神、產生更高的士氣、更強的責任感、更

高的生產率等。例如，政府對社區的管理最有效的辦法就是授權和創造條件讓市民們自己提供自身所需要的服務。自己擁有的家園當然比租來的家園更能引起關切，為改善自己的環境當然比為改善別人的環境更能引起熱情。這是為什麼授權給社區自行提供服務比從外部提供服務更有效的原因（社區服務包括托兒所、幼兒園、青少年組織、廢物回收、環境整治以及各類社區所需要的項目等）。因為只有服務的接受者最清楚需要什麼服務，並能用更加靈活和具有創造性的方式解決問題。透過授權給市民，社區民主委員會聘用職業經理實施職業化管理，這樣，管理者就不可能成為官僚。只有當市民參與了管理，美國的社區民主理想才能實現。奧斯本和蓋布勒說：「當家庭、居民點、學校、志願組織和企業公司健全時，整個社區也會健康發展，而政府最基本的作用就是引導這些社會機構和組織健康發展。」由此而培育的健康而有活力的社會基本單元，也就能構成健康而有活力的國家。

（3）競爭性政府：把競爭機制注入提供服務中去。「從服務到授權」的政府管理政府的作用是組織內部及外部的各種競爭和對競爭進行管理，透過競爭提高效率。政府效率問題的癥結，不在於機構的所有制是公共的還是私營的，而在於是競爭的還是壟斷的。競爭帶來最大的效率，帶來全心全意為顧客服務的精神，帶來變革和創新，帶來僱員的自豪感和道德感。如佛恩尼斯市將競爭廣泛運用在市政管理上：垃圾收集和填埋、代管和監護服務、停車場管理、高爾夫球場管理、街道清掃和維修、小攤檔管理、安全管理等。競爭不在乎服務是政府提供的還是私人提供的。在服務市場裡，私營機構迅速從公共機構手中爭取市場份額，如學校、郵政服務等。群眾越少選擇公共機構，公共機構就越萎縮，直到它能學會競爭和提供高質量服務。

（4）有使命的政府：改變照章辦事的組織。「從規章到使命」即變照章辦事的政府為有使命感的政府。大部分傳統政府部門和組織不是按完成任務的要求而工作，而是按規章制度的要求工作。它們將僵化的條規和辦事程序應用在任何部門和任何事情中。部門的分工又往往劃分了權力範圍，改變規章意味著權力的重新劃分。任務和完成任務的條件是變動的，但規章的變動卻難以做到。政府機關的預算系統、採購系統、人事系統、會計系統等制定的條規都有其充足的依據，但整個機構的服務功能卻被分割和變得不連貫，

工作運轉呆滯和低效，綜合效果更不理想。企業家式的政府則不同。它是具有使命感的政府。它們規定自己的基本使命，然後希冀定能讓僱員放手去實現使命的制度和規章，讓僱員以他們所能找到的最有效的方法去實現組織的使命。同時機構要創造自己的文化氛圍，明晰機構的基本目標。價值觀和建立行為楷模，將機構的基本價值概念透過各種活動，深深印在僱員的意識裡。有使命感的組織比照章辦事的組織的士氣更高，也更具有靈活性，更具有創新精神，從而更有效率。

（5）講究效果的政府：按效果而不是按投入撥款。注重投入所產生的業績測評，以效果決定投入。傳統政府的公共事務管理和服務，往往耗費資金而不講求結果，甚至許多做法是鼓勵落後和失敗。比如在社會治安方面，犯罪率升高。警署能獲得更多經費；在公共房屋管理上，房管機構假如盤活物業。經營得好，房屋署就不能得到更多的經費了。鼓勵落後往往給管理者進取的工作動機帶來障礙，不思改進。結果是政府投入越多，效果反而越差。私營企業則不同。私營企業高度重視實際效益，因為不講效益，就會在競爭中被淘汰。政府機構不會被淘汰，因此官員也不重視工作實效與表現，只重視能否連任和提升。這說明，建立工作表現的衡量與激勵體系在管理中具有重大意義。重塑政府理論主張政府管理的資源配置應該與管理人員的業績和效果聯繫起來。在管理上強調按效果而不是按現狀決定投入，按業績而不是按任務決定付酬。在對財力和物力的控制上強調根據效果來撥款的預算制度。即按使命作預算；按產出作預算；按效果作預算；按顧客需求作預算。

（6）受顧客驅使的政府：滿足顧客的需要，而不是官僚政治需要。即變政府活動由官僚滿足政治需要驅動為顧客驅動。民主政府是為公民而存在的，然而許多政府官員和公共管理機構僱員並沒有為公眾服務的觀念。因為政府大部分管理機構的資金不是直接來源於服務對象，而是來源於政府立法機構，議會或是民選委員會。時代在變化，人們的觀念和生活方式也發生了巨大變化。他們追求多樣性，追求具有個性的生活，要求政府提供的社會服務具有選擇性。傳統的政府機構在服務中沿用一成不變的、千篇一律的方式已不能適應社會要求。形勢迫使他們向企業學習，移植企業家式的管理來改變政府的面貌。傳統的公共管理體系是為方便行政人員和服務的提供者而設計的，

因此必須進行整個機構系統的改革。要讓公共服務機構像那些由顧客驅動的企業一樣運作，具有企業家精神的政府服務機構要像企業一樣透過提供優質服務獲得資金，並在競爭中求得生存。置於顧客的驅動之下，政府才有望服務得更好。

（7）有事業心的政府：有收益而不浪費。傳統政府的管理體制、預算機制都是被設計成如何開支和使用財政收入，而從不考慮如何增加公共收入。假如公共服務機構的僱員能像考慮如何花錢一樣考慮如何賺錢，他們就能發揮巨大的創造力。政府的財政危機等嚴峻的環境迫使政府向企業家學習，尋求稅收以外的收入，如公共資金的投資增值、加速資金周轉、改變某些資金的用途，甚至投資贏利企業和透過某些服務性的收費增加公共資金等。

（8）有預見的政府：預防而不是治療。目卩政府應面向未來的發展而不能只注重任期內的短期行為。傳統政府的管理方法是致力於解決社會中現實存在的問題，如為對付不斷增加的犯罪就投入更多警力、為對付不斷增加的火災就購買更多的消防車等。政府往往將自己困在忙於應付的局面中。這種消耗了大量的人力物力，缺乏前瞻性，不是提前預見社會問題並防患於未然的辦法，是一種被動的、低效率的辦法。前瞻式的管理則不同。這種管理將預測影響社會穩定，妨礙社會發展的因素，在制定社會發展規劃和政府決策時就予以關注，採取措施加以預防。如加利福尼亞、佛羅裡達等州在城市管理中，對社會重點部位和項目，進行主題式的預防管理。政府改革要求創立機制淘汰不顧社會長遠利益的短視政治家。

（9）分權的政府：從等級制到參與和協作。變等級結構為任務導向結構，減少層次，分散權力，使政府更具靈活性和創新精神。現代訊息技術高速地傳遞大量訊息，政府僱員均受過良好教育，現代化產生許多新管理分支領域，瞬息萬變的社會和市場迫使管理者迅速分析大量資料做出決策。新的競爭環境以及社會的複雜性給決策增加了困難，面對巨大的訊息量和業務工作量，僅靠集權的個別領導者佔有訊息、分析判斷併作出應對已是不可能，必須依靠分權與合作的方式。具有企業家精神的政府領導勇於開拓分權管理方式，大膽放權，或授權於社區，或放權與非政府部門的社會服務機構。在機

構內部，管理者透過先進技術，管理涵蓋面擴大，管理能力增強，授權給基層，逐漸減少中間管理層次，取而代之的是被授權的團隊合作的結構，這是訊息技術進步對機關結構帶來的必然影響。

（10）以市場為導向的政府：透過市場力量進行變革。即變靠計劃和運用行政手段的政府為市場導向的政府。運用市場的機制和營造市場環境是政府管理社會的有效方法。這種方法無疑與行政指令、行政控制的傳統管理機制有根本區別。但是，市場機制只能達到社會平等的一半。它總是以平等競爭開始達到不平等的結果。所以，在進行市場為導向的管理時，還要注重包括社會公共服務部門在內的市場的重新塑造。市場為導向的管理策略，其基本原理是以競爭為動力，以比較進行選擇，以群眾受益為目的，以社會進步為導向。特另 U 是當代，現代訊息技術使市場法則被人們更充分地運用。[17]

重塑政府理論切中政府管理體制的弊端，將一個為形勢所迫的改革變為一個主動進取的體制創新。然而最為重要的是，重塑政府理論來自於對大量案例的分析，其觀點具有很強的現實性，其建議也具有很強的可操作性。柯林頓政府從一開始就高高舉起重塑政府這面旗幟作為對選民們要求改革的強烈呼聲的回應，他們在社會調查的基礎上，明確重塑政府的目標，參照重塑政府理論的十個要點，制定計劃、政策和法令，對政府的管理體制進行改革。政府改革使柯林頓政府在中國經濟上取得了顯著成績，也使美國在國際上競爭力得到進一步的提高。美國財政消滅了巨額赤字並有盈餘，人們對政府的滿意程度普遍提高。美國學術界普遍認為，柯林頓政府雖不是經濟繁榮的直接締造者，但卻是一個成功的領導者和環境創造者。柯林頓政府順應民意的自我改革和政策選擇無疑是經濟發展的一個重要因素。

▌第四節 參與性發展理論

參與式發展雖然到 20 世紀 90 年代才成為熱門話題，但其思想的形成與發展已經有數十年時間。在第二次世界大戰後早期，發展策略的主導因素是經濟增長，所有的決策大多採用從上而下的手法，由機構與社區的精英決定。20 世紀 60 年代早期，很多分析發現經濟增長並不是一定與發展目標有關聯，

這類目標包括快速增加就業機會、減少貧困、減少不平等現象和提供基本需要等。總體來說，經濟增長是發展的基礎，但是，由於收入和財富分配的不均，這種增長會使某一部分人貧困。在這種背景下，出現了參與性發展的理論。

一、參與性發展的涵義

隨著參與式工作方法在實踐中的不斷發展與提升，「參與性」概念逐步清晰起來，人們認識到參與性中的參與不是一般意義上的參加，參與性的本質在於分擔、分享、共擔、共享。世界銀行給出的定義為「參與性」是一個過程，透過這一過程，相關者共同影響和控制發展的導向、決策權。「參與性」的概念發展到今天，仍然是一個難以理解的，不同的人有不同的理解，但關於「參與性」的一些觀念基本上能夠為人們所認可，這些有關「參與」的觀念包括：（1）參與的特徵包括社區的決策角色，項目中的公平受益，社區對決策有貢獻，社區不只有自願的貢獻，同時也有控制權；（2）參與指的是透過一系列的正規和非正規的機制直接使公眾介入決策。（3）參與是在對產生利益的活動進行選擇及努力的行動之前的介入。（4）市民參與是對權力的再分配，這種再分配能夠使在目前的政治及經濟過程中被排除在外的窮人在將來被包括進來。（5）社區參與是指社區發展主體有效地介入到社區建設中有關決策、實施、管理、監督和利益分享的過程中。（6）參與是指在決策過程中，那些將會受到該決策影響的人群，能夠有效地參加到決策的過程中，尤其要關注一些邊緣群體和弱勢群體。（7）參與可被定義為在決策過程中人們自願的民主的介入，包括：確定總目標、確定發展政策、計劃、實施及評價經濟及發展計劃；為發展努力作貢獻，分享發展成果。（8）參與就是對社區賦權，所謂賦權，就是主要利益相關群體能夠影響和共同控制他們的發展方向和資源利用、共同進行決策的過程。（9）參與可被定義為農村貧困人口組織自己以及自己的組織來確定他們真正的需要、介入行動的設計、實施及評價的過程。這種行動是自我產生的，並且是居於對生產資源及服務的可使用基礎上，而不僅僅是勞動的介入。同時，也基於在起始階段的援助及支持以促進並維持發展活動計劃[18]。

　　奧克利和馬斯克里回顧並總結了眾多在發展項目中應用的對於「參與」的理解及解釋，並把它們歸納成以下四個方面：第一，參與是人們對國家發展的一些公眾項目的自願的貢獻，但他們不參加項目的總體設計或者不應該批評項目本身的內容。第二，對於農村發展來說，參與包括人們在決策過程中，在項目實施中，在發展項目的利益分享中，以及在對這些發展項目的評價中的介入。第三，參與涉及人們在給定的社會背景下為了增加對資源及管理部門的控制而進行的有計劃、有組織的努力，這些人在過去是被排除在對資源及管理部門的控制之外的。第四，社區參與是受益人影響發展項目的實施及方向的一種積極主動的過程。這種影響主要是為了改善和加強他們自己的生活條件，如收入、自理能力以及他們在其他方面追求的價值[19]。總結以上所述，公眾參與是指具有共同利益、興趣的社會群體對政府涉及公共利益事務的決策的介入，同時享有決策成果的社會行為模式。這種參與的對像是政府的社會公共事務，而不是政治決策及政府的人事選擇，後者討論的是公眾的政治參與。

二、參與性發展理論的基本內容

　　參與性理論之下的參與行動包含如下內容：

　　第一，參與是人類的基本需要。基本需要是指人類維護自身生存而必需的最基本條件，即基本的收入、工作、住房、教育、衛生、健康和營養，以及自身安全、社會秩序等各方面的基本需求。這也是 20 世紀 70 年代提出的發展的基本概念，從這一概念出發，發展被定義為透過物質生產來滿足人類基本需求的過程。在這一過程中，發展的主要目的是促進人的生存條件的改善。因此，發展中的參與是不可缺少的，因為人們有參與到各種影響自身利益決策中的需求，也可以說是尋求民主的表現，同時，透過參與可提高參與者的自尊心及自信心。

　　第二，只有行動才能發展。參與性是一個相互學習的過程。個人、小組、協助員及外來組織均可以相互交流，在這一過程中，不但分享知識、經驗，而且個人的信心和能力也得到發展，換言之，參與能促進人的發展，而人的發展是社會發展的基礎。過去人們常常批評某些貧困地區有「等、靠、要的

思想」和「輸血型」扶貧的弊端，這些行為或方法並沒有使貧困地區得到改善，反而加重了經濟發達地區的負擔，這樣的情況是不可能長久保持下去的。只有依靠當地人自己的行動才能促使當地的經濟社會面貌得到徹底的改觀。然而，人的行動取決於他們所做出的決定或決策。因此，沒有當地人的參與和行動，就不可能達到真正的發展。

第三，人們的知識結構存在差異性。不同的人群有不同的知識背景。參與式理論強調發展中要尊重主體的知識。人們由於其生活背景不同，文化教育不同，具有不同的知識結構。現代的發展要求多學科、多層次、多類別的人群參與。參與性的精神是承認人們擁有不同的知識，無論你是科學家，還是普通人。人們在其生活閱歷中學習知識，創造經驗，對付生產和生活中的壓力，解決存在的問題和困難。「群策群力」就是要創造和提供一個寬鬆的環境，使生活在不同環境下的人群，充分發揮自己的特長和利用自己的知識獻計獻策。參與性實質是要鼓勵每一個人在重大事件的決策中行使自己的權利並使自己的知識在決策中發揮作用。

第四，注重「誰」來參與、「誰」做決策。在發展項目中，「參與」是指所有利益相關者的參與，這裡的利益相關者包括政府官員及工作人員、技術人員、非政府組織成員、科學研究人員和其他利用當地資源的人員等。參與式發展注重與政府部門、群眾、資助機構等社會各個階層建立夥伴關係。參與式不僅是工具和手段，也是一個過程和一種理念。在傳統的項目中，公眾是最容易被忽視的「重要成員」，是弱勢群體，而在參與式發展項目中，他們是最受重視的人群之一。不同的參與者有其不同的角色定位，起著不同的作用。如：技術人員提供技術支持和服務，公眾則應參與發展項目的決策、管理、實施和監測與評估。

第五，「參與」具有層次性。參與性是一個發展的概念，社區和當地人的參與是循序漸進、逐步發展的，不可能一次到位。

第六，參與增加了當事人對項目的認同。參與性是過程而不是結果。當事人的參與性表現在他們是否參與了項目週期的全過程，從項目概念的提出，編制項目建議書，項目的可行性研究，制訂項目計劃，項目實施、管理，到

項目影響評估的整個過程。評價當事人的參與性要看當事人在各個項目階段參與的程度和民主決策的能力。噹噹事人參與制定項目目標及確認他們自己的需要時，他們便覺得是他們自己的項目，實施項目就是自己解決自己的問題，當問題和解決問題的方法被當事人認同時，項目的歸屬感增加時，當事人參與解決問題的積極性也隨之增加，項目的成功率也隨著增加。

第七，參與促進社區組織的建立和完善。當利益相關群體參與到項目的各方面時，必然增加相互間的協助與衝突，在這一過程中，他們將學習如何組織和處理糾紛，同時也增加了他們處理問題的技巧和管理協調能力。這些都能建立公眾的自信心和能力去處理其他事情。透過這樣的參與過程，群眾從「依賴」外界到「獨立」運作自己的組織，控制自己的生活，而這對自身發展產生重要影響。

▌第五節 公共治理理論

「治理」（Governance）一詞源於拉丁文和希臘語，原意是「控制、引導和操縱」，它是相對於傳統的「統治」（Government）而言的，是與統治（Government）、管理（Management）等政府活動聯繫在一起，主要用於與國家公共事務相關的管理活動和政治活動。治理概念最初產生於城市環境，即「城市治理」，主要用於解決日益複雜的城市問題和城市發展。

一、治理理念提出的背景

從理論視角來看，治理理論是對傳統學科、理論侷限性的突破。學界認為治理理論的興起與 20 世紀 70、80 年代社會科學出現的某些危機有關，主要在於許多學科領域的原有範式越來越難以解釋和描述現實世界。對此，學術界在經過反省後，進行學科學研究究方向調整，把「治理」作為一個重要研究課題。在公共行政學領域，學者所關注的協調方式不僅已經跨越公私部門涇渭分明的傳統觀念與制約，而且開始涉及錯綜複雜的等級組織、平行的權力網絡，或是其他跨越不同政府層級和功能領域的複雜而相互依存的協調形式。從現實視角來看，由國家 - 社會 - 市場之間的關係變化，而引起的一

系列新情況、新問題不再能夠簡單地借助於國家計劃或市場方式來解決，有些相互依存形式也不適於以市場機制或自上而下發號施令的方式進行協調。從大量現實問題中，人們重新認識到「自組織治理」是一種最自然的協調方式。此外，戰後「混合經濟」成為居於統治地位的範式，而介於市場與國家之間的機構制度和做法時常被忽視。實際上，它們並未消失，只是在理論和政治上被置於邊緣地位。以致到 20 世紀 70 年代，國家的作用令人失望，90年代人們對市場的功能也不再抱幻想時，對從未真正退卻的治理理論的興趣再度被喚起。

治理理念的提出，使人們得以從一種更為靈活的互動論視角，從政府、市場、企業、公民、社會的多維度、多層面上觀察、思考問題。人們認識到，無論是亞當·斯密的「看不見的手」，還是凱恩斯的「看得見的手」，都無法根本克服「市場失靈」和「政府失靈」這一「西西弗斯」的「被推上山、又滾下山的石頭」之間的悖謬。而治理理念所包含的「權力的多主體、多中心」「回應性」「互動」「公開性」「透明度」「法治」「公正」「有效」等素質，被認為有可能幫助突破這樣一種二難選擇，從而展示一種嶄新的公民社會存在和發展的格局。

二、治理的基本內涵

詹姆斯 N·羅西瑙（James N.Roenau）與其他學者圍繞「沒有政府的治理」這一核心主題深入探討，認為治理研究關注的是從國家職能向私人領域的巨大轉變。政府的工作現在日益受制於公共 - 私人夥伴關係的狀況，以及與國家與非國家機構之間的正式和非正式網絡。全球治理研究的一個特徵就是強調「沒有政府的治理」這一現象。「沒有政府的治理」是現代國家體系中的一個基本特徵，羅西瑙將治理定義為「一系列活動領域裡的管理機制，它們雖未得到正式授權，卻能有效發揮作用。與統治不同，治理指的是一種由共同的目標支持的活動，這些管理活動的主體未必是政府，也無須依靠國家的強制力量來實現。換句話說，與政府統治相比，治理的內涵更加豐富，包括政府機制同時也包括非正式的、非政府的機制」[20]。該定義揭示了治理的權威不必基於某些國家機構設施，治理權力透過合作、配合、談判和社會

網絡及鄰里關係而運行。因此，「沒有政府的治理」依賴於在政府權力缺席下的商業和半商業的企業和市場。

治理理論的另一位代表人物 R·羅茨提出：「治理代表著政府管理含義的變化，指的是一種新的管理過程，或者一種改變了的有序統治狀態，或者一種新的管理社會的方式」。[21] 他又提出，治理至少有六種不同的用法：作為最小國家的治理、作為公司治理的治理、作為新公共管理的治理、作為「善治」的治理、作為社會控制系統的治理、作為自組織網絡的治理，進而對這六種治理進行詮釋。他說，「任何指定的定義都有武斷性」，因而概括了「治理」的幾個基本特徵：（1）組織之間的相互依存。治理比政府管理範圍更廣，包括了非國家的行為者。改變國家的邊界意味著公共的、私人的以及自願部門之間的界限變得靈活了、模糊了。（2）相互交換資源以及協商共同目的的需要導致了網絡成員之間的持續互動。（3）遊戲式的互動以信任為基礎，由網絡參與者協商和同意的遊戲規則來調節。（4）保持相當程度的相對於國家的自主性。網絡不為國家負責，它們是自組織的。儘管國家沒有專門的、主權地位，但是它能夠間接地並且一定程度上調控網絡[22]。

隨著社會的持續發展，「治理」被不斷賦予新的含義。全球治理委員會（The Commission on Global Governance）將治理概念界定為：治理是各種公共和私人機構管理其共同事務的諸多方式的總和，它是使相互衝突或不同的利益得以調和，並且採取聯合行動使之得以持續的過程。治理既包括有權強迫人們服從的正式制度和規則，也包括各種符合人們共同利益的非正式的制度安排。概括起來，治理具有如下四個特徵：（1）治理不是一套規則，也不是一種活動，而是一個過程；（2）治理不是控制，而是協調；（3）治理既涉及公共部門，也包括私人部門；（4）治理不是一種正式的制度，而是持續的互動行為，在全球層次上看，治理主要被看作政府間的關係，但是也必須被理解為與非政府組織（NGO）、公民運動、跨國公司以及影響日巨的全球公民有關的一個現象。全球治理委員會又進一步定義了「好的治理」，認為好的治理是指：（1）透過司法獨立來實現公民安全得到保障、法律得到尊重，即實行法治；（2）公共機構正確而公正地管理公共開支，即進行有效

的行政管理；（3）政府領導人就其行為向人民負責，即實行責任制；（4）訊息靈通，便於全體公民瞭解情況，即具有政治透明性吧 [23]。

在當代西方公共管理改革運動掀起的「治理」復興中，治理又被定義為「在一個既定的範圍內運用權威維持秩序，滿足公眾的需要。治理的目的是在各種不同的制度關係中運用權力去引導、控制和規範公民的各種活動，以最大限度地增進公共利益」。

治理概念紛繁複雜，但其精髓始終如一。簡言之，治理就是打破政府壟斷所有權威的統治架構，改由多元的權力主體共同進行協商、合作，而形成新的統治架構，以此達致國家權威與公民社會的合作，政府與非政府的合作，公共機構與私人機構的合作，強制與自願的合作，以及由中央、地方與民間的合作所形成的政策網絡關係。

三、城市治理的基本概念

自 20 世紀 90 年代以來，「治理」理論被認為是公共行政最新理念而逐漸流行，很快被人們應用到城市管理上，從而孕生了所謂的「城市治理」。西方的「city governance」或「urban governance」較多地被譯為「城市治理」。當前，城市經濟正越來越成為世界經濟的主宰，因此構建一個公平、公開、具競爭力的城市治理模式，對於實現城市可持續發展意義重大。

城市治理是指城市各治理主體對城市公共事務進行管理的過程，其目的在於有效地解決城市公共問題，維護公共利益。城市治理始終面臨兩個基本問題：一是城市各治理主體作用的範圍和在促進城市經濟社會發展過程中的正當角色；二是城市各治理主體採取什麼樣的治理工具來達成治理目標。城市治理作為全球化、訊息化和地方化背景下的產物，作為一種特定地域空間治理的概念，中國外目前也沒有形成固定模式。不同國家、不同區域，甚至同一個國家的同一個城市在不同時期都呈現出不同特點。但無論用何種理論或流派詮釋城市治理的概念，無論其實踐模式多麼形形色色，也都萬變不離其宗地蘊含著治理的精神內核，即公私合作、多元協調、效能公平。

城市治理既是城市政府的深化和現代發展，又是城市管理方式的巨大轉變。好的城市治理不僅要求城市政府的高效性、有效性、責任性、透明性和回應性，要求城市政府管理方式的巨大變革，而且要求非政府部門的充分發展和服務水平的提高，以及公民社會的廣泛參與和民主意識的增強。

四、城市多中心治理理論

多中心治理理論的創立者是以奧斯特羅姆夫婦（Vincent Ostrom and Elinor Ostrom）為核心的一批制度分析學派研究者。在 20 世紀 90 年代以來，它成為一種具有廣泛影響的理論主張，表明了一種新的理念和制度安排。奧斯特羅姆將「多中心治理」定義為，把有侷限的但獨立的規則制定和規則執行權分給無數的管轄單位。所有的公共當局具有有限但獨立的官方的地位，沒有任何個人和群體作為最終的和全能的權力凌駕於法律之上[24]。具體來看，多中心是指多個權力中心和組織體制治理公共事務，提供公共服務。

1.「城市多中心治理」的基本觀點

城市多中心治理，它強調在摒棄傳統城市管理一元價值觀及其「單中心」運行模式的基礎上，堅持城市治理的多元價值取向，強調在城市政府主導下，多元主體共同治理城市公共事務，以實現城市經濟、社會、環境的善治，最終達到城市的可持續發展。

多中心意味著無中心，與單中心相對，亦即反對權力壟斷和集中化。就無中心的特質來看，多中心治理體制由予存在許多決策中心，而且它們在形式上又相互獨立，因此不存在一個絕對地凌駕於其他一切主體之上的決策中心。多中心治理理論認為，那些在城市地區權力分散和管轄交疊的治理模式，實際上是一種充滿競爭的、富有效率和活力的模式。就多中心與單中心的對比來看，假設把政府事務等同於公共物品與服務的提供，單中心就意味著只有政府一個決策單位作為唯一的主體對社會公共事務進行排他性管轄的充分一體化的體制，換言之，公共物品的供給者只有政府一家；而與此相對，多中心則意味著在社會公共事務的管理過程中，並非只有政府一個主體，而是存在著包括中央政府、各種地方政府、各種非政府組織、各種私人機構及公

民個人在內的許多決策中心，這些主體在一定規則約束下，以多種形式共同行使主體性權力。

多中心城市治理模式認為，傳統的單中心的城市治理模式之所以效率低、缺乏可持續性，首當其衝的原因就是，城市政府治理範圍漫無邊界，對城市公共物品和私人物品缺少必要的區分，導致了長期以來政府在城市管理領域的界限模糊，因此，多中心治理模式強調城市治理的對象就是具有公益性的城市物品與城市事務。這種主體多元、方式多樣的公共事務管理體制就是多中心治理體制。在多中心治理體制中，為瞭解絕不同範圍的公共治理問題就需要借助多樣化權力和政府單位。在多中心體制中不同政府單位行使權力的本質差異極大。其中一些具有一般目的的權力向一個社群提供內容廣泛的公共服務，另一些是特殊目的的職權，它可能僅只提供例如灌溉或道路系統的運營和維護這類服務。這些政府單位的多樣化功能意味著個人同時在幾個政府單位中保有公民身份。多中心治理理論揭示了：對於許多公共治理問題來說，不是依靠簡單的行政規劃和命令來解決，而需要權力或政府之間透過合作、協商、談判，需要運用交疊生產層次和多個領域政治互動中的治理智慧。

2. 多中心治理理論的基本假設

多中心治理理論建立在對人性的基本假設之上。它將個人視為具有獨立決策能力、能夠計算成本收益的理性人。具體來講，個人的行動策略選擇依據其所面臨的條件和其對成本收益的分析。個人也許是直接行動的個體，也可能是官員，代表他人作出決策；事實上個人不可能是多中心治理體制中的唯一主體，它只是最小的分析單位，而企業、政府機關、政黨、社會公共組織，甚至大到民族、國家，都是不同層面上治理體制中多元主體的一分子。必須強調的是，多中心治理理論的人性假設區別於傳統經濟學上完全的理性人或經濟人，而主要將人性定位於社會人和複雜人，即能夠自主決策、受環境影響易犯錯誤和改正錯誤的、受社群的非正式規範約束的個人及人格化的組織。埃莉諾·奧斯特羅姆在研究小規模的公共池塘資源的治理問題時發現：那些人們創造和改變著治理規則，受社群習慣規則影響，與他人互動。在這種情形中，人們經常不斷地溝通，相互打交道，因此他們有可能知道誰是能夠信任

的，他們的行為將會對其他人產生什麼影響，對公共池塘資源產生什麼影響，以及如何把自己組織起來趨利避害。當人們在這樣的環境中居住相當長時間，有了共同的行為準則和互惠的處事模式，他們就擁有了為解決公共池塘資源使用中的困境而建立制度安排的社會資本多中心治理學者正是借助這樣的人性基本假設，剖析公共資源治理中的微觀機制 [25]。也有學者指出，當對組織關係分析時，多中心的假設實際上是理性人，而對社群個人的分析時，多中心理論的假設是社會人或複雜人，這一問題也有待深入探討。

3. 城市多中心治理機制

多中心治理理論是對自主秩序思想的昇華，因此歸根結底，多中心治理機制以自主秩序為基礎、以自主治理為精髓。「自發秩序或多中心秩序是這樣的秩序，在其中許多因素的行為相互獨立，但能夠作相互調適，以在一般的規則體系中歸置其相互關係」[26]。「多中心體制設計的關鍵因素是自發性，自發性的屬性可以看作是多中心的額外的定義性特質」[27]。多中心學派最成功的實證研究之一就是公共池塘資源治理問題，透過該研究，埃莉諾總結了成功的公共池塘資源治理的八個原則：

(1) 清晰界定邊界；

(2) 使占用和應用規則與當地條件保持一致；

(3) 集體選擇的安排；

(4) 監督，監督者是對占用者負有責任的人或占用者本人；

(5) 分級制裁；

(6) 衝突解決機制；

(7) 對組織權的最低限度的認可；

(8) 分權制企業 [28]。

由此可見，成功的公共治理必須依賴社群中人的參與管理，自主決策、自主監督，並需要為社群自主管理提供基本支持。

4. 城市多中心治理機制的特徵

（1）治理主體多元性。多中心治理結構為公民提供機會組建許多個治理當局。多中心治理機制中的自主治理的主體既可以是公共部門也可以是私人部門，還可以是兩者的合作。這意味著，政府並不是管理社會事務的唯一一個公共權力中心，除政府以外，社會上還有一些志願性的或屬於第三部門的組織，譬如 NGO、NPO 等其他社會組織，也擁有管理社會的自主權力。公共部門、私人部門還有第三部門，他們共同負責維持秩序、參與政治、經濟與社會事務的管理和調節。多中心服務和治理主體的存在，產生多個選擇機會，公民就能夠「用腳投票」或「用手投票」來享受類似「消費者權益」一樣的更多的權利。

（2）治理權力非壟斷性。無論政府官員、普通公眾、企業家，還是政府以及其他組織，在決策上都只享有有限的且相對自主的決策權。每一個治理主體在法律允許範圍內擁有平等的決策權力，擁有自己自主做出決定的自由。多中心要能夠運行的一個必要條件就是獨立的選舉過程。一個管轄單位的官員不能對其他管轄單位的官員行使上司權力，因此不能控制他們的職業發展，如果存在著管轄權的爭論，就透過行政等級以外的法院或其他衝突解決論壇裁定。

（3）治理方式民主性。多中心治理強調決策中心下移以及治理主體多元性，這就為多種不同規模的經濟主體、不同社會組織與公眾提供了更多表達利益偏好的機會。就城市來說，地方性公共事務數以萬計而且具有時效性，變動頻繁。解決那些直接與市民生活息息相關的公共問題，其最重要的地方性知識和訊息往往具有很強的時間性和地域性。多中心治理機制下，決策主體多元化的合理性就在於其決策主要由生活於其中的居民以及由本地居民選舉產生並對其負責的地方官員來進行，因而能夠更有效地利用地方性的時間、地點等訊息、根據利益相關者的偏好作出合理決策。多元主體在競爭與合作、衝突與協調過程中共同發揮管理公共事務的重要作用，使得民主力量得以壯大、民主意識不斷增強。

　　總體說來，多中心治理涉及廣泛的公共領域，在多中心治理機制中，需要借助多樣化權力和政府單位，以解絕不同範圍的公共治理問題。多中心治理理論的觀點主要用來闡述對公共事務的治理問題，公共事務治理應當在政府與市場之外尋求新的路徑。多中心治理理論認為，政府在社會公共事務管理中依然起著舉足輕重的作用，其作為公共利益的代表具有天生的維護公眾利益的職責，尤其在公共資源分配、公民權利的維護、社會公平的實現等方面的作用是其他任何組織無法替代的。但是政府不是萬能的，它無法依靠自身所擁有的資源和訊息獨自解決所有城市公共安全問題，而且隨著經濟領域和社會領域其他組織力量的發展，私營部門和非政府組織與政府間的傳統界限逐漸被打破，政府已經不再是行使公共權利的唯一中心和行動主體。在面對城市公共問題時，必須建立公眾參與機制，城市政府應當相信和依靠社會力量，拓寬社會參與渠道，形成全社會處理城市公共安全事件的協調互動的良好氛圍，與各類其他組織相互依賴、資源共享，共同構建多中心治理結構。多中心治理需要市場（企業）、第三部門在社會和公民認可的前提下，透過有效的協調機制，與政府在合作與競爭的基礎上，共同管理城市公共事務、向公眾提供優質的公共產品和公共服務，分擔政府城市管理的社會職能，並承擔相應的社會責任。

註釋

[1] 華世平主編《政治學》，北京，中國人民大學出版社，2007，第 113 頁

[2] 亞里士多德，《政治學》，北京，商務印書館，1980，第 275 頁。

[3] 托克維爾：《論美國的民主》，商務印書館，1988，第 513-514 頁。托克維爾不像以往那樣單純地把民主看作是一種政體形式，而是把民主看成是從政治、法律、社會構成一直到人的思想、情感、心態，以至文化和結社活動等一切領域一切方面都將發生的一種深刻變化。

[4] 托克維爾：《論美國的民主》，商務印書館，1988，第 55 頁。

[5] 阿爾門蒙、維巴：《公民文化》，華夏出版社，1989，第 331 頁。

[6] 托克維爾：《論美國的民主》，商務印書館，1988，第 190 頁。

[7] 參見俞可平《中國公民社會的興起及治理的變遷》，《治理與善治》頁，社會科學文獻出版社，2000，第 328。

[8] 參見哈貝馬斯《公共領域的結構轉型》，學林出版社，1999 年。

[9] 參見羅伯特·帕特南《使民主運轉起來》，江西人民出版社，2001，第 100 頁。

[10] 參見羅伯特·帕特南《使民主運轉起來》，江西人民出版社，2001，第 100 頁。

[11] 托克維爾：《論美國的民主》，商務印書館，1988，第 513 頁。

[12] 羅伯特·帕特南：《使民主運轉起來》，江西人民出版社，2001，第 101 頁。

[13] 愛德華．希爾斯：《市民社會的美德》，見鄧正來《國家與市民社會：一種社會理論的研究路徑》，中央編譯出版社，2002，第 41 頁。

[14] 愛德華·希爾斯：《市民社會的美德》，見鄧正來：《國家與市民社會：一種社會理論的研究路徑》，中央編譯出版社，2002，第 45 頁。

[15] 戴維·奧斯本，特德蓋布勒：《改革政府——企業精神如何改革著公營部門》，上海譯文出版社，1996，第 228 頁。

[16] 戴維·奧斯本，特德蓋布勒：《改革政府——企業精神如何改革著公營部門》，上海譯文出版社，1996，第 67 頁。

[17] 戴維·奧斯本，特德蓋布勒：《改革政府——企業精神如何改革著公營部門》，上海譯文出版社，1996，第 228 頁。

[18] 李小雲等，《誰是農村發展的主體》，中國農業出版社，1999，第 1-2 頁。

[19] 李小雲等，《誰是農村發展的主體》，中國農業出版社，1999，第 2 頁。

[20] 詹姆斯 N. 羅西瑙：《沒有政府的治理》，江西人民出版社，2001，第 5 頁。

[21] 羅茨：《新的治理》，《政治研究》，1996 年第 154 期。

[22] 羅茨：《新的治理》，《政治研究》，1996 年第 154 期。

[23] 瑪麗·克勞德·斯莫茨：《治理在國際關係中的正確運用》，《國際社會科學》（中文版），1999 年第 1 期。

[24] E·奧斯特羅姆、L·施羅德、S·溫．《制度激勵和可持續發展》，上海三聯書店，2000，第 24 頁。

[25] E·奧斯特羅姆、L·施羅德、S·溫：《制度激勵和可持續發展》上海三聯書店，2000

[26] 王興倫：《多中心治理：一種新的公共管理理論》，江蘇行政學院學報，2005 年第 1 期。

[27] E·奧斯特羅姆、L·施羅德、S·溫：《制度激勵和可持續發展》，上海三聯書店，2000

[28] E·奧斯特羅姆、L·施羅德、S·溫：《制度激勵和可持續發展》，上海三聯書店，2000

第五章 中國城市管理公眾參與的形勢與挑戰

改革開放以來，隨著中國市場化進程的發展，中國社會發生了巨大的變化，市場化培育了具有完整利益需求和利益運行機制的企業組織，社會化促進了中國非營利組織的發育和成熟，城市成為這些變革的主要發生場所。進步和發展在城市中充分地體現，衝突與矛盾也在城市中不斷地上演；城市既孕育著繁華和昌盛，也成為各種問題的淵藪。在利益分化和利益主體形成的過程中，現代城市的有效和諧管理，需要充分反映城市不同主體的利益訴求，形成代表不同利益主體的治理結構，城市管理政策不僅要反映不同主體的利益訴求，而且要求公眾參與到城市管理政策的制定過程中。因此，公眾參與城市管理，是現代城市政府面臨的現實選擇。

▌第一節 中國城市管理社會化及其發展趨勢

當代中國城市發展所處的國際中國環境對城市管理的體制和模式形成了巨大壓力。一方面，在全球化、訊息化的背景下，城市社會公共問題日益增長，公民的需求越來越多元化。在公民能力和素質不斷提高、公共事務日益複雜的今天，政府如果要想更好的解決城市公共問題並減少公共決策上的失誤，就必須改變傳統的城市管理模式。另一方面，中國城市化和城市建設與發展正處於高潮時期，在城市規模急劇擴張的同時，城市管理方面的發展卻嚴重滯後於城市社會的需求，城市服務管理的供給不足給城市管理體制帶來變革要求。

傳統的城市管理是一種單一控制模式，政府供給非常全面，除了社會管理與公共服務，其他大大小小公共事務乃至私人事務的管理都離不開政府的影子。這種管理缺乏長效性，政府往往習慣於對薄弱環節進行突擊性的整治，缺少系統規劃。城市管理部門在具體管理中不注重管理效果，定性管理普遍，缺乏評估指標，也就難以產生城市管理的有效評估。這種落後的城市管理方式無法應付城市高速發展所帶來的一系列城市問題。特別是不斷湧入的人口

使城市的承載力面臨極大的壓力，諸如城市用地緊張、能源與基礎服務設施的供應不足、住宅缺乏、交通堵塞、生態環境惡化等關乎人們生存狀況的社會公共問題越來越多，如何充分調動和利用有限資源來消除城市化進程中的瓶頸，使城市能夠良性運行與發展成為擺在中國城市政府面前的緊迫難題。而不斷深化的社會結構分層化加劇，以及社會群體利益的多元化趨勢，更是要求城市管理改變單一控制的管理模式，尋求城市管理模式的轉型。

一、城市管理社會化變革的國際環境

（一）經濟的全球化要求中國城市管理模式適應世界城市管理的治道之變

全球化把世界各國的城市捲入一個充滿經濟競爭和社會交換的世界。全球化對各國城市的影響是雙重的。從積極的影響方面來說，首先，透過世界範圍內的商品交換和資源配置，全球化帶來世界各城市居民福利狀況的改善。其次，在全球化時代，中心城市的重要性顯著而持久，國際大都市和地區城市將對區域經濟繁榮造成非常重要的作用，尤其是大都市，它成為全球化時代巨大而有效的經濟基地。第三，全球化促使世界範圍內民主程度的普遍提高。經濟的全面提升增強了中產階級的力量，互聯網又保證了訊息的傳播，使團體之間的交流變得便利，各國城市的公民能力和素質不斷提高。

全球化對城市的消極影響同樣存在，具體表現在：首先，經濟的兩極分化等不平衡性日益加劇。兩極分化既存在於世界的不同地區，也存在於許多國家內的不同區域之間。當前經濟發展的悖論在於，當大多數地區變得越來越富裕的時候，它們的貧困人口也在增加。第二，經濟轉型和兩極分化加劇了社會失序，移民增多，家庭破裂更為嚴重，社會隔離和社會結構的斷裂加劇。上述變化日積月累，便造成對政府的巨大壓力。無論是在政策層面還是行政管理層面，地方城市的政府都面臨著公民更高的期望和更多的要求。創造就業機會和保持經濟增長不僅是一個國家的政策問題，而且是每一位城市政府市長以及縣、鎮行政首長的職責。地方城市的官員已經變成致力於發展經濟和創造就業機會的推銷員。與此同時，城市公民期望和要求得更多，他們要求街道安全乾淨，要求留出開闊的空間，要求施行公平規則。雖然城市

的公民期望更多而且常能得到更多，但他們對各級政府還是越來越不滿。於是，越來越多的人對「重塑政府」和推動「私有化」、「公私夥伴關係」感興趣。在歐美，這些新觀念都被納入一個更大的概念一地區「治理」。城市管理模式的治道之變已經成為人們的口號，他們呼籲傳統的城市管理主體做出更大的變革。

經濟全球化是當今世界經濟發展的必然趨勢，它使得國際經濟與國民經濟的界限變得模糊，經濟運行處於自由、快速、多變和風險之中，跨地域全球性問題日益增多。全球化進程又導致了利益的多元化和複雜化、權力的分散化和多中心化、權利的多樣化、民間社會生活的自由和民主化等等。全球化使城市政府面臨新的挑戰和壓力。在全球化時代，如果城市政府想滿足市民要求，維持公共合法性，它們就必須適應世界城市管理的治道之變。

（二）訊息技術的發展為城市管理的治道變革帶來前所未有的挑戰和機遇

當代以信、窗、技術為基礎的「訊息革命」是人類近代以來繼「蒸汽革命」、「電子革命」之後的第三次科技革命。訊息革命引起現代社會產業結構和勞動結構的深刻變化。由於第三產業的比重越來越大，在勞動結構上白領增多，藍領減少。白領增多的直接後果是中產階級力量的增強，而中產階級作為溝通富裕階層與貧困階層的黏合劑，制約政府的能力有所提高，對政府提出的要求也相應提高。訊息技術的發展與普及，也使政府與公民間的溝通更為頻繁和便捷，這一方面使政府和其他公共部門的活動無時無刻不受到公眾的審視和評判，另一方面使政府面臨公民巨大的參政壓力。訊息技術的發展還導致了社會公共事務的極度複雜化且變化迅速、時限性增強，傳統的政府管理體制越發顯得窮於應付，「電子政務」、「數字城市」等也就勢在必然。訊息技術的發展對於城市管理的影響巨大。

首先，訊息革命帶來了城市管理決策模式的變革。政府透過構築的電子網絡實現與公眾的直接對話，使政府能夠收集到大量準確、全面的訊息，以使決策行為由主觀經驗發展為決策診斷，發展為對備選方案的理性權衡，由傳統的令人滿意式決策向最優決策轉化。政府與公眾之間的交互式訊息傳輸

使得決策所代表的利益更具有廣泛性和代表性，也更易於得到公眾擁護，因而易於執行，實現決策的最終目標。決策者還能利用虛擬仿真設備將收集到的訊息全部加工處理，把制定的決策方案、實施決策的各系統數據全部輸入電腦，進行決策仿真，達到決策的最優化和效益的最大化。

其次，訊息技術的發展使城市管理的組織方式由封閉轉向開放。在傳統的城市管理中，政府是管理的唯一權威。而在訊息化管理中，管理的主體既可以是政府機構，也可以是其他社會部門，從而形成對城市的網絡化管理。政府的權力運行也由傳統的自上而下的單一向度管理轉化為公共部門和公民社會的互動過程，呈現多元、互動的管理模式。隨著城市管理所依賴的資源從物質轉向訊息，管理的主要任務轉變為最大限度地利用訊息資源以有效地推行對公共事務的管理，向公眾提供權威性和指導性的訊息服務。

第三，訊息革命之下的城市管理的組織結構呈現扁平化趨勢。一方面政府透過構建一個基於電腦網絡環境的訊息平臺實現與公眾用戶的直接對話，提供有效的公共服務和公開平等的訊息資源。透過政府構築的管理平臺，公眾可以主動地參與政府管理和實施有效的監督。另一方面，政府將被重構為許多小的能夠提供某種專門服務的自選管理的單位和單元組織。這些機構和單元組織是任務導向型，當外界環境發生變遷時，它們的結構和程序也隨之發生變化，充分體現了管理組織的靈活性和有效性，有利於管理複雜多變的環境。

二、社會化是突破城市管理瓶頸的必然選擇

當前中國處於快速城市化時期。城市化的代表有兩個，一是城市本身規模的不斷擴大，二是城市人口數量的不斷增加。城市本身的快速發展導致城市居住空間的緊張，城市中心很快達到了飽和狀態，逼迫市民向外遷移，向郊區遷移。城市地域範圍的擴大和城市人口的不斷增加，導致大城市管理問題日益突出和尖銳。緩解由城市化及城市發展帶來的問題，在提升政府管理能力的同時，必須力求公眾和非政府組織發揮更大的效力，必須擴大政府與非政府組織、社會、公眾之間的廣泛合作。

（一）大量的流動人口為城市管理帶來巨大挑戰

第一，城市中大量的流動人口增加了城市基礎設施的壓力。城市流動人口的激增，使得一些城市本來已超負荷運轉的基礎設施，諸如供水、供電、通訊、環衛、防疫、公共交通和其他服務面臨巨大壓力和困難，造成城市人口與資源、環境、能源、生態失衡，給人們帶來居住難、行車難、看病難、上學難等城市病。

第二，城市環境衛生質量下降。流入城市的大多數外來民工，一無雄厚的資金開設門市，二無專業技能受聘於單位從事固定的職業，他們為了生活只能憑自己微薄的經濟條件從事最小的商品買賣生意，於是流落於街頭巷尾，擺攤設點，占道經營。部分外來人口衛生習慣和環境意識淡薄，加上居住環境惡劣，無法更好地注重環境衛生的維護，這在一定程度上影響了城市的公共環境的衛生。

第三，流浪、乞討人員給城市管理帶來負擔。部分流動人口素質普遍較低，就業競爭力低下。同時，隨著各產業逐步向智慧型、技能型方向發展，單純依靠體力勞動求職就業的範圍越來越小，而流動人口多數文化素質和受教育程度都比較低，很難在城市找到與之相適合的工作。部分流動人口由於缺乏必要的法律法規知識，造成違法犯罪、違反計劃生育、逃避管理等行為，不得已成為收舊拾荒、盲流乞討人員，嚴重影響了市容市貌，也成為影響社會治安的不穩定因素。

（二）日趨嚴重的城市問題要求城市管理模式做出變革

城市化的發展是人類不可逆轉的社會進步過程和趨勢。在今天這樣的「城市時代」，城市在任何一個國家或地區的發展過程中都處於舉足輕重的地位，發揮著日趨重要的作用。人類在沐浴城市文明的同時，也越來越感受到城市化發展所帶來的環境汙染、生態失衡、交通擁擠、貧困、失業、社會不安等城市所特有的「病態」現象，也即「城市問題」或「城市病」。

城市人口密集，在利用和消耗大量自然資源和能源的同時，產生大量的汙染物質和廢棄能量。當這些汙染物質和廢棄能量超過城市環境的自身淨化

能力時，城市的環境則受到污染和破壞，給城市居民的健康和城市景觀帶來負面影響。城市不僅對當地的環境產生影響，還對其鄰近地區的環境也產生較大的影響。這種影響主要表現在：農業與林業用地轉化成為城市與基礎設施建設用地；建造大量建築物；為了獲取燃料大肆砍伐森林大量使用化石燃料引起嚴重的環境污染。城市的空氣污染不僅危害城市居民的身體健康，還對很遠距離以外的蔬菜和土壤造成損害。小汽車與工廠大量集中在城市，加劇了全球城市的溫室效應。

城市環境問題的出現是因為環境負面影響在城市地區高度集中。改善城市管理可以緩解或避免日益嚴重的環境問題。例如，完善的城市規劃就可以減少城市環境問題的負面影響。透過規劃將人口合理佈局，不僅可以節約用地，還有利於節能和促進資源的有效回收利用。如果在城市管理中更加關注社會與環境的協調發展，包括提高資源利用效率、減少廢物排放量、加強城市供水設施、透過污水處理和立法保護及管理水資源、制定回收利用計劃、發展更加高效的廢物回收利用系統、嚴格控制危險廢棄物、建立公私部門在垃圾收集處理過程中的合作，在工廠生產與家庭生活中推廣節能與生態恢復技術等，那麼快速城市化所帶來的許多環境問題，特別是發展中國家城市發展帶來的本來可以避免的環境問題都能夠避免。例如，很多城市的環境問題除了能源消費結構上的原因外，環保投入嚴重不足，基礎設施嚴重滯後以及社會大眾的生態意識、環境意識、可持續發展意識薄弱、生態環境建設的管理體制不合理也是造成其城市環境惡化的原因。

當代城市問題越來越突出和嚴重，對城市管理提出了嚴峻挑戰。越來越尖銳的城市問題，已經不是政府部門所能獨立解決得了的。要解決當前的城市問題，只有調動各種力量，公共的和私人的，才能有所作為。要迎接城市問題前所未有的挑戰，必須對現行的城市管理模式重新做出詮釋，摒棄其中的大部分，從傳統的城市管理走向現代城市管理。現代的城市管理是政府和各種非政府組織共同參與的城市管理過程，其範圍也從簡單的市政擴大到經濟、社會、環境等城市社會事務的各個方面。所以，在尖銳的城市問題面前，必須力求公眾和非政府組織發揮更大的效力，必須擴大政府與非政府組織、社會、公眾之間的廣泛合作。

▌第二節 現代城市管理體系重構及其路徑

　　中國城市管理公眾參與的基礎是建立起城市管理中政府、市場和社會的三維結構，形成現代新型的城市管理體系。當前，中國正處於由單一城市管理向多元主體參與的方向轉變的階段，城市管理體系的建立面臨城市發展與社會轉型期的矛盾約束。一方面，傳統的政府單向「統治」式的城市管理模式已被打破，但全社會廣泛參與的多元主體管理模式還沒有完全建立起來。近年來，中國城市管理多領域的社會參與廣泛推進，許多地區開展的街道社區一站式服務、發展電子政務、市民聽證會、環境衛生秩序市民熱線、居民參與社區公共服務管理等一系列新做法，反映了城市政府在推進城市管理公眾參與方面的積極作用。但另一方面，處於城市發展和社會管理轉軌關鍵時期的中國城市，在加快城市化步伐的同時，面臨著社會公眾對城市公共服務產品不斷增加的需求和政府供給相對不足之間的矛盾，面臨推進公眾參與的社會意識培育、制度建設和管理資源不足等問題，影響了制約了城市管理公眾參與的水平提高。

一、城市管理體系中政府的角色及功能

　　首先，在整個城市管理系統中，政府依然強勢，使城市社會的獨立性不能得到充分體現。傳統的以政府為管理主體的城市管理模式依然處於支配地位。在公共產品和公共服務的生產與供給上，政府依然習慣於親力親為，不能動態地反映公共服務消費者的需求結構變化。社會公共參與的渠道狹窄，公眾參政議政的主動性不強，導致政府不堪重負而且費力不討好，並在城市社會發展進程中逐漸顯現出其負面效應。例如，政府的職能不清、功能繁雜，扭曲了各類社會組織作為社會利益關係主體的地位和性質，進而剝奪了他們的自主權、自決權。無論是市場組織、民間組織還是公民個人，都作為政府的附庸，執行行政部門的指令性計劃，勢必影響其積極性和主動性的發揮，也背離了民主、法制等現代城市社會發展的價值方向。此外，近年來城市在數量、規模、功能上的急劇變化，以及各種新問題的出現，直接刺激著城市管理的工作量成倍增長，而長期以來層層負責的行政性、直接性管理方式尚未改變，街區基層政府以及實際上具有半行政性質的居委會，所承擔的上級

安排的任務量大到難以落實。政府主導的單一管理模式已成為束縛市場、社會自由成長、紊亂城市系統內多方主體之間功能分配、減損城市管理效率與效益的桎梏。

其次，以政府為管理主體的城市管理模式往往以發展經濟為主要目標，進而導致經濟與社會失衡。由於考核評價一級城市政府政績的首要標準是國家各項經濟計劃和指標的完成實現情況，這必然會促使城市政府把完成上面下達的計劃任務和各項指令作為主要職責，而不去考慮城市經濟、社會和生態等諸多方面的協調發展，從而引發或加重了城市經濟與社會的失衡。當前，中國各大中城市普遍存在著就業和社會保障任務重、區域發展不平衡、城市個體收入差距過大、資源和環境壓力增加等問題，在「經濟主導型」的城市管理價值定位下，任何新的多元參與理論和實踐模式都可能被扭曲從而引起新的城市問題。

二、城市管理體系中市場的角色及功能

改革開放以來市場導向的經濟改革，事實上都為城市政府改革的一個廣闊而複雜的經濟背景，而這種背景的任何變化，不僅直接或間接地影響到城市政府管理體制和政府職能改革本身，而且對政府管理體制和政府職能都帶來了巨大挑戰。就市場與政府的分工協作來看，關鍵是如何劃分並承擔相應的城市公共產品和公共服務的生產與提供活動，尤其是那些準公共產品和服務、混合型產品和服務，更需要在國有、民營之間權衡利弊、審慎選擇。有學者認為，因國情差異，民營化在中國城市的適用受到相當限制。

首先，最根本的問題就是政策、法律的供給與保障不充分。目前還沒有一部在總體上指明城市公共事務民營化改革方向的根本性法律，政策的權威性和力度不夠，而且那些規定不明的框架性指導政策，往往造成有政策無作為的局面。此外，公共事務民營化制度的滯後性、政策的非穩定性，以及廣泛存在的政府失信現象，都使投資者合法權益難以保障。

其次，一些城市政府及其官員推動城市公用事業民營化的動因不足。一個原因是部分政府官員把民營化等同於私有化，認為私營資本受到自身利益

最大化動機的驅使會損害公眾利益,不能兼顧效率和公平,違背了公用事業的公益性;另一個原因,也是最棘手的一個問題就是城市公用事業民營化關係到權力關係與利益結構的重新調整,一些政府機構與官員出於對自身傳統權力和既得利益的維護,往往會竭力反對和阻止。

第三,市場體系發育不成熟,多元治理主體運用民營化工具的能力有限。就市場本身來說,當前中國城市的市場體系發育不成熟,有能力、有意願承擔民營化職責的私營部門和第三部門不多;就城市政府來說,政府及其官員普遍缺乏招投標、定價、業績監督等方面的專業知識和實踐經驗;就城市社會來說,傳統文化使公眾對政府的依賴心理強,社區及其成員的獨立性、自我服務能力和自主發展能力還十分低。鑒於此,雖然不少學者主張在國有企業改革領域選擇和運用民營化將大有可為,但也有一些學者以及政府官員對民營化問題表現得較為消極。因此,中國城市系統內,市場與政府各自的主要管理領域至今仍然十分模糊,而長期以來強政府對弱市場的擠壓又使市場的自我成長舉步維艱。

三、城市管理體系中社會的角色及功能

多元參與的城市管理依託於地方政府、企業組織、民間組織、公民的多維治理網絡構建,以及這些社會主體之間廣泛的、策略性的合作與參與。從近年中國城市社會的成長狀況來看,越來越多的社會公眾、民間組織開始參與城市管理活動,無論是政府自身,還是其他城市主體,都強烈意識到城市政府擁有的資源十分有限,而日益繁重的城市管理任務必然需要整個城市社會的積極參與和共同協作。激勵城市利益相關者參與城市管理已是一種根本選擇。當然,不可否認的是中國城市的公民社會與西方社會相比成長起步較晚,至今還十分稚嫩。而且,與西方社會中主導的以參與為特徵的平民主義政治文化不同,中國的城市居民文化呈現出順從特徵,社會自主性較弱,在很大程度上無法影響政府的決策過程,因而也助長了有的政府官員的特權意識和不良代理行為。傳統行政結構和城市管理機制以及根深蒂固的市民文化,導致公民在與政府、市場的關係上處於弱勢地位,參與管理的能力也較低。當前,雖然城市中的公民參與透過選舉、居民委員會、業主委員會、聽證會

等形式展開，與以往相比參與程度有所提高，但由於這些參與行為大多都是在政府主導和組織下實現的，並且基本上是在政府搭建的平臺上展開，因而往往難以真正發揮作用。

有學者在分析中國社會結構後指出，自近代以來，導致中國發展落後的一個重要原因就是中國缺少一個廣大的公民社會。無論在社會結構上、體制上、還是觀念上，中國長久以來就缺少一個社會的自我管理層。中國城市在傳統上一直處於行政權高度發達的狀態，政府權力延伸到社會生活的每一個角落，在市場組織、民間組織及公民個體與政府之間缺少一箇中間層，因此往往是政府決定並直接操辦一切社會事務。公民社會不發達，不僅限制著城市社會的自主成長能力，束縛了公民的利益表達能力和權利維護能力，也制約著政府機構改革以及市場的成熟。在當前中國城市公民社會還未充分發育的狀態下，政府職能的釋放就找不到承接載體，也缺乏社會各個方麵條件的配合，因此，在國家與社會的關係問題上，中國還是呈現出一種強政府－弱社會的結構形態。

中國城市的傳統社會調控體系已經很難有效實現對當前社會的有機整合，需要透過有效的協商與參與機制，使社會利益訴求的表達和交流納入合法的可控渠道，保證公共政策的科學性和公正性，因此，必須對原有的以政府為主導的城市管理模式進行根本性變革，提高社會的自我管理水平，形成多元主體參與的格局。當前較為有利的因素是，以市場為導向的經濟體制改革正在衝擊政府傳統的角色定位，一方面解放了生產力，另一方面又加速了整個城市利益結構的急劇分化，刺激著多元城市主體的利益覺醒，培養著公民和社會組織的自主、公益等精神，為更多元化的城市管理主體的湧現提供了可能性。社會成分的多元、社會利益的衝突、社會關係的複雜、社會訊息的分散等等因素在不同程度上正逐漸改變著中國城市現行的組織結構和管理模式。面對這種發展趨勢，城市政府必須主動適應，從更多地強調政府的主導角色、政府意志、經濟效益，轉變為更多地強調社會公眾的意志、社會效益和公共精神。

第三節 城市管理公眾參與的優勢及問題

　　「參與」的概念是在 20 世紀 80 年代末開始引入到中國來。但從廣義上來講，中國的「參與性」的概念淵源已久。中國新民主主義革命就是參與性在中國實踐的成功範例。因此，「參與性」的概念對於中國人來說並不陌生。毛澤東早期在湖南農村的一系列社會調查中，就包含了許多參與的思想。「理論聯繫實際。從群眾中來到群眾中去，相信群眾，依靠群眾。為人民服務」等人人皆知的原則，就是參與的具體體現。然而，計劃經濟時代，「從群眾中來到群眾中去」已經成為一句口號。改革開放以後，隨著計劃經濟向社會主義市場經濟的縱深發展，以及政治體制的改革和人們思想觀念的巨大變化，公眾參與的土壤逐漸形成，公眾參與在社會各個層面開始出現。進人 21 世紀，多元的權利利益引發多元的利益訴求，為實現各自權利的要求就必然產生。公眾參與在中國得到較快的發展，公眾參與成為全社會的共識並在實踐中得到了較為廣泛的推動。

一、城市管理公眾參與的優勢分析

（一）城市管理公眾參與的體制優勢

　　計劃經濟向市場經濟的轉變為城市管理公眾參與提供了更為有利的外部環境。市場經濟的發展，使所有制結構多元化。改革開放前，公有制占絕對統治地位，非公有製成分幾乎不存在。改革開放後，市場經濟的發展必然打破公有制占絕對統治地位的格局，形成多種經濟成分並存的、有利於競爭的市場主體格局。除國家、集體所有制之外，還有私有、外國資本及其他所有制形式。由於多種所有制形式的出現，社會利益分化也日漸明顯。一方面，傳統的工人、農民、幹部、知識分子的簡單構成被突破了，出現了企業家階層、個體勞動者、私營企業主和流動人口群體，還有律師、會計師、評估師等專業階層；另一方面，社會分化也在各階層內部發生，如工人有「藍領工人」、「白領工人」、「農民工」之別；知識分子、政府官員、軍人等內部也在不斷分層化。這些不同的群體都在一定程度上形成自己的特殊利益，人們之間的利益關係比建立在純粹公有制基礎上的利益關係複雜得多，這些特

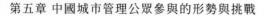

殊的利益和要求極大地推動了公民對政治和公共事務的關心，並能夠在一些特殊利益要求的基礎上結成形式多樣的利益同盟體，積極地向政府反映他們的要求，參與社會重大事務的政治決策和公共管理決策。

（二）城市管理公眾參與的政治優勢

政治體希亻的改革和政治的民主化，為社會大眾的積極參與奠定了政治基礎。改革開放後，為了調動一切可以調動的積極力量，政治體制改革首先實行黨政分開，黨組織不再插手、管理政府事務，政府的事務由政府負責。其次，實行擴權讓利，實行「小政府、大社會」。中國吸取「文化大革命」的經驗教訓，避免決策「一言堂」，不斷地發展吸收包括公眾在內的群體對決策的監督，防止決策可能帶來的經濟損失，保證決策的民主化和科學化。中共的「十六」大報告提出了「健全民主制度，豐富民主形式，擴大公民有序的政治參與」。中共的十七大報告進一步提出了「完善社會管理，維護社會安定團結。社會穩定是人民群眾的共同心願，是改革發展的重要前提」。「要健全黨委領導、政府負責、社會協同、公眾參與的社會管理格局，健全基層社會管理體制。最大限度激發社會創造活力，最大限度增加和諧因素，最大限度減少不和諧因素。」、「從各個層次、各個領域擴大公民有序的政治參與」。十七大報告對公眾參與公共事業闡述的一大亮點，越出政治建設的視野，正式確認公眾參與在社會建設特別是社會管理事業中的重要地位。更進一步奠定了公眾參與的政治基礎。這是中國公眾參與領域最為重要的理論和制度創新。

（三）城市管理公眾參與的組織優勢

基層群眾組織和民間組織的發展為公眾參與提供了組織保障。改革開放後，中國在現代化進程中大力推進民主與法治，基層民主自治提到議事日程，並頒布了《居委會組織法》和《村委會組織法》，居民委員會和村民委員會得到進一步健全。居民委員會是最基本的社區組織，是廣大居民的日常生活基地。這個特點決定了居民社區組織成為公眾參與的基本組織形態。因此可以說，組織開展社區公眾參與是居民委員會義不容辭的責任。根據《村民委員會組織法》規定，村民委員會由村民組成，經選舉產生，服務村民，服從

村民大會的表決，治理村民公共事務。顯然，村民委員會扮演自己角色的舞臺是由村民組成的農村社區。農村社區的建立和發展為村民參與提供了組織渠道。除了基層群眾組織的發展為公眾參與提供組織保障外，民間社會團體的發展，也為公眾參與提供了良好的參與途徑。改革開放以前，中國也存在少數公民團體和組織，如工會、共青團、婦聯，這些社會團體在社會實踐中也確實造成了瞭解民意，傾聽公眾呼聲的作用。改革開放以後，民間組織迅速發展，社會團體已成為公眾參與公共事務管理的基本組織渠道和基礎。

（四）城市管理公眾參與的政策優勢

國際化、全球化的發展，中國的對外開放政策，使更多的國際組織和機構關注和參與中國的民主進程。國際的參與理論和觀點不斷被引進和運用到城市社區的發展過程中。中國在許多領域都制定了推動公眾參與的政策，如《中國 21 世紀議程》把公眾參與作為重要內容，確立了公眾參與的地位，成為公眾參與可持續發展的政策基礎。

（五）公眾參與意識的覺醒

在中國，由於幾千年的封建統治和思想禁錮，公眾的參與意識是比較薄弱的。特別是在中華人民共和國成立後，人們經歷了多次政治鬥爭，雖然經過十一屆三中全會「實事求是、解放思想」的撥亂反正，但對於政治鬥爭的恐懼記憶猶新，人們往往把公共事務與政治事務相等同，對政治的懼怕和冷漠也被帶人了非政治性的公共事務中來，人們往往用事不關己、高高掛起的心態來對待公共事務，即使對於那些與個人切身利益相關的公共事務，也等待他人「出頭」，自己坐享其成。但是，隨著政治發展和經濟利益意識的不斷覺醒，近些年來，中國的公眾參與熱情也呈現出不斷增長的勢頭。可以預見，隨著中國政治改革的深入，一旦政治參與機制全面形成，也必將會對非政治性的公共事務參與產生極大的影響，整個社會就會進入一個普遍的、全面的公眾參與時代。

二、城市管理公眾參與的現狀及問題

近年來中國社會公眾參與城市管理已得到愈來愈多的人的接受與支持，形成了前所未有的全新格局，中國的城市管理也在社會參與方面取得了一定進展。北京、深圳、上海、青島、廈門等一些城市率先做出了有益的嘗試。但在實際中，城市管理的公眾參與還存在一些困境，具體表現在以下幾個方面的問題上。

（一）城市管理公眾參與的制度建設不足

1. 公民透過選舉制度參與城市管理的效能尚未發揮出來

就中國現有的選舉制度來說，由於中國仍處於社會主義初級階段，許多與選舉有關的具體制度安排尚不完善，這使得社會主義選舉制度本應有的優越性並未充分體現出來，並且表現出許多不足之處。

第一，中國人大代表直接選舉的層次比較低，縣級以下的人大代表由人民直接選舉產生，但縣級以上的地級市、省、全國三級人大代表只能由其下一級的人民代表大會選舉產生。這種多重間接選舉使得群眾所表達的利益需求訊息在自下而上的傳遞過程中不可避免地產生遺漏、擱置或失真等現象，造成訊息傳遞阻礙。同時，縣級人大代表雖然由直選產生，但形式主義比較嚴重。

第二，由於較高層次的人大代表並不直接由人民群眾選舉產生，這使得他們與群眾的聯繫比較缺乏，群眾對自己的代表也不甚瞭解。同時，由於目前中國的人大代表都是非常任制，人代會的會期和次數也相對有限，因而，代表們代表、傳輸公民利益需求和爭取公民利益的動力、熱情、時間、能力和範圍也很有限。

第三，政府的各級主要官員不是由多個候選人相互公開競爭，最後由人民或人民代表投票決定而產生；通常都是由作為執政黨的中國共產黨推薦一個候選人，然後由人大認可產生。就選舉過程中的投票過程、候選人的票數以及候選人的政策取向而言，這種選舉相對於人民群眾的透明度不高。同時，由於實際中官員的當選更多地受到自上而下的權力的影響，因而當選官員常

常會產生對上不對下的心理,對人民的利益要求缺乏應有的回應性。緣於上述諸種因素,中國公民透過選舉參與影響公共管理的效力受到很大的影響。

2. 城市管理的公眾參與缺乏長效的制度保障

在現代民主社會,公民的參與是靠一整套健全的制度來實現的。制度是否健全,直接影響公民參與的熱情。中國民主行政的制度性供給不足是實現公民參與城市管理的設施性阻斷因素。現在,隨著中國公民個體獨立意識的增強,公民參與城市管理的意識也顯著增強,公民開始積極地關注與自身利益有關的各項公共事物,但是中國公民參與城市管理的積極性的增長速度遠遠超過了制度設立的速度,從而形成了中國行政發展過程中的瓶頸。

造成中國現階段城市管理公眾參與制度性供給不足的原因有多種,但總結起來主要有以下幾點。

第一,規範的城市管理公眾參與的具體制度尚未建立起來。雖然中國的基本社會制度為公民參與提供了根本保證,但是公民參與城市管理卻沒有具體的制度予以保障和實踐,缺乏系統的規範參與行為、暢通參與渠道、保證參與實施的制度體系。這樣使得政府雖然鼓勵公眾介入城市管理的過程,但是由於參與的形式、方法、渠道和手段等都沒有具體的規定,公民的參與具有太大的隨意性和不穩定性。

第二,現實生活中的公民參與行為的缺乏,使對參與制度的建立在一定程度上缺乏實踐經驗的有效補給,造成制度建設的不完善以至於不能滿足社會參與城市管理的需要。制度建設與現實的需要發生了脫節。

第三,具體行政機關對城市社會參與的必要性、重要性認識不足。對制度性建設沒有投入應有的精力和人力資源支持,影響了制度建設的質量和速度。

(二) 城市管理公眾參與缺乏的相應的法律保障

城市管理作為政府的公共行政職能,涉及城鄉居民的日常生活和切身利益,公民參與城市管理決策的制定、實施和監督應該得到法律保障。但由於現行的法規中缺乏將公民參與納入具體的城市管理方案編制審批、規劃申請

以及實施監督的程序中，公民參與城市管理程序上的缺乏造成參與的隨意性。例如《中華人民共和國規劃法》第 28 條的規定：「城市規劃經批準後，城市人民政府應當公佈。」也就是說公民只是被動地被告知決策結果，而沒有積極參與決策過程的具體制度保障。另外公民在獲取政府有關規劃訊息、獲取有關規劃申請的情況和表達意見等方面也沒有明確和暢通的制度渠道，因此在規劃方案與公民意願相衝突、規劃實施遇阻時，城市居民為表達自己對規劃建設意見，常常會臨時自發地組織起來，到規劃管理部門尋求「說法」。這種參與形式具有很大的臨時突發性，往往干擾管理部門的正常工作秩序，不利於問題的解決，有時還伴隨發生違反國家法律的行為。這種現象表明城市管理公眾參與的制度渠道不能滿足公民的需求。因制度欠缺導致的公民參與不足使得城市管理落後於公民需要，進而損傷了公民參與城市管理的積極性，加劇了矛盾。

從某種意義上講，民主和法制的精神是透過一種程序規則的存在而體現的。行政程序為行政權力的行使設定了嚴格的規定，也為公民參與的權利義務予以設定。法定的權利義務關係由明確的法律規則預先予以界定，這些法律規則主要表現為實體法，而實體法的規範透過程序法來實現。而中國行政機關長期以來常常把行政程序視為繁文縟節，忽視對行政行為的程序要求。在立法上，偏重於規定各種靜態的行政制度，忽視和輕視透過現代行政程序對公共行政實施有效的動態調整。比如在中國城市規劃方面的法律規範有《城市規劃法》（1990 年施行），地方性法規也有不少，如上海市《城市規劃條例》（1995 年 7 月施行），它們分別規定了「制定城市規劃，應當有組織地聽取專家、市民和相關方面的意見」，「任何單位和個人都有遵守城市規劃的義務，並有權對違反城市規劃的行為進行檢舉和控告」。但公眾參與在目前這些法律性文件中僅僅停留在原則性的概念階段，缺乏可供操作的程序性規範，如社會參與的範圍、參與方式、參與途徑及其保障等。

（三）城市管理中公眾參與意識比較薄弱

雖然中國城市公民的參與意識有所覺醒，但中國的「公民冷漠」程度大大高於西方工業化民主國家，增加了公眾參與城市管理的心理「攻關」難度。

公民冷漠現像是現今世界範圍內普遍存在的問題，集中表現為政府信任危機加深，「民主赤字」的逐步攀升。畢竟，公民不是公共事物的專職管理者和監督者，他們生活中的很多事情並不與公共管理髮生現實的直接聯繫，即便發生聯繫，公民個人要想達到影響公共決策的目的，其成本也是非常高昂的，所以公民理性的無知在各個國家都有不同程度的表現。但是當公民冷漠的程度開始表現為對所有公共事物麻木不仁的時候，政府的公共管理就會產生極大的負面影響。

從實際情況來看，各個國家公民冷漠的原因也是各不相同的，中國現階段的公民冷漠現象主要與中國歷史上形成的文化體系以及建國以後形成的行政體制文化有關。中國歷史上的君主專制以及與之相配套的一系列的教育體制培養了公民典型的順民思想，愚民政策的長期實行以及現實存在的對公民身份的否認導致了中國普通民眾對國家事物的超常穩定的冷漠狀態。

公民冷漠的消極因素在現實中的心理滲透將會長期影響中國公民的參與積極性。雖然社會主義市場經濟和政治民主化喚起了公民的參與意識，激發了公民的參與願望，但是歷史上所形成的對權威服從的心理沉積，使公民在短時間內很難形成獨立自主的人格，也很難認識到自己在社會生活中的地位和作用。尤其在對城市管理這一活動不甚瞭解的情況下，公民更加難以意識到自己的主體地位和應有的權利和責任。所以，即使公民在其他主體對城市管理過程進行參與中萌生了自己參與的願望和要求，也不知道自己是否具有參與的資格以及如何參與。這就造成了公民參與的主動性和自覺性較低。同時，公民參與的理性化程度也較低。相當數量的公民參與不是基於公民的責任感，不是出於對自己的權利和義務的認識，而是憑著心中激盪的衝動參與的，有時甚至只為了發泄心中的不滿情緒，不能採取規範化、程序化的參與形式。公共參與行為在各種腐敗現象面前的受挫也會嚴重影響公民的參與積極性，從而使公民冷漠程度進一步提升。

（四）城市管理公眾參與能力不足

由於公民自身素質的侷限和對諮詢的掌握程度以及對政府各項行為的理解能力不足等諸多因素的影響，也使得公民參與城市公共管理存在很多不足。城市管理中政府與公民之間的互動關係，主要包含三層含義：

（1）在現代城市公共管理系統中，公民是城市的主人，城市政府是公共權力的實際行使者。兩者之間實際構成了一種權威與信任的關係；

（2）城市公共管理其實是在政府的不同管理手段與公民不同素質之間的協調與碰撞中實現的；

（3）在整個互動關係模型之外，可運用社會心理指標測評體系測量城市政府與公民之間的和諧程度，並據此判定整個城市公共管理互動關係的優劣，為調整和改進城市公共管理工作提供預警和依據。

公民的素質是制約公民參與城市公共管理的關鍵因素。

公民參與公共管理的發展，也必然受到公民的文化素質的制約，因為文化的落後必然導致政治觀念的落後和法制觀念的薄弱。政治觀念、法制觀念與人們的文化素質有關。在現實政治生活中，公民參與政治的能力低，同公民總體的文化素質偏低有關。從理論上講，政治意識、法律意識從來不是孤立發展的，作為同屬於政治文明、精神文明的組成部分，它直接受到文化素質、教育程度的制約和影響。公民參與的能力不足、缺乏相應的城市公共管理知識也是影響參與管理的一個重要原因。由於公民的自身素質，對資訊的掌握程度、理解程度及對政策目標實現的可能性和途徑的認識等諸多因素的影響，使得現實中公民參與的能力與參與要求不符，其行動顯得笨拙，參與效率低微。

（五）公眾參與對城市管理的影響力不強

在參與實踐上來說，中國城市管理公眾參與主要存在以下三方面的問題：

1. 公眾參與城市管理的渠道和途徑有限

政府為公民參與城市管理提供了一些可行的參與渠道，以使他們能夠透過有效參與影響公共政策，維護和增進自身合法利益和公共利益。但就現有情況來看，這些渠道和途徑給予公民的參與是很有限的。較多的參與途徑有接待日、信訪、座談會等。接待日是中國公民個體現階段參與影響公共管理最常用的途徑之一。人們可以在公民接待日與政府官員面談，以座談會形式與政府官員溝通，透過信訪與政府官員接觸，甚至可以直接面見領導陳述己見等。其中，最重要的制度化參與渠道是信訪。公民透過來信來訪，對政府進行監督，促使政府完善政策、改進工作，更好地掌握民情民意。但這種信訪制度尚不完善。由於沒有建立起政府官員與公民的有機聯繫機制，政府官員的升遷不受公眾的制約，勢必會使他們漠視公眾呼聲，因而在一定程度上壓制和挫傷了公眾的主動參與精神。

2. 公眾參與層次的深度、強度不夠

現階段，中國城市管理中公民的「操縱性參與」少了，但「教育性參與」現象依然存在，這其實都屬於低層次的參與。公民是在政府的控制下來參與管理活動，沒有多大的自主性和主動權，加上公民的力量有限，層次不高，沒有形成整合的集團力量，尚屬自發的個人行為，對管理決策影響效果差。「告知性」參與是目前中國公民參與城市管理的主要形式，也即政府在已經做出決策以後才將決策的結果告知公民，象徵性地收集公民的意見，公民其實只是在被動地接受這些決策，而未真正造成參與的作用。

3. 公民參與缺乏組織整合，有組織地參與程度低

在中國，參加政黨活動和政治團體活動是公民有組織地參與影響公共管理的一個重要途徑或方式。公民可以參與的組織很多，有政黨組織，有政治性團體如工會組織、婦聯組織、共青團組織，還有各種協會、學會、聯合會、研究會、基金會、商會等社團組織。同時公民也可以作為個人參與管理活動。上述行為主體的活動構成了中國公共管理活動的全過程，即自下而上的利益表達和利益綜合與自上而下的政策輸出。就城市管理來說，居民、街道辦事處是中國城市社區的基層組織。居民委員會名義上是群眾自治性組織，實際

上從經費來源、機構設置等方面都受制於政府機構，成為政府的一條「腿」。目前街道、居委會建制等同於基層社區組織建設，自上而下地強化街道行政功能，也就是在發展社區的過程中，只是考慮將政府的職能從單位系統轉移到社區，而忽視了建立起適應社會主義市場經濟條件下政府與社會相對獨立、小政府和大社會的組織發展思路。城市管理直接關係到城市居民的利益，而城市居民沒有有效的組織形式，通常只以個人而非團體的聲音向城市管理部門表達意願，由此對決策造成影響的作用是微乎其微的。

總之，中國城市管理公眾參與的真正實現還面臨著許多問題和挑戰。要推進中國城市管理公眾參與持續健康發展，實現城市管理體制難題的真正突破，需要深入研究城市管理公眾參與的現實主體，明確各類主體參與城市公共事務管理的制度設置、機制建設和體制設計，構建起完善的富有中國特色的城市管理公眾參與的制度平臺和體制機制。

第六章 城市管理公眾參與的實踐分析：市民參與

　　本書所論及的公眾。是廣泛意義的社會主體，包括作為個體的市民和作為團體的企業、社會組織以及作為區域概念的社區。在城市管理公眾參與過程中，市民作為城市人個體，與社區、企業、社會組織等相關主體共同參與城市管理。市民參與涉及社會大眾對城市政府管理決策從制定到實施的全面介入，包括政策的制定、修改、執行、監督等各方面。同時，城市管理市民參與強調了市民作為社會利益的主體而對城市管理的參與、決策和管理。在實踐上，市民參與城市管理的探索持續了大約半個世紀，經歷了重視社會公眾利益——低層次的參與——公眾參與被廣泛提倡的發展歷程，其參與形式和途徑多樣化的轉變是經過不斷變革和完善的。然而，即使在公眾參與已不斷發展的今天，各個國家的公眾參與程度仍充滿了不均衡性，這受各國歷史背景的影響，也與不同城市管理發展的理念相關。

▌第一節 城市管理市民參與的概念與模式

　　現代化的城市管理是一種包括市民在內的城市各方利益主體廣泛參與的管理。市民不再僅僅是傳統意義上的納稅人、服務的接受者，而是公共問題的發現者，透過各種渠道和方式，積極參與公共事務，幫助政府部門界定重要問題，提出解決方案，判斷目的與效果是否達成。市民作為「城市主人」有權利享受城市完善的公共服務和優美環境，也有責任和義務積極參與到城市管理中來。

一、城市管理市民參與的角色與功能

（一）市民參與的權力和責任——「積極的公民資格」

　　城市管理中市民的角色定位，應當是具有「積極的公民資格」（Active Citi-zenship）的、富有公共精神的行動主體。市民不是被動接受管理和服務的消極參與者，他們是積極主動的參與者，是具有前所未有的參與公共事

務管理的動力和能力的人群。這種積極公民性並不預設一個共同的結構性的前提，即公民合作行動絕不是在同質性的社會階層、完全一致的價值觀等機械一致性前提下建立的。相反，它認為，由於利益差異和衝突的存在，公民的認同是在反覆博弈、充分對話、彼此互惠的社會共同體交往中逐漸形成的。它經由公民參與、協商、對話、化解衝突、容忍差異、相互尊重的過程，求同存異，獲得或創造了社區公民共同的價值目標和信仰準則。因此，積極的公民資格發展了在動態過程中創造共識、構建合作基礎的思想，並強調這種公民性具有更廣泛的包容性和實踐意義。

這種富有包容性的具有積極公民資格的公民意涵符合《健全的城市管理：內羅畢宣言》所倡導的包容性城市的精神。2000 年 5 月，聯合國人類住區中心（人居中心、生境中心）在肯亞首都內羅畢召開全面審查和評價《生境議程》實施情況的大會特別會議籌備委員會第一屆會議，發表了關於《健全的城市管理：規範框架》的宣言草案，旨在發起一個「健全的城市管理全球運動」，該運動的目的是透過改進城市管理而使「包容性城市」付諸實現。

富有包容性精神的城市管理，是指城市中的每個人不論財富、性別、年齡、種族或宗教信仰，均得以參與城市所能提供的機會。因此，包容性既是目標，也是一個過程，而參與式的決策過程就是實現包容性城市的重要手段。這一目標將透過下列組成部分和重大產出來達到：

第一，倡導和規範辯論。透過擬定例如地方自治世界憲章草案和健全的城市管理規範宣言草案，草擬、促進和進一步改進有關健全的城市管理的全球規範。

第二，提高認識。推廣最佳辦法、好的政策和行動計劃；擬定良好管理的指標和良好管理的指數；發表關於婦女在城市管理中的作用的政策文件和關於世界各城市狀況的定期報告。

第三，業務活動。示範項目、促進「示例城市」和能力建設。

第四，參考資料編制。根據實際經驗和能力建設的需要，編寫參考資料。透過一套健全的城市管理叢書，將這些材料提供給所有的合作夥伴。

這種富有包容性精神的健全的城市管理倡導的基本思想是對每一個城市中的公民給予平等的參與機會。人類的大部分現在都生活在城市，城市化的趨勢顯然是不可逆轉的。城市作為經濟和社會發展的引擎，有著巨大的潛力，可以透過規模經濟創造工作機會和構想。但是，今天的城市也會產生和強化社會排斥，使窮人、婦女、青年、宗教和民族中的少數以及其他邊緣化群體得不到城市生活的惠益。實現「包容性城市」的關鍵並不是錢，也不是技術，而是健全的城市管理的理念。健全的城市管理就是個人和公私機構用以規劃和管理城市公共事務的眾多方法的總和。這是一個調和各種相互衝突或彼此不同的利益以及可以採取合作行動的連續過程。它包括正式的體制，也包括非正式的安排和公民的社會資本。具有積極公民資格的公民是這一運行機制的主體。

而積極的公民資格的身份首先是由公民積極參與公共事務來標示的。邁克爾·沃爾澤指出，「對公共事務的關注和對公共事業的投入是公民美德的關鍵代表。」[1] 當然，並不是所有的政治活動都稱得上對公共福利有益。「犧牲一切純粹的個人和私人目的，持續地認同和追求共同的善」[2] 城市管理是與全體公民的福利緊緊連在一起的。健全的城市管理必須使所有的城市居民都能享受到城市公民的利益。基於城市公民資格原則上的健全的城市管理強調，任何人，無論男女老幼，均不得被剝奪取得城市生活必要條件的機會，包括適當的住房、房屋租用權保障、安全的飲水、衛生、清潔的環境、保健、教育和營養、就業、公共安全和流動性。透過健全的城市管理，使市民們得到發表意見的講壇，充分發揮其才智，以便改善其社會和經濟狀況。

(二) 城市管理中市民參與的功能與價值

中國傳統城市管理體制內的市民等同於群眾，在範圍上往往更多地強調作為自然人的城市市民（帶有強烈的戶籍色彩）。這樣的市民對象將城市中的法人和其他組織、非戶籍人口特別是一些短期來城市居住的外來人員排除在外，客觀上剝奪了這些主體和個人的話語權，限制了市民參與的代表性及其功能的發揮，也不符合城市管理自身的發展需要[3]。

符合新型城市管理範疇的「市民」一詞，應當包括城市中作為政府管理和服務對象的居民、法人和其他組織，具體而言，則應當包括城市市民（具有當地戶籍者）、城市常住人口（在該城市居住半年以上者）、流動人口（實際在該城市居住、工作者或稱新居民）、機關企事業單位以及其他城市生產、生活共同體的成員。對公民的界定應當要特別注意淡化戶籍、地域觀念，只要是一定時期內在城市參與生產、生活並與城市管理具有利害關係的單位和個人，均應當視為公眾的組成部分，作為市民參與的最基本的單元。在單位和個人之上，基於不同的價值取向、思想觀念、性別、年齡、職業、民族、居住區域、利益關聯度，還要注意將公民分為不同的利益群體，這些利益群體應當作為市民參與關注的重要對象，確保其聲音和利益在市民參與過程中得到適當的體現。此外，在根據實際情況界定市民的具體範圍時，由於城市管理涉及的不同領域、議題之間，市民的範圍具有一定的流變性，其範圍並不是一成不變的。其中，關注對弱勢群體話語權和利益的保護，確保殘疾人、老人、兒童、失業人員和外來務工人員等的利益不被忽視。

傳統意義上的城市管理的市民參與主要體現為政府主動就特定議題徵求部分專家和其他社會公眾的意見，群眾就關係到切身利益的事務到政府投訴或提起行政覆議、行政訴訟，以及公眾參與扶貧幫困、助學興教等社會公益性事業。近年來，隨著政務公開、辦事公開、公眾評議的發展，以及聽證在立法和一些重大公共決策中的廣泛運用，中國城市管理市民參與的深度與廣度有了一定的拓展。當然，與國外在城市管理市民參與方面有成功經驗的國家相比，中國城市管理的市民參與無論從參與的內容上還是從參與的完整性角度來講都遠遠不夠。

世界各國的實踐表明，政府在城市管理過程中的作用固然重要，但如果缺少廣大城市利益相關者的積極參與，城市管理的成本將十分高昂，城市管理的效率將非常低下。改革城市管理方式、提升城市管理效率取決於市民和其他利益相關者積極參與城市公共事務管理。

二、國外城市管理市民參與的經驗啟示

（一）美國城市管理市民參與的模式

在美國，城市政府建立了一整套機制，調動利益相關者全過程參與城市管理。

首先，各利益相關者共同參與「發現」城市的問題。在美國，被列為市政府或市議會的議題，從形式上看是由政府官員或市議員決定的，實際上他們只是利益相關者的代言人。他們的問題可能是聯邦政府的指示或建議，可能是某政府官員為了政績而提出的發展報告，或者是某議員為了選票採納的選民的要求，也可能是為某個利益集團服務的媒體提出和渲染的問題。

其次，參與決策。由於資源有限，「發現」的問題必須透過一定的程序，確定解決的優先順序。即使是先解決的問題，也需要確定某種優先的方案，這一過程涉及各方面的利益，需要各利益相關者共同參與決定。以城市總體規劃為例，城市規劃局不能單獨決定，而是要協同城市規劃師以及交通、環保、公共服務、文化、安全等相關領域的企業和團體共同參與，還要公開徵求市民意見，然後經過市議會審議後成為法律，並報聯邦住房和發展部備案。這種參與過程既是集思廣益的過程，也是協調各利益相關者利益的過程。因此，城市總體規劃一旦確定下來，就有很高的權威性。按照美國各州的法律，各個城市的總體規劃就是一部「憲法」，是指導城市社會未來發展的藍圖。所有的城市發展，不論是私人的還是公共的，都不能超越這部「憲法」所包含的政策範圍。

再次，參與實施。由於決策過程廣泛參與，決策結果透明度高，在實施過程中，各利益相關者只能按照要求行事。仍以城市總體規劃為例，由於城市發展方向、城市佈局、各區域土地使用性質、各分區詳細規劃、控制規劃等，綜合考慮了交通、文化等多種因素，協調了各方面的利益，如果在執行過程中任意改變，就可能會帶來交通、治安等一系列問題，損害相關者的利益。同時，由於決策的透明性，各利益相關者對自身的權利義務比較清楚，如果利益遭到損害就會要求賠償。

最後，參與監督。科學決策貴在落實，決策落實貴在監督。由於決策把各方面利益做有效協調，就能夠有效調動利益相關者監督決策落實，提高監督效率。否則，僅僅依靠執法部門監督，不僅成本高昂，而且效率也會很低。如：某棟建築超過規劃的高度，可能會影響相鄰建築採光或破壞整體協調，如果某建築商任意改變住宅區中住宅的外觀顏色，可能會影響鄰居的審美視覺，這些都會遭到相關者舉報，政府主管部門會立即要求違規者及時糾正，並給予處罰。如果某塊土地確實需要改變使用性質，也需要召集各利益相關者開聽證會，其中鄰居的意見對決定有關鍵作用 [4]。

美國城市治理中的市民參與的做法是值得我們欣賞和借鑑的。首先是參與的程序制度化，這是美國市民參與城市治理的最大特點。市民參與治理的全過程包括提出問題到決策和監督，基本都是已經形成制度化的，有特定的程序。其次，重視調動市民參與的積極性，注重保護利益相關者的權益。美國政府透過各種各樣的方式來調動利益相關者參與城市治理的積極性，常見的方式有議員和政府官員走訪市民、聽證會、公共輿論等。其中，聽證會是一種應用廣泛也最為有效的參與形式。在需要作決策時，把各利益相關者和專家召集起來，讓各方闡明做或不做的理由，最後由大家表決做出決定。這樣的決策過程，可以廣泛吸收各方面的意見，協調各方面的利益，提高決策科學水平，減少失誤。廣泛參與有利於參與者對決策的理解和支持，有利於全社會瞭解各自的權利和義務，有利於決策的執行。同時，廣泛參與提高了決策的透明度，有利於社會監督。美國市民參與最大的啟示就是要用機制保證市民參與權益的實現，讓市民全程參與城市管理的各個環節，提高決策和執行的透明度。

（二）德國城市管理市民參與的方式

德國城市管理市民參與的突出特點體現在對城市規劃、城市建設的市民權益保障上。在德國，市民參與、城市規劃和建設規劃法共同影響其城市建設。地方政府如果要對現有的城市規劃方案進行調整，必須要在地方政府、地方議會和地方政府所屬的專業委員會共同討論下形成相關報告。報告中應涉及：修改原規劃的原因及修改後所能達到的目的，並透過相關報紙、刊物、

媒體公佈修改原規劃的消息。而那些將在修改原規劃中涉及的市民們，以及那些在修改原規劃中受到影響的單位，均可在四周內透過電話、或者親自到相關部門以書面報告的形式提出自己的意見和想法。在規定期限內，地方城市規劃局應當收集整理市民的意見，並召開協調會，與會人員應當包括市民代表，有關企事業單位的代表、有關公共事業局的代表，共同商討新規劃草案。

在綜合協調參會各代表的意見建議之後，將會提出一個較具體的新規劃草案，這個新規劃草案可以由城市規劃局自己設計，也可以由委託機構來設計。而且新規劃設計方案一般情況下會有多個可供選擇的方案，城市規劃局將再次邀請市民代表來對新規劃設計方案進行審核。與第一次審核不一樣的是這次審核的重點放在對私人與市民的利益權衡上。一項規劃能否被透過取決於它是否符合市民的利益，如果不符合，即使它具有較高的經濟價值，也是難以透過的。經過城市規劃局和市民代表對不同規劃設計方案評估之後，從中選出一個最優的且切實可行的方案報上一級管理局審批。新規劃在獲得地區或城市建設監理局批準之後，還要經過地方政府對新規劃透過地方報紙和內部刊物等媒體上公佈，並張貼在市政府公告欄才能生效實施。

德國市民參與城市管理的特點在於，在市民參與的城市管理和城市規劃的過程中形成了一個良好而完備的參與程序，即：「事先市民參與──規劃設計──市民參與審核──法律審查」。德國市民參與機制對市民參與的啟示就在於，這一整套的完備的參與程序是任何人都不能隨意更改的，正因如此，才能真正保證市民參與的穩定性和有效性。市民的兩次參與過程，包括事先徵求意見和方案的審核，以法律的形式得以保證，最大限度的防止了因為某些個人原因而隨意變更參與程序的現象發生。

（三）新加坡城市管理市民參與的作用

新加坡城市管理中的公眾參與在兩個領域都取得了成功的經驗，一是以社區居民委員會為主體的社團組織在城市地方公共事務管理中的重大作用，另一個是作為市民的個體在城市管理中的公共參與意識。

新加坡市民角色體現得最為充分的當數全國性的市民運動 [5]。市民運動不是政治運動，而是城市管理和社會管理方面的全民性活動。新加坡自建國以來，在城市管理與社會管理領域一共發動過 100 多項全國性市民運動。如「反吐痰運動」「大掃除運動（取締亂丟垃圾的運動）」「消滅害蟲運動」「保持新加坡清潔和防止汙化」運動。運動期間，政府都提供強有力的行政保障，比如派出警員維護秩序等。在展開運動期間派出警員巡邏，各基層組織配合，勸告違例的公共人士，從而確保他們循規蹈矩。在運動進行期間，被髮現違例者不罰款，而是予以警告，好讓他們適應新的法規。同時在運動期間以立法行動來支持，以確保民眾服從新的法規。

1979 年以來，新加坡的全國性市民運動實行了兩大變革：一是由總理公署接管全國性運動的協調與規劃工作；二是各項運動以週期性循環的方式來組織！全國性運動一般分三個階段進行組織：第一階段由政治領袖指出一個需要糾正的城市社會問題；第二階段由一位部長宣布運動開始，大眾傳媒和各基層組織廣為宣傳發動；第三階段全民動員採取貫徹行動，確保市民遵從領袖建立的糾正措施 [6]。全民性運動的循環式開展有力地培育了新加坡國民城市公共意識和參與意識的形成。

▌第二節 城市管理市民參與的中國實踐

目前，在中國的實踐中，市民參與城市管理出現了兩個發展的方向：一是政府主導的聽取意見、參政議政式的市民參與。例如，針對各種問題的聽證會、民意調查、民主評議等；這種性質的市民參與在一定程度上取得了一些效果，但由於制度化的程度不夠，市民參與的深度和代表性欠缺，很多時候使參與流於形式。二是民間自發維權式的公眾參與，往往針對某個問題開展不同利益主體之間的博弈，有時候也針對由城市管理體制中由腐敗引發的問題，這種非制度性的市民參與在某些時候、某些方面能夠獲得成功，但由於缺乏有序性，或沒有權威性機構的指導和引導，零散的參與非但不能解決問題，有時候甚至由於影響社會秩序而受到限制。

近年來，隨著城市生態環境問題的日益突出，在政府充當解決問題主角的同時，越來越多的市民開始積極主動地參與到城市環保行動中，發生了眾多由於市民力量的介入而改變項目建設計劃的事件。如北京圓明園防滲膜工程、廈門 PX 化工項目被改址事件、北京六里屯垃圾焚燒電廠被停建事件、山東乳山核電廠選址糾紛、上海磁懸浮鐵路規劃線路爭議，等等。在這些事件中，市民參與城市管理的行為方式日益多樣化，參與的路徑和渠道也日益廣闊，參與取得的成果也日益豐碩，這充分顯現了城市管理市民參與的必然性。

一、政府主導型的城市管理市民參與

（一）實施民意調查

民意調查是用科學手段收集反映民意訊息的調查方法，它能夠提供特定人群關於某一事件或問題的各種態度，被視為最直接、最客觀的民意反映。民意調查是市民參與城市管理的一個重要方式，透過民意調查，可以更好地瞭解市民對政府政策的態度，以便政府不斷改進城市管理的政策，做出更加符合民意的。

民意調查方式的特點在於：首先，民意調查是比較簡單易型的市民參與方式，這種方式主要適用於以獲取市民訊息為主要目的的情況。其次，民意調查的參與主體是市民個體，而不是具有某種共同利益訴求的市民團體，因此，民意調查能夠比較全面地收集各方市民的意見。與此相應的缺點是，民意調查也存在意見比較分散的可能。再次，市民的意見對政府決策的約束力不是很強，因此，民意調查往往作為其他形式市民參與的初始步驟，與其他參與方式配合使用。

典型案例：北京市公交線路調整聽取社區民意

2009 年 7 月 24 日，北京市公交集團接到海澱區世紀城兩個居委會發來的一份《世紀城小區公交汽車改線建議書》。建議書中，100 餘名社區業主聯名表示，穿越小區的 4 條公交汽車給社區帶來很大的噪音汙染，影響居民正常生活，要求對穿過藍靛廠中路的 4 條公交車改線。公交集團經過調查後，

制定了針對相關公交車線路調整的方案。方案決定將穿越小區的其中兩條公交的線路拉直，另外兩條公交車線路減少站點，繞過小區，改走四環。方案制定後，公交集團在相關社區的網站進行了公佈，徵詢社區居民意見。

方案一經公佈，立即遭到世紀城幾個社區眾多業主的不滿，公交車改線成為小區業主論壇熱議的焦點。大多數居民認為：「出門就可以坐到公交車，多省事」。「公交車就在家門口，對老人、孩子的出行帶來很大的便利」。很多居民發表了相同意見。為了響應絕大多數居民對兩路公交線改線的抗議，社區居委會將居民反對「撤站、改線」的情況反映到公交公司。北京市公交集團接受絕大多數居民意見，對線路調整方案暫緩執行。在公交公司公佈暫緩執行方案後，不時有業主打電話去居委會詢問方案暫緩執行的原因。居委會進行瞭解釋，並告知對方社區絕大多數居民的意見。慢慢地，要求改線的居民基本接受了意見。

公交集團運營部相關負責人表示，根據《北京市建設人文交通科技交通綠色交通行動計劃（2009—2015 年）》，北京市將全力打造「公交城市」，到 2015 年中心城市公共交通出行比例將達到 45%，早晚高峰時間甚至要突破 50%。屆時，地面公交將適度增加社區公交線路，重點建設快速通行系統。中心城內出行時間平均不超過 1 小時，最遠新城到市區五環路出行時間平均不超過 1 小時。公交穿小區，在方便居民出行的同時，噪音擾民、站點設置不合理等問題也漸漸浮出水面。小區公交在受歡迎的同時，如何貼近居民的需求、真正給居民提供方便仍是個難題。希望兩方居民互相諒解。事實上，隨著北京城市建設不斷向遠郊區縣延伸，公交集團經過多次的線路調整，已經使 7000 人以上的小區都有了社區公交線路。公交集團運營部負責人表示，只要有居民反映出行困難，公交部門和交通規劃部門都會實地勘察，瞭解大多數居民的意見，根據實際情況調整公交線路，儘可能滿足居民需求。但在實際操作中，也會遇到小區不能提供必要的停車場等基礎設施、有居民反映噪音擾民等現實問題，這就需要多個部門之間的協商解決。

任何一項公共決策服務，只有充分地聽取民意、吸納民意，讓民意成為決策的主要影響因素，這樣的決策才能受到公眾的接受和支持。透過有效的

民意調查機制，及時瞭解和把握社會各階層的主流民意，重視市民關注的熱點、難點問題，保證市民的意見和願望及時反映到決策中樞系統中來，並對這些意見進行及時的反饋。而且這種反饋回應不應該是一次完成的，而應該透過多次反覆溝通、協調，直至雙方意見達成一致，才算是一次週期的完成。

由於現代通訊傳媒技術的發達，網絡民意調查方法被越來越普遍的應用，使得民意調查方式越來越靈活多元。以 2011 年中國對修改《個人所得稅法》的網絡徵集民意為典型，中國人大網公開徵求意見，到截止日共收到意見 23 萬多條，創全國人大立法史上單項立法意見數之最。在法案最後審議透過的過程中，市民意見成為提高個稅起征點的重要參考依據。

(二) 舉辦聽證會

聽證程序源於英國，最初以司法聽證的形式出現，後被廣泛應用到行政管理領域。隨著民主政治的不斷發展，聽證作為市民維護自身權益的一項重要手段，越來越受到民眾的重視。聽證有多種形式，按照舉行時間可分為事前聽證和事後聽證以及結合聽證；按照程序簡繁可以分為正式聽證和非正式聽證；按照筆錄效力可分為審訊型聽證和主張型聽證。聽證的應用範圍很廣，包括價格聽證會、城市市容環境或基礎設施建設聽證會、信訪聽證會、行政處罰行政強制聽證會、醫療糾紛等糾紛調解類聽證會、社區社會事務聽證會等等。

當市民對政策的接受度會影響到政策執行的情況時，政府往往會運用此種參與方式。聽證會的特點在於程序正式，參與人可以當場發表意見、協商辯論。透過聽證會，可以使市民在政策制定之前熟知政策的內容，並且公開表達自己的利益訴求以及對政策的建議，以使其合理的利益被合法地吸收到最後的政策中。同時，透過聽證會的現場辯論和妥協，也可以使參與的市民對政策制定的難度與利益衝突有所瞭解，增加其對政策的寬容度。

典型案例：圓明園防滲膜工程中市民參與

2005 年 3 月 22 日，有關專家透過人民網發表了《圓明園鋪設防滲膜是毀滅性的生態災難》的文章引起了社會關注。4 月 1 日，自然之友與部落格

中國合作，召開「圓明園生態與遺址保護研討會」，多方專家、相關政府官員、市民代表到會發表了意見。之後，自然之友等十數家民間環保組織向北京市環保局、北京市海澱區人民政府、國家環保總局、北京市園林局、北京市文物局、北京市水利局、圓明園管理處提交《支持政府針對圓明園鋪設防滲事件舉行聽證會的聲明》。4 月 1 日，各界人士從各個不同角度對圓明園工程進行了深入的探討和評價。

2005 年 4 月 13 日，由國家環保總局召開的圓明園防滲工程聽證會順利舉行。參加聽證會的有包括吳良鏞院士在內的 73 人。在市民代表中，年齡最小的只有 11 歲。代表以環保、文物、建築、規劃、水利等方面的專家為主，同時確保各個層面人員的平衡。這次聽證會是《環境影響評價法》實施以來首個真正意義上的公眾聽證會，也是中國環保領域規模最大、程序最正式的一次聽證會，有著里程碑式的意義。

這次聽證會，市民參與的程度與以往比有了長足的進步，市民參與城市公共事務的意識得到了啟蒙。2005 年 7 月 7 日，國家環保總局副局長潘嶽向新聞界通報，總局於 7 月 5 日組織各方專家對清華大學的《圓明園環評報告書》進行了認真審查，同意該報告書結論，要求圓明園東部湖底防滲工程必須進行全面整改。圓明園湖底防滲工程所引發的廣泛的社會關注，集中反映了中國公眾環保意識的覺醒以及參與環保的熱情。圓明園防滲工程評價聽證會有效地提高了政府決策的質量和公信度，是市民參與城市環保決策的一次有益嘗試。

聽證作為實現社會公正、公開與民主的基本制度，能夠保障利害關係人的合法權益和實現社會資源的合理配置。因此，要強化和完善聽證制度。

（三）開展公民投票

公民投票是指公民就被提議之事案，表明贊成與否時所舉行的投票，簡稱公投。公民投票是一種直接民主制的體現。

典型案例：廈門 PX 項目改址事件

2006 年 11 月至 12 月間，來自廈門的六位兩院院士以聯合或分別去信的方式，向廈門市委市政府建議將擬建於廈門市海滄區的 PX 項目遷離廈門，另行選址建設。原因在於簡稱 PX 的化學物質不僅有毒，還易燃易爆，操作稍有不慎就會導致重大事故。因為海滄區已經形成一個新興的居民生活圈，規劃用於建造 PX 項目隔離帶的地區早被學校和住宅填滿，且項目選址距離廈門本島 16 公里，距廈門市旅遊區鼓浪嶼僅 7 公里。為此，院士們應邀與市委市政府相關領導就 PX 項目相關問題舉行了會談。會談中的專家建議未能獲得有關方面的接受。

2007 年 3 月「兩會」期間，院士們聯合百餘名全國政協委員，提交了《關於廈門海滄 PX 項目遷址建議的提案》。由此，該項目開始在全國範圍內受到廣泛關注。2007 年 5 月末反對 PX 項目汙染的簡訊開始在廈門市民中間流傳。廈門市政府主持召開新聞發佈會，正式宣布緩建海滄 PX 項目的決定。事件並未因此而平息，之後，市民自發上街，手繫黃絲帶，開始了集體「散步」。市政府召開緊急新聞發佈會，說明 PX 事件已經全面停工並正在重新組織區域規劃環評，時間將在半年以上。其間市民若有建議，可以透過正常渠道向政府反映，由政府轉達有關專家。

2007 年 12 月 5 日，廈門市政府再次召開新聞發佈會，宣布已經完成對海滄南部地區功能定位與空間佈局的環評。報告結論為，海滄南部空間狹小，區域空間佈局存在衝突。廈門市在海滄南部的規劃應該在「石化工業區」和「城市次中心」之間確定一個首要的發展方向。同月 13 日至 14 日，市政府主持召開了為期兩天的 PX 項目區域環評公眾座談會。包括市民代表、人大代表和政協委員在內的超過兩百位與會者參加了討論。期間廈門市政府官方網站一度就 PX 項目的建遷問題開設投票平臺，但僅持續一天就因絕大多數網民投反對票而取消。2007 年 12 月下旬，福建省政府與廈門市政府決定遷建 PX 項目，並表示將由政府承擔投資企業在初期建廠準備工作中的經濟損失。

（四）組織諮詢會

當政府在進行重大公共政策規劃和決策，如市政項目或社區土地開發、公共物品或服務價格漲幅等涉及多方利益的決策時，將涉及政策的各方利益關係人召集起來，諮詢和聽取各方利益主體的觀點、意見和建議，並透過交流、對話、協商和利益調整，平衡各方的要求和行動。這種參與方式常適用於公共政策會影響到兩個以上大的利益集團的情況。此時邀請利益集團的代表或者專家進行參與，是一種節約決策成本的做法。透過諮詢，政府能夠獲取大量的訊息，從而有助於提高立法以及決策的質量；公眾的參與可以幫助決策者們注意到那些他們還沒有關注的問題，幫助他們對現行立法以及政策的執行效果進行分析，考慮是否需要修改現行的立法和政策。因此，各國政府部門在立法和決策過程中都注重透過開展各種形式的諮詢活動來聽取公眾對立法和決策事項的意見和建議。

按照國家行政程序法的有關規定，公共政策制定過程中召集利益關係人參與是必需的程序。這一程序發揮著多方面的功能。首先，它被作為是政府與公民合作模式以及建立夥伴關係的基本形式；其次，它使得政府的訊息向公民開放，促進政府政策過程的透明性；再次，它透過對話、相互關注的互動，加強利益關係人的彼此理解和信任，促進利益整合，以強化政治穩定的基礎；最後，政策一旦實施，則有利於政策的執行，減少執行中的摩擦和成本。但也有人認為，這種參與形式在很大程度上依然取決於政府對參與過程的設計和信，息開放度。在參與者訊息有限的情況下，容易在溝通中產生較強的單向性。無論如何，它是公民參與發展的必經階段，對於公民參與意識的提高有著十分積極的意義。

（五）組織座談會、民主評議、監督等

在中國城市建設與城市管理的過程中，有很多成功的公民參與的實踐案例，這些案例都為進一步促進和完善公民參與城市公共事務管理提供了經驗和借鑑。2010 年，北京市海澱區唐家嶺拆遷工程中的市民參與，是較為成功的在政府行政主導下、透過調動各方利益主體、採用多種市民參與的方式實現項目成功運轉的個案。

「唐家嶺拆遷工程」中市民參與多種形式的運用

位於北京市海澱北部地區的唐家嶺村改造前因「蟻居」而聞名，一個僅有 787 個院落 4816 個當地村民的村莊卻住著 6 萬多外來人口，違章建築多、環境髒亂差、市政配套不足、居住條件惡劣是改造前的唐家嶺村的真實寫照。隨著北京市城鄉一體化策略的提出，唐家嶺村列入北京市 50 個重點改造村莊範圍，2010 年 7 月正式啟動騰退改造工作。由於房租是唐家嶺村民可靠的收入來源，出於既得利益考慮，對於村莊騰退改造工作，很多村民一開始並不支持。之所以整個工作能夠順利開展，很重要的原因是，在騰退改造過程中海澱區委、區政府在市委、市政府的統一安排部署下，與鎮村一起形成三級聯動，正確引導，積極宣傳，大力推進村民參與，完全依靠村民民主自臺，充分發揮村民的主體作用，使 f 寸民在騰退過程中的知情權、參與權、決策權得以保障，最終經過 5 個月的努力，全部完成舊村的騰退任務，一個嶄新的現代化社區拔地而起。唐家嶺實現平穩拆遷。唐家嶺拆遷個案中市民參與的成功經驗表現如下：

一是充分發揚民主，廣泛聽取意見，《騰退實施細則》經過十七次修改。《唐家嶺村騰退實施細則》出臺前，鎮政府及村兩委組織村兩委委員、黨員代表、村民代表、村德高望重的知名人士等多次召開座談會，並給每戶下發意向調查表，聽取各方意見，對《騰退實施細則》進行補充和完善，經過 25 次修改後，匯聚民意、代表各方的《騰退實施細則》最終經村民代表大會全體表決透過，為騰退工作順利開展奠定了政策基礎。

二是開展民主評議，在騰退實施過程中充分發揮村民的主體作用。每一戶補償安置標準的高低取決於該戶的人口、宅基地、房屋情況，如何公平、公正、公開地確定各戶的人、地、房情況，成為村民最為關心的問題，也決定著騰退工作的成敗。唐家嶺村為此專門成立了 7 人組成的民主評議小組，小組成員全部由村民代表大會從村中德高望重、熟悉村情、正派公道的村民中選舉產生。民主評議小組根據相關資料及實際情況負責確定每戶的人、地、房數據，村民對補償安置方案有爭議的，可提交民主評議小組確定，困難戶及補助標準也由民主評議小組確定。透過建立自我管理、自我約束的民主評

議機制，增加了騰退工作的透明度，提高了補償安置的公信力，減少了各類矛盾糾紛，有力地推動了騰退工作進展。

三是將民主監督貫穿於村莊騰退及安置房建設的全過程。唐家嶺村還專門成立了由懂一定專業的村民組成的民主監督小組，除對騰退補償進行監督外，重點對安置房建設過程中的戶型設計、施工監理招投標、設備材料採購、工程質量與進度等方面進行監督。透過開展民主監督，打消了村民的疑慮，激發了村民搬遷的決心，同時規範了各項工作的開展。

唐家嶺拆遷個案中市民參與的許多做法值得借鑑。首先，採取了多種市民參與方式並進的模式，包括：民意調查、召開座談會、開展民主評議和民主監督等。其次，將市民參與理念貫徹到政策制定、執行和監督的全過程。再次，將市民參與與基層群眾民主自治制度相結合，利用村委會以及村民代表等對集體的組織和整合功能，不僅能夠充分吸收村民個人的意見，同時也兼顧到村集體的整體利益。這種政府主導，村民主體的創新型騰退拆遷模式正在海澱北部地區全面推廣，從根本上為北部研發和高新技術產業聚集區的開發建設帶來了體制機制上的有力支撐。唐家嶺村騰退改造工作是推行市民參與，民主管理、民主決策的成功範例。

二、城市發展中市民自發參與的利益訴求

城市化進程的突飛猛進在大大改善城市居民生活空間的同時，在城市建設和管理過程中也引發了一些突出問題。為追求寧靜的生活氛圍和優美的社會環境，維護自己的合法權益，居民請求的內容越來越多元化。抗議在居家周邊的汙染類（垃圾焚燒場、磁懸浮、飛機場等）、風險聚集類（核電廠、化工廠、加油站等）、汙名化類（戒毒中心、監獄、傳染病醫院等）、心理不悅類（殯儀館、火葬場、墓地等）等居住區生態破壞項目的實施，已成為一種具有最廣泛公眾支持的市民參與行動。市民的這些利益訴求如果滿意制度化的參與渠道，就會透過非制度化的自髮式維權參與運動展開。

以北京的情況為例，北京市在城市化進程中因建設施工噪音、垃圾焚燒廠、變電站、高層建築遮蔽採光等城市管理問題引發過一些比較激烈的市民

參與事件。比如2006年因擴建北京鐵路南站造成的周邊居民長達五年的反噪音維權抗爭事件影響巨大。

豐臺區右安門翠林小區自20世紀90年建成以來，468戶居民就長期受到火車噪音的侵擾，經過五次鐵路提速噪音更是有增無減。2006年北京南站改擴建工程開工，因建設需要，鐵路線由原來的三條增加到七條，噪音和震動明顯增加。為此，當地居民開始了長達五年的維權抗爭之路，期間百人以上參與的圍堵工地、占據鐵路、群體上訪、靜坐請願事件時有發生，究其原因在於鐵路部門的低回應性。雖然基層政府盡到了為鐵路部門和當地居民搭建對話平臺的責任，但鐵路部門的不作為與冷漠致使衝突多次升級，例如，在噪音測試、測試設備摘機以及測試結果公佈等環節工作拖沓、不守承諾。由於鐵路部門是垂直管理，超出了地方政府的管轄範圍，北京市只能透過市部會議協商解決，這使得該事件的處理週期相對較長，同時政府部門又沒有及時地制定和公佈工作進程時間表，導致群眾產生了被忽視的錯覺。於是2010年9月15日120名居民又以上訪中南海的方式表達了他們的不滿情緒。

近年來影響較大的市民維權式參與城市規劃與城市建設的案例有北京地鐵十號線二期工程事件。

2009年，海澱區頤源居1600戶居民反對北京地鐵十號線二期工程在小區公共綠地內建設通風井，而北京市城建設計研究總院的答覆卻認為通風井屬於備用且不會影響環境，但居民並不認同這種說法，而且還將矛頭指向了地鐵設計圖，認為地鐵線路離居民樓過近，再加之居民樓建造時地基不深、巖層結構鬆散、抗震能力較弱，地鐵的開挖建設將給居民樓帶來巨大安全風險，因此居民提出了地鐵改線的訴求。此後地鐵建設單位、市建委多次表示原有路線是綜合考慮後的最優方案，但居民依然強烈要求改線。2010年2月6日為發泄不滿情緒，150名頤源居民強行闖進地鐵工地與工人發生暴力衝突，在刑事拘留7名帶頭居民後，該事件暫時平息下來。設計單位希望透過經濟補償來平息事件，但居民認為建設可能帶來的安全隱患與環境干擾不是錢能夠抵消的。縱觀整個事件，首先，施工方案事先沒有徵求沿線居民的同意是導致群眾不滿的根源所在。居民反映設計圖紙2008年4月就有了，可

直到 2009 年 11 月向小區居民公告。其次，在有關部門的答覆沒有取得群眾認可的情況下強行開工建設是釀成暴力衝突的直接導火線。再次，政府部門與設計單位的技術性解釋不夠細緻也是產生矛盾的重要原因。例如官方答覆說不能改線昆玉河底是怕地鐵滲水，但居民提出在建 9 號線為何能穿越玉淵潭東湖，這就無法自圓其說。

由於這類事件往往侷限在特定的地理空間內，訴求的目標能夠得到該社區內絕大多數人口「壓倒性」優勢的廣泛支持，此類事件一旦發生，往往影響比較大。從目前北京的發展趨勢看，世界城市建設和全面城市化的實現還需要很長的時間，圍繞首都未來城市的定位和規劃而進行的舊城改造、新城擴建、城市道路、軌道交通以及供電、供水、垃圾處理等基礎設施建設方面的力度仍會不斷加大，施工工程將日益增多。以垃圾處理為例，僅 2011 年北京將開工建設的就有南宮垃圾焚燒廠、順義垃圾焚燒廠（二期）及海澱蘇家坨垃圾焚燒廠。從近兩年發生的居民對北京海澱六里屯垃圾焚燒廠建設的抗議行動來看，城市市民對涉及自己生活空間與生態環境保護的問題日益敏感，參與度也日益增強。

對北京市海澱區六里屯垃圾焚燒廠建設的抗議行動

六里屯位於北京西北上風口。1994 年北京市海澱區政府剛向北京市政府上報的《關於將六里屯磚瓦廠取土坑開闢為垃圾填埋場的緊急請示》清楚寫道：「該地西、北兩面為稻田，東面為汙水渠，南側為磚瓦廠生產區，方圓兩公里內沒有村莊，是較為理想的垃圾消納場。」然而，1995 年北京市環境保護局出具的《關於「北京市海澱區六里屯垃圾消納場環境影響評價報告書」的批覆》中則以結論形式表示，「從環境保護的角度考慮，在此地建設垃圾填埋場是不適宜的，不採取妥善防治汙染措施直接填埋垃圾更是不能允許的。」但《批覆》最終原則同意建設垃圾填埋場，但要求其界外 500 米範圍內不宜新建永久居住設施，現有設施應予搬遷。事實上，截至 2007 年，最近的居民住宅區距離填埋場直線距離不超過 200 米，十多年來從未收到任何搬遷指示。

進入 2000 年以後，填埋場周邊開發了大量住宅項目，方圓 5 公里範圍內居住了數十萬人口。從 2006 年開始，許多業主不斷透過各種渠道反映垃圾填埋場的汙染和惡臭問題，尋求解決方法。2006 年底，業主們在「海澱北部新區規劃展」上瞭解到政府擬於 2007 年 3 月起在垃圾填埋場南側新建投資過 8 億元的垃圾焚燒發電廠的消息，將事件的發展推向一個新的高峰。

2006 年 12 月召開的北京市海澱區八屆一次政協會議上，九三學社海澱區委提交了《對六里屯垃圾填埋場環境治理的建議》，民革海澱區工委提交了《關於建立科學處理生活垃圾體系的建議》。兩份建議均說明六里屯垃圾填埋場及其將建的配套垃圾焚燒處理廠的不合理性。當年 12 月 29 日，海澱北部新區部分小區業主集體擬定了《百旺新城社區居民反對在六里屯建設垃圾焚燒廠投訴信》，並在此後向北京市政府提出行政復議申請。2007 年 6 月 5 日，百旺新城社區部分居民在世界環境日這天統一著裝，到前國家環境保護總局請求解決問題。6 月 12 日，前國家環境保護總局作出決定，要求項目在進行進一步論證前應暫緩建設，論證過程應向社會公佈，擴大公眾意見徵求範圍．在相關環境論證和意見徵求結果報送備案並核準公佈之前，項目不得開工建設。

根據美國和德國在公眾參與制度建設方面的經驗，如何確保順暢完整的公眾參與，關鍵在於建立健全的參與機制，明確參與程序。目前中國市民參與城市建設主要體現在偶爾的新聞輿論的干預、群眾來信、來訪等。例如北京天文館原計劃爆破拆除，重建新館，在市民和媒體表達強烈的惜別後，市政府順應公眾呼聲，決定保留老館，另建新館。又如湖北省武漢長江堤壩內大造成片高檔住宅，南京紫金山風景區建造觀景臺等等，由於新聞媒體的報導，由此所形成的公共的輿論氣氛，推波助瀾，才引起政府有關部門的重視。但事實上，公眾參與城市管理的這種「走投無路──求助媒體──媒體曝光──獲得救濟」的模式是畸形的，甚至公眾往往因為走投無路，對政策所受損的切身利益難以預測的情況下，必然採取群體的非制度性參與，甚至突破現存制度規範的行為，在社會正常參與渠道之外採取措施維護權益。這充分說明了當前公眾參與城市管理的機制不完善，參與過程是滯後的、遲到的。

一系列非制度性的市民參與事件表明了當前中國完善市民參與制度建設的重要性。

▋第三節 城市管理市民參與體系構建

一、城市管理市民參與的發展階段

公眾參與是一個系統工程，並不是一蹴而就的。公眾參與的程度是有發展的階段性的。美國學者謝爾·阿斯汀（Sherry Amstein）將公眾參與的發展階段分為「不是參與的參與」、「象徵性的參與」和「實權的參與」三類，並細分為八級[7]。結合中國的實際情況以及未來的發展趨勢，公眾參與可以分為以下幾個發展階段：

（一）象徵性參與階段

象徵性參與階段為公眾參與的初級階段，主要表現為對公眾參與存在模糊的認識，雖然在個別領域有了一些零星的公眾參與，也有了一些制度性規定，但整體上缺乏公眾參與的自覺，公眾參與的作用甚微，僅具有像徵性意義。具體體現在：

第一，參與人員的主體地位尚未確立，各項參與權利缺乏系統完整的規定與有效保障，參與人員的參與意識、熱情與能力較低，人員數量較少且大多為個體化的參與，組織化程度差，缺乏利益代表性。

第二，參與的議題範圍有限，且較為分散，大多為對自己的切身利益有影響的議題，對其他議題貝漠不關心。

第三，參與大多為事後參與、被動參與。

第四，參與方式多為傳統的復議、訴訟和信訪等方式。

第五，政府部門與公眾在掌握的訊息、資源、能力等方面存在嚴重的不對稱，政府部門雖然有意識地就個別議題探索公眾參與，但公眾提出議題、意見和建議影響立法、決策與執行的能力不足，參與中大多是信，窗、單向

流動（如政務公開），公眾參與作用的發揮受到限制，導致政府和公眾對參與的期望值與實際成效之間存在較大落差。

（二）組織化參與階段

組織化參與階段為公眾參與的中級階段，主要表現為對公眾參與有了一定的認識，有組織的公眾參與在城市管理中大量出現，系統化的公眾參與制度建設進程開始啟動，公眾參與對城市管理的價值在一定程度上得到顯現。具體體現在：

第一，參與人員的主體地位在一定範圍和程度上得到確立，各項參與權利逐步得以明確與保障，參與人員的參與意識覺醒，參與人員數量增多，參與能力有所增強，組織化程度得到較大發展，行業協會、社會中介機構等組織化機構在公眾參與中開始發揮一定作用。

第二，公眾參與的議題範圍擴大，且較為集中，並向相關領域擴展，在解決個體利益、局部利益、群體利益的同時出現維護社會公共利益的傾向。

第三，公眾參與開始由事後參與向事中參與擴展，被動參與與主動參與相結合。

第四，在傳統的復議、訴訟和信訪等參與方式之上，開始借助新的訊息手段、方式參與，如聽證制度得到普遍適用。

第五，政府部門與公眾在掌握的訊息、資源、能力等方面雖然仍存在一定的不對稱，但雙方已初步形成一定的互動關係，公眾提出議題、意見和建議，影響立法、決策與執行的能力有了顯著提高，訊息開始雙向流動，政府和公眾對參與的期望值與實際成效的落差趨於縮小。

（三）制度化參與階段

制度化參與階段為公眾參與的高級階段，主要表現為公眾參與的各項制度得到確立並不斷完善，形成了完整的法制化的制度體系，公眾參與成為城市管理中不可或缺的重要組成部分。具體體現在：

第一，參與人員與政府部門的法律地位及相互關係明確，參與人員的參與意識高漲，參與能力強，行業協會、社會中介機構等組織化機構在公眾參與中發揮核心作用。

第二，參與的議題範圍廣泛，涵蓋政治、經濟、社會等公共事務和自治事務，涉及城市管理的方方面面。

第三，實現事後、事中、事前全方位參與，主動參與開始占主導地位，社會公共利益色彩顯著。

第四，正式的復議、訴訟、信訪、聽證等參與方式與各種非正式參與方式並行，參與方式多元化、人性化，公眾參與的訊息化程度有了顯著提高。

第五，公眾提出議題、意見和建議，影響立法、決策與執行的能力有了顯著提高，政府部門與公眾形成夥伴關係，共同發揮作用。值得注意的是，在該階段政府仍發揮主導作用，但政府的角色已有所轉變，重點是協調不同利益群體之間的利益衝突，使之更好地服務於社會公共利益。

二、中國城市管理市民參與的現狀分析

目前，中國很多城市在城市管理市民參與方式上做了很多有益的嘗試，而且取得了一些實質性的進展。但就總體上而言，中國城市管理的市民參與程度依然較低。

（一）城市管理市民參與從總體上仍處在象徵性參與階段

城市管理市民參與的發展程度低，參與的層次尚處於象徵性參與（告知性參與、諮詢性參與、限制性參與）的階段，其中的告知性參與是公眾參與城市管理的主要形式，實質性層次的參與形式（合作性參與、代表性參與、決策性參與）較少。可以說，目前中國市民參與的價值和作用得不到有效發揮，與城市管理的客觀要求存在較大差距。要達到公眾參與較高的境界——實質性參與，首先要透過程序確保參與方式的多元化。既有制度化的參與，如聽證會、訴訟、復議、信訪，也有非制度化的參與，如公眾透過新聞熱線、

網絡論壇、提供志願者服務,政府透過開展諮詢、走訪、公共調查,參加區域性社會活動,組織公眾評議等多樣化的參與方式。

(二) 參與的性質以意向性為主,決策性參與較少

儘管市民在環境保護宣傳教育等微觀層次的參與是十分必要的,但是將市民參與僅僅侷限在這些領域,不將公眾參與城市管理的範圍拓展至政府決策等宏觀領域,將極大地限制市民參與的層次和市民參與作用的發揮。目前,市民參與的領域以進行宣傳教育為主,很少觸及和延伸至對城市管理決策的參與,市民參與還很難影響政策的制定。公眾應當具有參與的主體地位。城市管理中的市民不能僅僅被視為客體,作為宣傳、教育的受眾被動參與,而應當將公眾確立為城市管理的主體之一,並保障其參與的各項權利。同時,參與不應是訊息的單向流動,僅滿足公眾的瞭解、知情權,維護個體、群體等局部利益,而更應該是訊息的雙向流動,是雙方意見的溝通、交換,體現為政府與公眾的相互制約、相互監督,共同維護社會公共利益。

(三) 市民參與的過程主要側重於事後的監督,對事前的參與不夠

在涉及城市管理市民參與的兩個重要法規中,提到了市民對相關事件有參與的權利和義務。《中華人民共和國環境保護法》第 6 條規定:一切單位和個人都有保護環境的義務,並有權對汙染和破壞環境的單位和個人進行檢舉和控告。1996 年頒布的《國務院關於環境保護若干問題的決定》也強調:建立公眾參與機制,發揮社會團體的作用,鼓勵公眾參與環境保護工作,檢舉和揭發各種違反環境保護法律法規的行為。但從這些規定可以看出,法律給予市民參與的主要是對相關事件(環境違法行為)的事後監督。在實踐中,公眾也主要是針對汙染、破壞環境的行為特別是這些行為危害到自身利益的時候才會向有關部門討個說法。從參與時間與流程來講,參與不能僅僅是事後參與,而應該是事前(發現、提出並確定議題,進行立法或公共決策)、事中(對立法、公共決策的執行)、事後(對立法、公共決策及其執行情況的評估、監督)全方位的參與。

（四）從參與的保障來看，制度建設嚴重滯後

中國城市管理市民參與活動多是由政府支持、組織和發動，並沒有真正形成制度。以城市環境保護領域的市民參與為例，20 世紀 90 年代中後期，國家在新頒和修改的法律、法規中均規定，環境影響報告書應當有建設項目所在地有關單位和居民的意見。《環境影響評價法》也對公眾參與規劃和建設項目的環境影響評價作了明確規定。但這些規定都沒有對市民參與的具體細節和程序做出具有操作性說明，使得中國環境保護的市民參與還停留在紙面上。2006 年國家環保總局頒布的《環境影響評價公眾參與暫行辦法》和 2008 年實施的《環境訊息公開力、法（試行）》對市民參與的具體範圍、程序、方式和期限及訊息公開的範圍、方式和程序作了明確的規定，但建立真正完善的市民參與機制、推動市民切實參與城市管理的路還很長，這需要社會各界做出更大的努力。

三、推進城市管理市民參與體系建設的路徑

（一）建立公眾參與城市管理的制度保障

法律保障是基礎。僅僅依靠社會倫理來協調市民參與的權益與義務是遠遠不夠的，社會倫理只是用以規範市民參與的一種理念。中國在城市管理市民參與方面的法規與保障機制還不夠完善，要使市民參與朝著理性的方向發展，就必須使市民參與成為一種制度。這種制度具有強制性，它可以促進公眾參與在城市管理體系中的融合，同時也可以讓參與者意識到市民參與是一種行為義務，而並非一種「形式」。

完善市民參與的制度和程序，能夠有效地保障市民有序的參與，激發市民的參與熱情，能夠培養和增強市民的城市意識、參政議政能力，使得政府與市民之間溝通順暢。根據《中華人民共和國憲法》的有關規定，人民依照法律有權透過各種途徑和形式管理國家事務。城市管理作為政府的重要職能，涉及市民的日常生活和切身利益，市民參與城市管理應當得到法律保障。市民要擁有參與的權利，需要實體性內容加以明確，而市民要真正實現所擁有的權利，需要完善的程序加以保障，從法定程序上保障市民參與的渠道暢通。

只有在民主權利保障制度健全的情況下，市民才有真正行使參與權利的可能性。因此，市民參與城市管理必須形成法律，將其納入城市管理立法體系中，透過法律確保市民參與城市管理的權利得以實現。

（二）推進城市管理市民參與的機制建設

在城市管理中，應透過貫徹法治的理念，使城市政府的權力行使和管理活動處於嚴格依法辦事的狀態，使市民參與有具體的法律程序予以保障。為市民參與城市管理提供保障不僅要進一步健全和完善人民代表大會制度，還應當嘗試將代議民主和市民的直接參與相結合，以便更為充分準確地反映市民的意願和要求，這也是對人民代表大會制度完善和發展的新探索。這種機制設計體現在城市管理上，就是市民參與到人大代表對城市管理方案的立項、審批等程序中，可以對方案發表意見、提出建議。隨著經驗的積累，應逐步完善市民建議制度、公示制度、聽證制度、諮詢制度、反饋制度、申訴制度等各項制度。公眾話語權的確立、市民參與的實現取決於市民是否有完善的參與公共事務管理的機制。

更為深入的市民參與城市管理的機制嘗試，首先要使市民擁有對城市管理地方立法的創製權與複決權。即在城市管理的地方立法議程中，市民有權力對法律的創立、修改和撤消施加影響力。市民可以透過投票的方式進行參與對城市管理地方立法的創製和複決。對地方立法的創製，即市民可以透過創製方式，對立法機構尚未執行的、或尚未完成立法議程的、或對正在修正的原有城市管理法律或法案提出要求、建議和意見等，是一種具有廣泛應用性的參與形式。例如，由「孫志剛事件」引發與推動的城市收容管理條例的修改，民間要求的有關物權與物業管理法律制定等，均具有市民「創製權」的性質。對城市管理地方立法的複決，指市民能夠對已經完成立法程序的或已經執行的法律案件進行公決，以表達市民支持、反對和要求的呼聲。複決權既有由個體聯合併具有法定人數的人民群體，透過簽名聯署行使複決權的方式，也有法人、組織聯合發起複決的形式 [8]。

（三）增加城市管理市民參與的途徑

要使市民對城市管理的低層次參與逐步上升到高層次的實質性參與，就應當豐富和創新市民參與的渠道和途徑。如果市民的參與過程由官方操縱，或以教育、動員方式達成參與，那麼，市民的實際參與的程度就很低，是一種無參與的形式。在象徵性參與階段，市民參與的途徑和渠道有所增加，透過政府的訊息分佈、政策聽政與質詢，具有了一定程度的公共政策過程進入和積極參與的機會。要實現完全型的市民參與，使市民享有合法的實體性權力與程序權力，參與公共政策的制定和執行，對社區的公共事務進行自主式的管理，那麼目前市民參與的形式和途徑就需要進一步創新，比如上面提到的市民對城市管理地方立法的創製和複決。市民參與的形式和途徑不僅要能使市民透過民意調查等程序在城市管理中發表意見，而且還可以透過法律和政策的創製和複決使市民從城市規劃的一開始就參與到方案的制定過程。

各地城市都設計出許多有用的方法，市民諮詢即是運用較廣的一種參與工具，這是一種將政策制定過程由封閉轉化為開放的程序性方式。市民諮詢可以不影響公共職能的規劃決策權，但它可以充分發揮專的家作用，在規劃編制過程中，幫助政策制定者充分瞭解現狀、民意需求並透過專業知識檢驗方案的合理性和可行性。而在城市管理決策前，聽證會也是被廣泛採用的形式之一，透過加大聽證會的使用範圍，同時開展各種市民評議會議，為市民參與提供更多的平臺。在現代訊息技術的支撐下，利用傳媒、網絡等手段和社區自治的平臺收集市民意見，同時對不同意見展開充分的表達、辯論、溝通、協商、達成一致等，針對不同的城市管理中所出現的問題，創新不同的參與方式，使市民有充分的機會和平臺參與到城市的建設管理中。

（四）培育市民參與城市管理的意識

一個城市的城市精神和市民意識，是這個城市在長期的歷史發展過程中，透過一代代城市居民的實踐逐步形成的。它既是全體居民所認同的理想、價值觀和基本信念，又是城市的生命之魂、城市文化的核心，城市發展的動力。因此，城市居民素質是城市精神的基礎，沒有居民素質的保證，任何城市精神都是無源之水、無本之木。提高市民的都市意識是一個很複雜的系統工程，

其中制度是保證，環境是關鍵，教育是基礎，而且制度、環境和教育三者是密不可分的。

提高市民意識，一靠教育引導，二靠深入持久的創建活動、切實可行的規章制度和長期有效的依法管理。城市的管理水平與城市居民的素質水平是一個相互影響、相互促進的關係。先進城市的經驗表明，對城市進行依法、科學、規範、長效的管理，必定會促進城市文明和市民意識的共同提高。

以學習為紐帶的市民參與形式立足點是透過學習、討論和感悟，形成市民對組織、社區、城市乃至國家的共同意識，以共同的意識引導市民的社會責任和在公共領域活動中的行為。由於城市或社區是市民生活的家園，城市發展與市民的生活質量狀況密切相關，所以對城市的感受和地方性的知識更容易讓市民產生直接的感知和認同。城市共同意識就是以此為基礎在市民的共同學習和互動中建立的。經由學習形成的城市或社區共同意識需要市民在以下問題上達成共識：我們是這個家園的主人嗎？我們處在一個怎樣的環境中，面對著怎樣的問題？我們對生活質量的追求和期望是什麼？我們應該如何實現期望？我們自己的社會責任是什麼，應該做什麼？我們為什麼要合作與互惠？我們合作和互惠的基礎是什麼？我們需要怎樣的合作與互惠？我們需要共同處理哪些問題？對這些問題的討論和回答過程，築就了市民的共同價值觀和參與公共事務的動力。

良好的社會秩序和較高的道德水平與完備有力的外在監督密不可分。城市應有專職部門負責對道德建設的指導、檢查、監督、考核等工作，對違反道德要求的行為要進行約束，努力營造一個人人自覺遵守城市秩序的外在環境。同時應加強新聞媒體輿論監督，使其在弘揚正氣，鞭撻邪惡，與以權謀私、假冒偽劣、破壞資源、汙染環境等不道德行為作鬥爭。媒體和政府部門可以共同舉辦群眾性精神文明創建活動，吸引居民廣泛參與，在活動實踐中使人們的思想感情得到薰陶，精神生活得到充實，道德境界得到提升。

市民意識的提高和完善應納入法律、政令軌道。沒有健全的法律，沒有行之有效的制約，僅僅靠道德的啟發與良心的發現是不可靠的。古人雲：「制禮以崇敬，立刑以明威」，讓市民知道該怎樣做的同時，也知道不應該怎樣

做，一旦違規將受到怎樣的懲罰，是十分必要的。中國外現代城市建設與管理的大量事實表明，注重法制建設，堅持依法治市，對城市文明建設具有重要的促進和保證作用。如新加坡的嚴格管理和嚴格執法即是有力的例證。一個城市應當注重把一直倡導並行之有效的有關社會公德、職業道德、家庭道德及糾正不良行為和劣習的要求，上升為地方性法規，制定符合本城市特色的《文明市民守則》、《文明市民行為規範》、《社會公德守則》等規章制度，為提高城市市民意識、規範市民社會行為造成重要的潛移默化和導向引路作用。

註釋

[1] 羅伯特.帕特南：《使民主運轉起來》，江西人民出版社，2001年版，第100頁。

[2] 羅伯特.帕特南：《使民主運轉起來》，江西人民出版社，2001年版，第100頁。

[3] 本章的公民參與中的「公民」一詞的外延，包含作為組織的在某一城市管理問題上有相關利益的企業、社會組織等，在這樣範疇中的企業、社會組織作為城市管理公民參與的一員，和作為個體的公民在參與的性質上和層次上是一致的。作為制度化的、更高層次上的城市管理社會組織、企業參與的相關內容將單列章節討論。

[4] 賈希為：《美國是如何管理城市的》，《城市問題》2002年第1期。

[5] 古知行：《新加坡城市建設的思考》，《城市發展研究》1998年第2期。

[6] 邵任薇.《國外城市管理中的公眾參與》江海學刊 2003.2。

[7] Sherry Arnstein.A Ladder of Citizen Participation.1969.Richard T.LeGates&Frederic Stout（Ed.），The City Reader（second edition），Rout ledge Press，2000.240-241。

[8] 孫柏瑛《全球化時代的地方治理：構建公民參與和自主管理的制度平臺》《教學與研究》2003年第11期。

第七章 城市管理公眾參與實踐分析：社區參與

　　城市社區是城市管理的基本單元，是城市管理的基礎。社區是各項城市管理任務的落實地，也是城市問題的發生地，還是城市管理工作與市民參與的結合點。在社區層面推進市民參與，容易使市民參與城市管理的工作真正落到實處，建立起城市管理服務的基礎條件。使社區成為居民自治、公眾參與的舞臺，發揮居民在社區公共事務上的自主管理，在整個城市管理中具有重要意義。

▌第一節 城市管理社區參與的概念與作用

　　城市中個體生活空間的壓縮所形成的生活上的相互依存性，為居民共同參與社區公共事務提供了時間和空間的便利條件。長期以來，中國城市管理中雖然早就提出了「人民城市人民建、人民城市人民管」的口號，但是，和先進國家城市管理社區參與的理論和實踐相比較，中國社區參與城市管理還存在諸多的差距。一方面，政府接受權力機關的委託，管理公共事務，對社會公共資源進行權威性的分配，但是，在利益日漸分化的市場經濟條件下，作為政府行政的出發點和最終目的的公共利益的界定顯得模糊而有限，各級政府要進一步轉變職能，打破包辦代替的管理模式。另一方面，社區公共事務的「搭便車」現象普遍，這種非理性行為可以概括為，社區內公共利益無人關注，公害無人清除，公共產品無人提供。在這樣的情勢下，中國城市管理體製麵貪腐管理權力的分散化和重心下移，社區成為城市管理的重要主體。

一、城市管理意義上的社區概念

（一）社區是市場經濟環境下城市管理的基本單位

　　隨著市場經濟的不斷發展和政治體制改革的不斷深入，中國原有的城市管理方式面臨日益嚴峻的挑戰，單純靠單位組織進行城市管理的方式開始失效。原來的單位組織成員開始變為擁有房產且要求並參與城市管理的社區居

民；「外來民工」成為城市中不可或缺又一時無法納入正式組織管理渠道的流動大軍；政府發現自己的管理缺少了有效的「抓手」（原有的單位管理制），「單位組織」發現自己的管理不再從生到死無所不包。與這些現象同時存在的是，一個新的城市基礎組織細胞逐漸浮現出來，這就是地域性的社會組織單位：社區。

（二）社區的概念及要素

社區作為城市管理公眾參與的主體不是指社區本身，而是指稱在一定的地域範圍內具有共同利益與共同意識的組織和人群。從地域範圍來講，社區可以大到一個城市，也可以小到一幢大樓。不過，它由四個必不可少的要素構成（地理要素（區域）、經濟要素（經濟生活）、社會要素（社會交往）以及社會心理要素（共同紐帶中的認同意識和相同的價值觀念）。目前學術界存在的對社區概念的界定約達 76 種之多，這些界定分別從地域範圍的大小、地理位置、行政區劃等不同角度來表述，總體而言，這些對社區的界定較多地關注地理要素，延續行政區劃的科層制，從不同的角度對社區分別有經濟、社會和社會心理要素等不同方面的側重點。

（三）社區的主體成員構成

對社區範圍內參與城市管理的居民的認定，從法律意义上，以往一般是指戶口所在地的自然人。目前，由於人口流動性增大，人戶分離現象越來越多，社區內實際居住的居民既有業主，也有租賃人，社區成員的身份日益複雜。因此，符合當前社區現實狀況的、與社區公共事務緊密相關的社區居民的認定應當是指實際居住在社區內的自然人。

另外，參與城市管理的社區範圍內的主體除了居民以外，還包括區域內的企事業單位、社會組織、其他團體等組織主體。比如社區內的各類社團組織、公益性學術與評論組織、營利性組織（如企業）、專業服務性組織（如諮詢、中介公司等）等其他的非政府組織。

二、城市管理社區參與的發展階段及作用

（一）住房制度改革促使社區成為城市生活的基本單位

20 世紀 90 年代後期開始的城市住房制度改革，使社區成為改革開放以來無組織的「個人」最集中的地方。1996 年以來，伴隨社會保障制度特別是住房制度的改革，個人開始擁有屬於自己的房產，個人利益開始與居住小區、街道辦事處、居委會、業主委員會、物業公司密切聯繫起來。與此相應，「社區」一詞開始為所有人廣泛接受。到 2000 年，社區建設已在各大城市中蓬勃發展起來，社區已經成為一個社會熱點話題。

由基層社區建設熱潮導引的城市管理結構變革開始於 20 世紀 90 年代中期。從那時起，社區的身份開始由政府的「腿」轉變為居民的「頭」，社區開始以自治主體的身份承擔政府授權、維護居民利益、整合分散的個人訊息、聯通所有面向居民社會服務的中介性地域組織。當社區自治開始之時，所有與之相聯繫的政府組織、企業組織，以及社會機構和社會組織，開始重新尋找自己的結構性位置，一場由政府主導、社區及社區居民參與的城市管理變革開始了。

社區居民對城市管理的關注與參與首先源自一些與社區居民正常的工作和生活秩序相關的城市管理問題。比如，居民反對房地產公司、物業管理公司借助與政府正式組織渠道的聯繫，強制業主接受縮水的房產、劣質的服務、言而無信的態度、充滿欺騙隨意更改的合約，並由此引發一系列激烈的衝突。顯然，社區已經成為傳統城市管理體制與現代社會關係矛盾衝突最激烈、最引人注目的地方。在這裡，個人利益表現得最強硬，卻又是最容易受到擠壓的地方，社區已經成為現代城市管理中最需要重新理順關係的地方。

開始作為城市管理參與主體的現代社區，已經容納了業主、居民、居委會、業主委員會、物業公司、房地產開發商及街道辦事處之間各種錯綜複雜的關係。社區開始變成居民維權活動的中心，社會矛盾衝突最激烈的地方。比如「北京 114 戶私房主狀告房管局」而引起的關於拆遷私房的合理補償問題的爭論，導致北京市拆遷房補助新辦法的出臺。比如南京市為擴建道路準

備砍伐該市最具代表性的法國梧桐行道樹，南京市民日夜守衛堅絕不讓砍，由此引起一些城市政府對大樹文化的重新認識。更為引人注目的是社區內業主與物業公司的激烈衝突。業主們突然發現，花錢買來了房產權，卻從此喪失了原有的「主角」地位，喪失了可以影響居住環境的傳統渠道一單位控制，從此由居住環境引發的問題不斷。對於以前居住單位房的居民來講，一旦各種糾紛和問題出現，便有單位領導幫助解決，居委會、家委會不過是表現為一些「沒事找事」的大媽，並不見有什麼出色的作為。可是，在與物業公司的糾紛中，業主們發現自己變成了「有房產的弱勢群體」，成為被邊緣化的、說話沒人聽的、缺乏組織渠道的弱勢群體。為討回公道，為維護自己的權利，人們開始了一系列成功率逐漸提高的自發維權行動，建立業主委員會參與社區管理，自覺參與政治組織和治理活動。從此，業主首先開始了由居民向市民身份轉變的抗爭。

除了新開發的小區和小區內相對富裕的居民，城市老區也開始了社區建設。這種建設動力不僅有來自新建小區的壓力，更重要的是來自政府城市管理體制的失效。在人員流動性極高、社會組織變化極快、訊息高度分散的情況下，原有的科層體制使城市管理縱向不能到底，橫向不能到邊，致使城市社區內部環境退化，社會治安問題嚴重，原有居委會難以滿足新時期居民所提出的多元化社會需求。於是在 20 世紀 90 年代末期政府發動了全國性的城市社區建設運動。政府期望在居委會轄區基礎上擴大範圍，形成具有多種服務功能的新型社區。為適應新時期的需要，街道作為政府派出機構，將自己的轄區劃分成若干個社區，每個社區大約有上千戶的居民，先透過提供基本服務、鄰里互助、志願者服務以及聯網式服務，其後逐步開展了一系列的民主選舉、居委會「議行分開」、聽證制度、「一門式」服務、社區論壇、各種基層社團組織等帶有民主制度性的建設工作。

在來自政府和民間兩方面力量的推動下，市民社會在與每一個人最貼近的社區裡成長壯大起來。社區開始喚醒市民自主和維權意識，組織起各種形式的市民社會組織，以不同的方式參與社區和城市管理實踐中來。

（二）社會發展凸顯了社區的城市管理角色

社區是城市居民生活的家園，也是城市公共空間的基本單位。現代社區是公眾參與城市管理的有效載體，社區參與範圍的擴大，反映了公眾的城市主角意識增強。發揮社區居民參與社區建設，共享資源，共建家園，已成為新時期城市管理體制創新的深層動力。社區內的各項公共事務與社區成員息息相關，社區範圍內的公共設施和娛樂場所等為社區成員所共享，社區內的公共事務及活動最容易調動起居民參與的積極性。社區居民參與社區環境維護與建設可以大大提升公眾的參與意識和參與能力，營造良好的公共治理氛圍。同時，社區作為城市公共空間的基本單位，能夠最有效、最快捷地發現社區範圍內的環境問題和解決環境問題的方法，能夠真正發揮屬地城市管理的作用。

加強公眾參與是現代城市管理主體創新的重要方式，也是實現城市管理方式創新的必然選擇。社區作為公眾參與城市管理的平臺正發揮著越來越重要的作用。以北京市為例，近年來，北京市各社區的居民參與城市公共事務管理的範圍逐步擴大，除了與自身利益相關的維權行為，許多居民聯合起來，成立各種自治或者公益組織，參與社區管理。北京成立了社區建設領導小組，明確社區服務 10 個牽頭單位及其職責，並研究「兩級政府、三級管理、四級網絡」體制下推進社區建設的政策和步驟。北京市連續召開城市管理工作會議，研究和部署社區參與城市管理的思路、重點和任務，提出建設與現代化國際大都市要求相適應的管理科學、服務完善、環境優美、治安良好、生活便利、人際關係和諧的現代化文明社區。人們逐漸認識到，城市公共事務的管理、公共秩序的維持、環境衛生的維護等問題不再只是政府的事情，包括社區在內的社會各主體都是城市管理的體。

（三）物業管理成為社區參與城市管理的重要載體

《物業管理條例》實施後，中國各城市按照以人為本、政府主導、服務群眾、居民自治的原則，不斷創新物業管理體制和工作機制，逐步實現政府管理、社會管理和民主自治的有機結合，切實將物業管理納入社區建設，市、區、街道（鄉鎮）把物業管理作為和諧社區建設的重要工作列人議事日程與

日常工作體系。充分發揮物業公司區、街道城市管理的主體作用和社區管理的基礎作用，形成市、區、街道、社區共同監管的物業管理工作體系和四級物業管理工作網絡，充分發揮了屬地綜合管理的優勢，形成了物業管理參與城市管理的有效機制。

以北京市的物業管理歷程來看，物業管理區域從單一的住宅小區擴展到商務大廈、機關大樓、學校醫院、工業園區、農村安置小區；服務內容從最初的清掃保潔、門衛值崗、綠化養護擴展到房屋和配套設施設備的維修管理、車輛停放、園藝綠化、家政服務、環境秩序、社區活動等等，物業管理承擔的一些職能已近屬於城市管理的範疇，所以，物業部門要在社區範圍內發揮物業管理的作用，協助政府完成部分城市管理的任務。

第二節 城市管理社區參與的國外經驗

城市管理的社區化正在成為西方國家城市追求的目標，實現公共服務的所有權從官僚機構和專業人員到社區的轉移，讓服務的對象擁有它們。西方國家城市試圖透過城市管理權力分權化與重心下移，以適應日益靈活多變以及複雜化的城市經濟與社會發展要求，提高城市管理效率。許多城市管理權力逐漸轉移到基層職能部門，城市上層政府越來越傾向於負責城市整體性與一般性的事務，而具體性與複雜性的繁雜事務交於城市下層政府負責。個人、社區、企業、政府基層組織和社會組織對城市管理的功能與作用正在不斷彰顯，特別是城市社區的管理功能日益突出，體現多中心治理的新趨向。

一、國外城市管理社區參與的主要模式

西方國家政府基層組織直接與城市居民、企業和社會組織互動與協調，成為城市有效管理的基礎。從歐美先進國家的實踐中可以發現，單個市民參與城市社區規劃，並對規劃決策層面起效應的成功案例非常罕見。而由個體所組成的團體或利益集團在公眾參與城市社區規劃中起著不可忽視的作用，有時甚至是舉足輕重。在社區範圍內，針對某類公共事務，各種利益相關者

首先在社區層面直接接觸，溝通，形成一個利益團體，並透過相關協調機制就某一共同關心的問題進行談判與協調。

在西歐城市，社區在城市管理體系中普遍處於較為重要的地位。以英國布萊克路私房更新作案例，當地的兩側聯排式住宅建造於 19 世紀中期，1972 年當地政府打算以這些住宅不符合標準為由，將居民搬遷至政府住宅，拆除街區。但是，在居民反對下，政府的計劃落空。在討論中以社區民間社團為主導的協調管理模式起了巨大作用，既保存了這些住宅，又改善了整個社區面貌。由於幾乎所有的居民都購買了自己所居住的房子，於是由產權人推選代表組成委員會，賦予委員會以基於居民利益、與政府機構及建設者進行協商的權利和改善周圍土地的責任。於是，委員會遊說並說服地方政府將此地列入「整體改造區域」，以獲得政府補助及貸款支持，然後在委員會的協調下，居民中的一位建築師提供專業設計服務，每個居民參加整治環境及建設工作，大大節省了住房改建費用和環境改善的支出。

透過建立良好的社區內部關係，充分動用各種社區資源和社區管理手段，協調各組織間的互助關係，使其相互促進，實現社區的全面發展。大多數社會矛盾透過這種形式得到解決或處理，這些社區社會組織能夠反映社區民眾的呼聲，它們在塑造城市社會環境，在提高城市宜居程度方面造成了重要作用。英國的城市政府把治安、防火、公立學校、家庭福利、消費者保護等公共服務透過改革直接承包給社區，或者透過合約租給私人。這樣既節省了政府開支，降低了行政管理費用，又提高了效率。

在社區範圍內發動居民共同解決城市管理中的疑難問題也有顯著效果，美國舊金山公共事業部發動社區志願者清除小廣告與塗鴉計劃的行動清楚地證明了這一點。舊金山公共事業部在全市開展了一項「小廣告與塗鴉瞭望」活動，計劃透過加強社區參與和執法，使舊金山街道與行人免受小廣告與塗鴉困擾。公共事業部與舊金山市警局以及眾多社區組織合作開展這項新計劃，中心內容是透過授予市民和商戶所在街區管理權，定期清除和覆蓋小廣告與塗鴉。參加這項計劃的志願者負責保持兩年內四個街區的清潔工作。志願者在現象最嚴重的四個街區清除並防止張貼與噴塗在電線杆、郵箱、交通信號

箱、垃圾箱等上的小廣告與塗鴉。這項清理小廣告與塗鴉新計劃將市民定位為居住區臨近區域管理者，公共事業部將為志願者們提供專業工具及清理培訓。公共事業部認為，「小廣告與塗鴉瞭望」活動成功的關鍵在於 24 小時內及時清除掉小廣告與塗鴉。據統計，小廣告與塗鴉越快被清除覆蓋，這種行為越少發生。志願者們有責任在第一時間清除覆蓋非法小廣告與塗鴉，還有權阻止亂貼小廣告與街頭塗鴉行為。目前，公共事業部希望更多市民加入這項新計劃，共同打造優美社區環境。申請加入「小廣告與塗鴉瞭望」活動的志願者只需在網上下載並填寫申請表格即可。

西方國家的社區參與城市管理有制度化保障。隨著城市不同的利益相關者參與城市管理，城市的代議民主制正在完善，議會作用在不斷得到加強，透過立法與監督干預城市管理。先進國家城市一般都設有議會，議會的作用主要體現在立法與監督方面，有的城市議會還具有部分行政職能。超越於社區治理能力的城市問題往往透過社區組織向城市議會反映，城市議會成為體現不同社會利益群體或集體的呼聲場所與協調機制。美國的弱市長制和市政經理制，英國的議會委員會制，澳大利亞的市長議會制，議會都擁有較大的權力幹預政府，積極參與城市管理。在法國的市鎮制和日本的市長議會制下，議會的權力相對較小。但是，無論是哪種體制下，議會一般都能發揮制衡作用，監督城市市長和市行政機構，從而確保不同的利益主體監督城市管理的進行。

二、案例分析：新加坡社區參與城市管理的方式

新加坡的社區及社區組織在參與城市管理與社會管理方面有成功的經驗。新加坡的社區以選區為基礎，社區的活動範圍以選區為基本單位。設在選區層次上的社區組織是市民諮詢委員會和居民聯絡所管理委員會，最基層的社區組織是居民委員會（以下簡稱居委會），人民協會是全國社區組織的總機構。這些社區組織在新加坡城市管理方面發揮了重要作用。

（一）新加坡社區參與城市管理的組織者

社區參與城市管理的組織者，一是選區層次上的社區事務由市鎮理事會組織，其成員主要由市民諮詢委員會和管委會成員組成。二是居民區層次上的社區事務由居委會組織。

市民諮詢委員會。每一個選區設立一個市民諮詢委員會，它在選區層次上組織、領導和協調社區事務，負責把居民的需要和問題反映給政府，並把政府的有關活動安排和政策訊息傳達給居民。它還有一項重要職能就是募集社區基金，用於增進貧困和殘障人士的福利、提供獎學金和援助其它社區項目。

居民聯絡所管理委員會。每個選區至少設立一個居民聯絡所管理委員會，它代表人民協會行使建設和管理社區民眾俱樂部的職權，它組織舉辦諸如文化、教育、娛樂、體育、社交等各種有益的活動，以增進種族和諧與社會團結。同時，它也在政府和民眾之間起橋樑溝通的作用。

居民委員會。在所有的公共組屋區都設有居委會，透過組織形式多樣的活動來促進鄰里和睦、種族和諧和社會團結。這些活動包括：組屋舞會、鄰里守望、民防演練、家政課程、教育旅遊、民眾對話會、唱歌、社區聯歡會等。這些活動使居住在同一組屋區的居民彼此增進認識與瞭解，更好地理解和響應政府的政策措施。

（二）社區參與城市管理的主要內容

第一，區內大型公共設施的管理：包括現有設施的維護保養，新建設施的項目申請、規劃等。

第二，美化公共居住環境：發動組織區內居民實施各種美化公共環境的活動。

第三，維護社區治安環境：如組織「鄰里守望計劃」等。

第四，開展社會公益活動：募集和設立基金，增進貧困人士、殘障人士福利，為學生提供資助。

第五，組織社區交際項目：增強社區凝聚力，密切鄰里關係，包括組屋派對、文娛活動、休閒旅遊等。

新加坡社區參與城市管理的方式主要有三種：

一是中介服務：一方面是把社區內的有關訊息收集整理起來，反映給政府部門或有關法定機構，並催促其實施；另一方面是把政府或有關機構的訊息傳達給居民，以取得居民的認同與協助。

二是公益支持：主要是為募集、建立和管理社區和各種福利基金，提供義務性的人力、物力、財力的貢獻。

三是獨立經營：對社區內的一些公共設施，按市場化形式運作，以取得經營收人，比如經營民眾俱樂部等。

（三）新加坡社區管理體系的特點

一是社區組織的潛政治化。從制度上看，新加坡的社區組織具有中立的地位，沒有政治傾向，完全是民間的區域自治組織。但是社區組織和社區領袖都與政府和執政黨關係密切。社區領袖的政府委任制以及國會議員對社區事務的深度參與，都使政府和執政黨對社區組織極具影響力。社區內各種社團組織的活動則完全是公開、平等和開放的。

二是社區管理的非經濟化。社區組織本身不是法人。社區管理不為任何機構負擔任何形式的經濟職能，更不為其它機構代收任何形式的費（稅）。社區活動經費主要有兩大來源：一是政府補貼；二是社會募捐。

三是社區活動的非強制化。幾乎所有的社區活動都是自願性質的，包括社區的公共環境美化等也都是義務參加。社區內名目繁多的各種組織，聚集了不同興趣愛好和心理需求的人，形成組織、參與和資助各種社區活動項目的群眾基礎。

四是社區運行的輕型化。社區管理是低成本的。除極少數的社區有受薪職工，絕大多數社區工作者都是義工。社區所有的收支都完全公開透明，所有的開支項目都是按市場化手段操作，按費用最節約化的宗旨運作。

新加坡的社區組織與政府的關係非常密切。社區與政府之間的聯繫渠道和聯繫方式有兩種：第一種是政府設立專門職能機構，由隸屬社會發展與體育部的社區發展署負責管理全國社區事務。第二種是政府內閣成員和政府公務員到人民協會直接擔任一定的職務，透過人民協會實現對基層組織的領導。

新加坡的社區基層組織在政治上是中立的，它們和政府沒有必然的從屬關係。特別是早期的基層組織和基層領袖皆由民間自發形成，帶有明顯的自我服務和自我管理性質，其主要職能是維護本地域社會集團的利益。它和政府的關係是一種談判關係。在政黨政治體制下，社區組織作為與民眾直接接觸的最基層的政治實體，必然要受到政黨滲透。社區組織為實現自身利益必然要以各種形式與政府打交道，同樣政府要實現一系列政策目標、爭取民眾的認同和支持，更是離不開社會基層組織的協助。新加坡社區組織在基於政治中性這一大的原則前提下，政治化程度還是非常高的，一個重要的代表是：主要社區組織的領導成員都不是民選產生，而是由所在選區的國會議員委任或推薦。

▋第三節 城市管理社區參與的中國實踐

對國家事務的普遍參與往往有實踐上的困難，因此巴伯主張個人以更多的心力關注地方社區事務，並在羅格斯大學致力推動「社區服務市民教育」的改革。「只有直接的政治參與，才是民主國家完成成功的市民教育形式。」[1] 當一個市民能經由直接參與地方事務而感到充足的效能感，他自然會激起對民主政治更大的信；，也會積極地扮演好市民的角色。因此，在市民個體或群體參與社區公共事務決策、管理和監督的過程中，每個市民都有機會施展和發揮自己的才能，才更能夠在這一過程中提高和提升自己的認識和才能，尤其是公共參與技能。

一、社區參與的制度創新

（一）由社區自治啟動的社區參與

改革開放以來，隨著城市管理權限的下放，中國城市管理的重心不斷下移。但作為中國城市社會的基層組織——以自我管理、自我服務為主要特徵的社區在相當長的一段時間並沒有得到有效的發育。由此，導致與城市管理相關的大量問題在作為城市管理基層的街道和社區層次沒有被很好地落實。街道和社區作為城市管理工作的基礎性力量，其作用與功能的發揮受到許多客觀條件的限制。比如，人員編制不到位，經費得不到保障，辦公環境惡劣，大部分街道和社區還沒有設立相應的城市管理機構或專兼職人員，基層城市管理的力量還顯得十分薄弱，從上到下城市管理工作流程還不夠順暢，個別基層城管部門仍停留在等待觀望狀態，因而使城市管理工作難以落到實處。因此，有效城市管理的實現必須強化社區在城市管理工作中的基礎性地位和作用。

隨著我市城市化進程的不斷加快，特別是計劃經濟體制下「單位制」的解體，街道和社區日益成為城市管理的主體，迫切需要重構城市基層社會整合體制，透過社區這塊陣地，發揮整合功能，有效地整合社會要素，為「小政府、大社會」的政府體制改革提供穩定的社會基礎性保障。

首先，社區自治以城市最基層的法定社區為操作對象，以充分發揮社區成員的民主權利、建立良好的社區秩序、維護城市基層政治穩定為目標。社區所解決的是整個城市最基礎層面的問題，建設的是整個城市最基礎的單元，這個層面建設好了，整個社會的穩定和持續健康發展就有了堅實的基礎和保證。與國外「社區發展」運動不同，跨入 21 世紀的中國城市社區自治建設是與加強基層政權建設有機結合在一起的，在一定程度上是加強基層政權建設的前提。在發展社區民主自治的過程中，各地都把理順區、街管理體制，增強區、街協調管理職能，提高街區幹部素質作為重要工作來抓。這些工作的深入展開，本身就是對城市社會整合的基礎性主導力量的重組和強化。社區自治以發展城市基層民主和群眾自治為主要目標，與傳統的社會整合模式不同，作為現代城市的社會整合模式具有鮮明的民主性、自治性特徵。而社

區的民主自治強調居民廣泛參與，倡導「自我管理、自我教育、自我服務」，這本身就是現代社會公共管理的基礎性工作。同時，社區自治過程必然伴隨著培育和發展各類社會參與主體，這對於形成具有中國特色的「市民社會」具有十分重要的奠基作用。

其次，按照「條塊結合，以塊為主」方針，加強了街道辦事處的綜合管理和協調管理的權力和能力。如街道辦事處及所屬社區組織擁有對對部分城區的規劃參與權，屬地管理權，對環境衛生、社會救濟、計劃生育等事務的直接管理權，綜合協調權（協調轄區內的治安、工商、稅務、房管、環衛、地級醫院等機構），並可召集轄區內有關單位參加社區的聯席會議，商討協調社區建設事項等。建立健全了街道一級城市管理機構或配備專職的城市管理人員，街道具體負責對「門前三包」的管理，協同相關行業管理部門對區域內市政、綠化、環衛養護作業和物業管理、城管執法以及市相關職能部門的城市管理職責履行情況進行監督考核，等等。城市管理中心的下移積極地推動了基層組織與社區市民對公共事務的管理參與。

第三，發揮社區城市管理的參與作用，設立社區城市管理服務站，並透過社會公開招募的方式，在各社區配備城市管理專職協理員，從而形成「兩級政府、三級管理、四級網絡」的「大城管」體系。其職責為：及時向街道及城市管理部門反饋社區單位及居民對城市管理的意見；』協同、配合社區和街道做好轄區範圍的城市管理工作，參與對市、區城市管理部門的評價。

第四，強化社區作為城市基層管理機構的法律地位和城市管理職能，把它納入依法治市的總體框架之中，完善相關制度，保障能享有知情權、參與權、協調權、考核權，使其依據制度規定和區政府授權，行使相應的城市管理職能。實現由「街道體制」向「社區體制」的過渡。目前，政府直接領導社區管理是中國當代國情下的必需，但從中國外社區發展的實踐來看，這應是一種過渡性措施，最終應將社區管理的權力歸還居民自治組織，即透過建立社區委員會、社區事務協商制度及居民互助、志願者、選舉社區領導人的活動，培養居民的自治能力和參與意識。透過政企分開和公眾廣泛參與的改革，把社區建設成為具有共同關係，社會互助及服務體系的社會組織，在共

同利益的基礎上或共同文化傳統的基礎上，使社區居民共有、共享和共同參與，真正發揮居民對城市公共事務管理的性和性。

第五，根據屬地管理原則，實行管理重心下移，發揮社區整合功能。按照「權隨事移、費隨事轉、事隨責移、責隨權轉」的原則，充實完善了街道和社區基層城市管理力量，使其擁有與所承擔的城管職責相匹配的人力、物力和財力。政府行政管理系統、社區自主管理系統和物業管理系統組成社區的管理體系。行政管理系統承擔制定社區規劃、促進社區發展的職能；社區自主管理系統要透過發動社區成員參與社區活動，形成社區的文化合力，培養居民的認同感和歸屬感；生活服務管理系統作為基礎系統，其任務主要是透過提供便民服務，營造一個舒適、便利、優美、安全的社區環境。社區範圍內的公共事務管理力量基本形成。

（二）社區參與的制度創新實踐

中國城市社區經過十幾年的建設，社區自治程度已明顯提高，居民參與自治已取得一定的成效。多年來，城市社區建設的實踐證明，完善社區自治與公眾參與的關鍵在於制度創新，即體制創新與機制創新。中國的一些城市在社區參與的制度創新方面也嘗試出了一些成功的模式。

1. 上海盧灣區的「三會」制度

上海市盧灣區從 1999 年開始探索社區管理體制的改革，改革的核心是居委會的民主選舉，目的是建立一個在群眾中有著較高威信的能夠代表居民講話、維護居民利益、協調利益矛盾的群眾性自治組織，以承接社區不斷增加的社會管理職能。但要使居委會真正成為一個既能堅持民主選舉、民主決策、民主管理和民主監督，又能被廣大社區居民群眾認同，能夠有所作為的群眾性自治組織，就必須找到具體的操作性強的有效抓手，盧灣區首創的由居委會來組織實施的「三會」（「評議會」、「協調會」和「聽證會」）制度，是社區居委會實現自我管理、自我教育、自我服務和民主決策、民主管理、民主監督的有效工作方法，也是社區居委會組織建設中的組織創新與制度創新。

　　盧灣區的「三會」制度是在實踐中形成與逐步完善的。所謂「評議會」制度，是指由居委會組織社區成員代表對被評議的機構、事件和對象的工作進行考核評議。被評的對象主要包括街道辦事處、公安警署、工商所、稅務徵收組、環管所、房管辦事處、社區衛生服務中心（地段醫院）等有關職能部門的派出機構和物業管理公司，及其派駐在社區的工作人員和居委會聘用的社區社會工作者。由居委會組織成評議小組，小組成員由居民會議代表、社區成員單位有關人員組成，居民區黨組織負責人任組長。所謂「協調會」制度，是指對社區成員間的公益性、社會性事務和一般矛盾、利益衝突，由居委會召開協調會進行協商解決。協調會一般由居委會下屬的治安調解委員會負責，由居委提升社區參與112會負責治安調解的社工具體落實。同時，政府行政部門和司法部門應提供相關的政策、法律服務。所謂「聽證會」制度，是指政府有關部門或居委會在社區實施的項目和涉及群眾性、社會性和公益性的重大工作，在作出決策前，由居委會組織部分社區成員召開聽證會，進行聽證，提出具體意見。聽證會的組織工作由居委會負責，參與聽證的人員應當是本社區內具有較高政治、文化素質，熟悉相關業務，能發表建設性和代表性意見和建議的居民代表或成員單位的有關人員。

　　盧灣區「三會」制度的實踐，首先提高了居民社區參與的積極性。「三會」制度不僅被社區居民所認同，並且使他們願意積極主動參與社區公共事務、行使民主權利。無論是決策聽證、矛盾協調，還是政務評議，大都要經過準備、實施和檢查反饋等幾個階段。「三會」之所以會受到居民的歡迎，關鍵就在於無論哪一種會議形式、無論在哪一個實施階段，都有居民的廣泛參與，在參與過程中滿足了居民當家作主的願望。其次，「三會」制度讓廣大居民在自我管理、自我服務中得到了自我教育、自我提高，在積極參與中對社區各項工作更加理解、支持、配合。透過「三會」制度的實踐，在盧灣區的各個社區，不論是居民自己的利益需求問題，還是居民之間、居民與相關單位之間的矛盾糾紛，抑或是居民想要表達對政府有關部門的意見，「有事情找居委會」已逐步成為居民群眾的共識。居委會逐漸成為一個居民群眾信賴的、能夠幫助居民解決實際問題的自治組織，進一步促進了社區自治的完善。

在中國城市社區訊息化建設的過程中，城市地方政府，特別是經濟發達地區的城市政府，為實現向以人為本服務型政府的轉變，開始了自發的社區訊息化建設工程。社區訊息化能夠實現訊息資源整合、實現區域共建共治新結構，中國城市能夠真正實現上下聯通、左右聯動，社區訊息化建設功不可沒，它同時也為社區及其居民參與城市管理提供了制度平臺。

2. 北京內務社區完善居務管理的服務模式

2005 年 1 月 26 日，朝陽門街道第一個社區居民事務辦理站在內務社區正式掛牌「開張」。依託社區居民事務辦理站這個載體，內務社區引入訊息技術，創新工作機制和管理體制，構建起了一個完整的現代化訊息服務系統。憑藉這套系統，開通了居民訴求通道，優化了社區公共事務管理，為社區居民直接參與社區事務提供了一個平臺。

在內務社區訊息化系統主菜單上，設有一個居委會工作任務入口，目的是對居委會的各項工作進行流程式管理，主要受理上級下達的工作任務和居委會自身計劃的工作內容。居委會受理任務後，點擊該入口，錄入任務來源，根據任務性質，歸入居委會六大塊工作中的某一項內，完成任務分類，錄入任務內容，選定責任人，誰主辦，誰協辦；確定完成時限後，系統自動形成《內務社區居委會工作任務單》，點擊保存或列印，同時啟動任務跟蹤示警，直觀地反映該任務辦理情況。任務完成後，錄入任務完成情況，填寫完成時間進行銷單。這樣，就使居委會紛繁雜亂的工作更加條理化，更有章法，便於跟蹤，方便管理，居民可以對居委會服務管理工作進行量化考核。

更具重要意義的是，內務社區訊息化系統開發了「社區通」居民訴求通道。以往，社區居民的大事小事不知道該找哪個部門辦理，即使是找到了，也不知道該提供哪些相關手續。「社區通」開通後，這些問題迎刃而解。居委會與相關企業一起梳理了所有居民訴求的內容，共歸納成 9 大類 50 多項，區分了不同責任主體的四級訴求。由於設立了事務轉辦流程，很多轉辦事項透過社區轉到了街道或相關委、辦、局，這個流程建立後，就使得居民有了一個非常有效的訴求渠道，可以有效地加強城市管理部門和居民群眾的聯繫，

同時可以有效地促進城市政府各管理部門轉變職能、改進服務，從而建立起了城市管理部門與社區居民直接溝通解決問題的機制。

二、社會組織成為推進社區參與的重要力量

（一）社會組織進社區

中國社會組織在 20 世紀 90 年代末開始進入社區開展活動。最早進入社區的社會組織中，民間環保組織首當其衝。比如廖曉義主持的致力於公眾環保教育的北京地球村，1996 年就開始幫助北京大乘巷居委會進行垃圾分類，建設綠色社區。

進入 21 世紀以來，有越來越多的 NGO 開始走進社區。2002 年廣西醫科大學綠色沙龍環保協會與人民東小學聯手進行了「走進社區」的環境教育活動。2003 年南開大學環境科學協會與南開區環保局合作舉辦了「環保進社區」活動。2005 年北京市宣武區醫療器械行業管理協會在廣外社區舉辦了「器械、藥品不良反應宣傳進社區」活動。2007 年上海市靜安區「民間組織進社區」系列活動啟動，先後有近 30 家民間組織深入社區、樓宇，開展保健養生、醫療諮詢、消防安全、科學普及、就業指導等服務。社會組織以社區為載體公共活動直接推動了城市公共事務管理的社區參與。

（二）城市管理的社區自組織參與行動

除了社會組織進社區之外，社區居民也開始根據需要自建各類民間組織、志願者組織。北京、上海、南京等大城市社區民間組織發展程度較高，類型主要集中在文體活動、社區維權、社區管理服務和社區救助等幾大方面。近年來社區居民自組織起來參與城市管理的行為越來越多。比如北京修建地鐵五號線時，因設立站點不合理，由天通苑居民個人發起，隨後越來越多居民聯署簽名，要求修改原站點設立，增設新站，以方便居民出行。該社區自組織行動最終以政府和相關部門接受居民意見，修改原設計方案為結局。這種居民自發組織參與城市管理的社區行動越來越多，居民參與的效果相對都比較符合實際情況，彌補了決策設計者因不瞭解當地實際情況而可能造成的嚴重錯誤。

目前，各類社區自組織正在向社區公共空間環境維護、垃圾分類、環境秩序勸導等環境建設領域延伸。

（三）北京豐臺區永善社區環境秩序勸導隊工作模式

豐臺區永善社區位於豐臺街道中心地段，是奧運女子壘球比賽場館周邊社區。作為北京奧運期間對外接待點的豐臺清真寺即在該社區內。2007 年以來，社區幹道出現了違章停車、亂擺攤點、游商泛濫、店外經營、非法燒烤等嚴重現象，最多時游商達到 70 多戶，違章停車 60 多輛。路窄車堵、游商占道，造成車輛堵塞道路，經常發生車輛刮蹭事故，嚴重影響居民出行。游商泛濫、亂擺攤點、店外經營、非法燒烤造成了環境髒亂。司機之間、游商之間，居民與司機、游商矛盾激化，打罵時有發生，甚至動起刀棍，社區居民反響很大。雖然城管、交通等部門進行了多次整治，但結果是「治理一反彈一再治理一再反彈」。

街道領導意識到，堵塞問題看似不大，實際上卻是社會公共空間失去管理的一個縮影。而社會公共空間管理是當前城市管理的一個重要課題，也是迎奧運環境建設需要解決的一個重要問題。要想徹底解決這一問題，必須改變以往光靠政府單打獨鬥的工作思路，要調動以政府為主體、社區單位和居民群眾廣泛參與的一切社會力量。於是，在街道辦事處的協調與大力支持下，2007 年 7 月，永善社區組織成立了一支以社區黨員志願者為主、街道幹部與社區工作者參加的社區環境勸導隊。按照包時間段、包路段的要求，對 80 名勸導隊進行排班。每天從早 7 點至晚 20 點，分早、中、晚三班輪崗，對違規者進行耐；的宣傳勸導。在改善社區幹道環境的同時，把每週五定為社區「環境清潔日」，社區環境勸導隊分包樓門，開展清理堆料堆物、小廣告，撿拾白色垃圾，消除衛生死角等集中整治活動。其他時間，進行輪流值班巡邏，發現問題及時勸導。該社區還採取居民投票的方式，評選出十大魅力環境志願者。以此推動廣大社區居民關心、支持和參與環境秩序勸導隊，養成自覺維護社區環境的公共意識與行為習慣。與此同時，工商、城管、衛生防疫、交通等部門也加大綜合整治力度，清真寺、恆豐物業等社區主要單位也出資出力共同維護社區環境。如今，在社區居民廣泛參與、社區單位自我管

理和政府執法三方合力、齊抓共管作用下，有效地改善了文體路南段道路違章停車、非法燒烤等問題。

這一模式是社區發揮城市管理基礎作用的一個典型。目前北京的城市管理難點主要在公共空間環境秩序的維護，而這一點單靠城管執法部門的力量是解絕不了根本問題的。公共空間的環境秩序問題都發生在街面上，只有依靠社區的力量，依靠群眾自發的管理行為，才能收到實效。所以建立和完善社區的城市管理職責權限，實現城市管理重心下移，發揮社區在環境維護、環境治理等方面的作用，是管理走向社會化必須要做的功課。

第四節 中國社區參與城市管理的現狀及改革思路

隨著中國城市社區建設的深入化，城市管理問題在社區領域內的表現日益突出，內容也日益龐雜化。社區基礎設施的完善和整潔，社區內各類建築的美化和修葺，社區服務的供給和生產，社區居民的溝通與聯動等。良好社區管理的實現要能夠整合各種資源，透過完善的規範、制度、秩序，確保社區組織及其成員能夠在相互溝通、協商並達成一致的基礎上解決問題。目前，由於傳統社區管理制度的限制，社區領域內的城市管理問題日益突出。

一、社區參與城市管理面臨的問題

（一）管理機構和人員不適應日益繁重的管理任務

目前，社區範圍內的城市管理問題的解決除少部分由物業公司承擔外，絕大多數的責任由街道辦分派給居委會承擔。由於居委會工作任務重、人員少、經費缺、薪資低、管理手段不足等問題，造成管理的難度。街道辦事處作為政府行政機構，缺乏對自身行政服務和管理範圍的明確的制度規範，在實際工作中容易造成「無權管理」或「越權管理」的現象。

（二）城市基礎設施和公共服務設施不配套問題突出

在大規模的城市化進程中，隨著城市的不斷擴展，一些新開發的住房社區在「規劃、建設、管理」方面的銜接不夠。個別開發商受經濟利益的驅動，重經濟利益，輕社會利益，對社區住房相關的配套設施未按規劃完全到位，

隨意改動，能省則省，不肯花精力與資金去完善，為日後的管理增加了難度。為維護自己的合法權益，圍繞社區服務與管理，居民請求的內容越來越多元化。業主與開發商、物業公司之間，業主委員會與物業公司之間因收費與管理等問題引發的矛盾衝突日益增多。以往的村民入住新型社區對停車收費不滿引起糾紛，因欠繳電費造成停電導致的業主堵路事件，開發商延期交房導致業主長期不能入住等事件愈益增多。在優化居住環境的同時，居民們還要求鄰里人員有較高的素質和涵養，達到鄰里之間的和諧共處。以往居民小區內的噪音汙染、垃圾堆放、寵物飼養、私占公共用地等侵犯公共利益的現象，現在已經越來越不能被居民們所接受，並引發新型的城市社區內的管理問題。

（三）社區成為城市管理部門利益和矛盾的集中地

社區作為社會的「具體而微」，各類問題在社區都有充分的體系，與城市管理相關的各職能部門比如規劃、建設、工商、衛生、城管、園林、市政、環衛、供水、供電、供氣等，這些市屬、區屬政府機關和企事業單位，分別在各部門領導下透過各街道辦事處給社區下達各類任務，往往造成各類問題在社區領域內相互矛盾糾結。

（四）社區參與城市管理缺乏足夠的政策、法律支持

是社區缺乏有效約束包括社區居民、社會組織在內的行為規範。對於社區行為越軌者，社區也缺乏行政上或法律上適當而有效的懲罰。

（五）社區面臨財權與事權、職責與權限不對等的問題

社區管理運行尚未形成條塊結合的監督機制，有關專業管理部門權力過於集中，難以對其工作進行監督和制約。加之社區管理的法規不健全，產權單位、居住人、管理者的責、權、利不明確，對居民反映的熱點、難點問題和社區範圍內的城市管理中存在的問題，經常會發生扯皮、推倭現象。這主要源於現有城市的市、區、街道管理體制中，許多城市政府一直沿用的管理方式的以「條」為主、以「塊」為輔的管理方式。一些專業管理機構將許多分內職責下放到街道，而財權和人權卻留在市、區一級的職能機構中，街道辦事處成為專業管理機構的基層執行機構。以「條」為主的管理體制極大地

限制了街道辦事處的權力，對於需要街道辦事處綜合治理的難點卻只能採取突擊治理的辦法。社區組織的機構設置、人員配備、經費來源、基本設施與所承擔的職責任務不適應；街道、居委會與市和區政府的各個部門之間矛盾交叉，不能實行責、權、利相統一，結果條塊之間推諉扯皮的現象經常出現，最終使得眾多社區範圍內的城市管理問題不能得到妥善解決。

二、制度建設是社區參與城市管理的重要保障

當前，社區參與城市管理最大的問題是制度落後。雖然，當前公眾參與城市管理的理念已深入人心，但是對參與的程序性問題如參與主體、參與方式與參與步驟等尚未完全從制度上明確，在很大程度上影響了社區參與城市管理的積極性和主動性。社區參與城市管理的權力和責任首先必須在制度上得到落實，社區參與城市管理的程序有明確的準則，社區參與才能夠長效性和穩定性。制度化的程序是保證公眾參與城市管理實施和操作的運行程序。在社區範圍內，制度化的運行程序就是社區行動主體參與社區建設與管理所必須遵循的操作規則和具體規則，包括適用範圍、參加主體、基本步驟等方面。因此，需要從以下方面建立起社區參與城市管理的制度體系。

（一）強化城市社區參與主體的法律保障

目前在中國法律性文件中，公眾參與的憲法秩序已基本確立。中國憲法第 2 條第 3 款規定：「人民依照法律規定，透過各種途徑和形式，管理國家事務，管理經濟和文化事業，管理社會事務。」第 27 條第 2 款規定：「一切國家機關和國家工作人員必須依靠人民的支持，經常保證同人民的密切聯繫，傾聽人民的意見和建議，接受人民的監督。」關於城市基層民主建設，憲法第 111 條規定：「城市按居民居住地區設立的居民委員會，是基層群眾性自治組織，居民委員會的主任、副主任和委員由居民選舉，居民委員會設人民調解、治安保衛、公共衛生等委員會，辦理本居住地區的公共事務和公益事業，調解民間糾紛，協助社會治安，並且向人民政府反映群眾的意見、要求和提出建議。」憲法的明確規定，為城市社區參與的主體地位提供了根本保證。其他大量的規範性文件是各地根據實際情況出臺的一些規定、條例或意見，適用於社區組織法制建設中。例如 1986 年上海市政府發佈的城市

居民委員會工作條例，1997 年 1 月上海市人大常委會透過的街道辦事處條例，1996 年 3 月《中共上海市委、市人民政府關於加強街道、居委會建設和社區管理的政策意見》，2000 年 11 月中共中央辦公廳、國務院辦公廳轉發《民政部關於在全國推進城市社區建設的意見》的通知等。

（二）完善社區參與城市管理的程序

參與的程序性內容對於推進基層民主建設、推進社區公眾參與城市管理具有非常重要的作用。沒有社區參與的一套規範的程序，就意味著社區參與城市管理還沒有確立為一項制度，社區實現自我管理、自我教育、自我服務和自我監督的目標就難以真正實現。社區各主體圍繞社區範圍內涉及城市管理問題的解決，在參與的程序性內容上主要由六個環節構成：

一是明確需要面對的社區公共問題。大量的社區公共事務是圍繞著社區範圍內各利益主體之間的權益展開的，由社區範圍內各主體權益、利益之爭產生的社區矛盾是社區鄰里矛盾、社區內居民和企業的矛盾、社區居民和政府部門的矛盾，這些公共事務的有效解決，需要社區提供一個平臺，匯聚各方利益主體，就事件的根本問題展開討論。

二是召集社區會議，由社區組織（居委會等）召集包括居民、社會組織、企業和職能部門及各方利益相關者到會。比如，透過社區聯席會議的方式解決社區不同利益主體之間的矛盾。社區聯席會議是社區中各民間社會組織之間的溝通和協商的機制，是居民有序參與的重要代表。社區聯席會議能夠彙集社區內各利益主體和權利主體定期就某些問題進行溝通和協商。比如，社區中的服務組織如居委會、業委會和物業公司在為居民提供服務的過程中，彼此之間的溝通和協商需要規範化與制度化，由於三個組織在面對同一個問題時，其實現利益最大化的出發點不一樣，就可能導致服務效果不一致。透過社區聯席會議的方式，在三個組織之間加強溝通與協調，商討解決社區存在的問題和居民的服務需求。這種規範化和制度化的溝通與協商機制，能夠更好地滿足社區居民的真正需求，從而也有利於社區各類問題的真正解決。

三是充分討論，發表意見。各利益主體、各單位、職能部門就相關主題發表意見，展開對話。

四是實行表決，做出決策。對於涉及到社區公共利益的事務，則應當由全體居民或者居民代表來表決，一旦表決結果做出，就可視為「社規民約」，社區內的成員都應當遵守，否則將受到輿論的譴責和公眾的蔑視。

五是制定執行方案和措施，明確各成員的分工，會議開完後，一定要有專人來負責具體實施。

六是監督檢查，貫徹公眾制約機制。會議的結果或方案是否得到切實的實施，也取決於監督檢查機制的完善。有效的監督檢查和公眾制約機制在確保社區決策得到實施的同時，也進一步激勵社區居民對社區公共事務的積極參與。

三、社區參與城市管理的一個重要模式：社區圓桌對話制度

圓桌對話制度是在一定範圍內，利益和責任相關者以圓桌會議形式，就某一議題進行溝通協商的一個機制。圓桌對話制度是城市社區參與城市管理的一種有效模式。2003—2004 年，世界銀行和國家環保總局首先在江蘇試點，2005 年後，開始在全國推廣。

案例一：「杭州下城區某紙業公司汙染控制和企業搬遷問題」環境對話會議

背景：與杭州下城區紅石閘社區葉青苑、葉青隨苑小區僅一牆之隔的杭州新華紙業有限公司，在造紙生產過程中產生的噪音、異味給附近居民的日常生活和身體健康帶來了很大影響。社區和居民曾透過各種渠道向有關部門反映並與杭州新華紙業有限公司進行交涉，市、區環保部門也多次來社區進行檢測並對企業提出整改意見。2005 年還成立了由街道、社區和居民代表組成的環保聯合監督小組，對杭州新華紙業有限公司搬遷整改進度進行監督；在杭州市、區環保局的共同參與下，2005 年下半年，杭州新華紙業有限公司的一條蠟紙生產流水線已搬走，異味有所減輕。但是，廠區總體搬遷問題一直沒有解決，噪音、煙塵依然影響附近居民的日常生活。社區居民希望杭州新華紙業公司明確搬遷日，社區圓桌對話會議議題即圍繞杭州新華紙業有限公司汙染控制和企業搬遷問題展開討論。

圓桌會議的參會方主要有：

1. 會議組織方（主持人）：杭州市環保局、杭州市環保宣教中心。

2. 利益相關方：紅石闆社區居委會和居民代表。

3. 責任相關方：杭州環保局拱墅分局、杭州新華紙業有限公司。

4. 新聞媒體：杭州電視臺、浙江日報。

5. 其他到會人員：世界銀行、國家環保總局宣教中心、浙江省環保宣教中心、下城區朝暉街道稻香園社區、下城區石橋街道石橋社區、江干區采荷街道潔蓮社區代表。

會議流程：（1）主持人介紹會議議題、議程、注意事項、背景情況和參加人員等。（2）責任相關方杭州環保局拱墅分局代表介紹了本單位職責範圍，環保部門對杭州新華紙業有限公司汙染治理和監督情況。杭州新華紙業有限公司代表介紹企業現階段汙染治理和搬遷的有關情況。（3）紅石闆社區居委會和居民代表對企業匯報的情況進行質詢，並提出希望政府部門加強對企業監管，企業加快搬遷的要求。（4）經責任相關方和利益相關方充分討論，由責任相關方提出初步解決方案，參會各方簽訂了關於杭州新華紙業有限公司環境整改及搬遷問題協議。

會議結果：會議的直接結果：根據會議達成的協議，環保部門繼續加大對杭州新華紙業有限公司汙染監督和管理的力度，督促企業積極加強整改落實各項環保要求。同時要求企業積極實施清潔生產，開展循環經濟，力爭從源頭上減少汙染，降低對周邊環境的影響。企業加強對現有各種汙染治理設施的日常管理，確保正常運行、穩定達標有 _ 放，同時積極推動搬遷進程。杭州新華紙業有限公司根據自身發展要求，開始啟動搬遷項目。並承諾企業在兩年到兩年半時間裡完成搬遷工作。同時，在搬離前保證生產排放物達到國家環保標準，把對居民的不良環境影響降到最低。

這次社區與企業之間因環境汙染問題展開的圓桌會議影響深遠。首先，透過會議討論，不僅對責任方企業、而且對參與會議的各方普遍造成了加深環境保護重要性的印象。會後，參與會議的企業在控制本企業汙染量上做出

了努力和嘗試，並且取得了一定的成績。其次，透過社區圓桌對話，參與會議及事件的居民的環境意識、維權意識、公共參與意識普遍得到增強。

案例二遼寧瀋陽大東區學校鍋爐煙塵排放汙染社區環境問題」圓桌對話

背景：瀋陽市城建東逸花園社區位於振東中學附近，為了滿足學校的飲食和供熱需要，學校建有獨立的鍋爐房和煙囪，同時排放大量煙塵，嚴重影響社區內居民的正常生活，導致社區居民和學校的矛盾和利益衝突，危及社區和諧。

參會人員：

1. 利益相關方：萬泉街道辦事處、社區物業管理處、社區居民代表。

2. 責任相關方：瀋陽大東區環保局、大東區教委。

3. 環保志願者：城建東逸花園社區志願者服務隊代表。

4. 新聞媒體：遼寧電視臺、瀋陽電視臺、瀋陽廣播電臺、瀋陽日報等九家媒體。

5. 其他到會人員：世界銀行、國家環保總局宣教中心及瀋陽環保部門代表。會議過程：主持人對社區及振東中學鍋爐房情況做短暫介紹；利益相關方陳述了鍋爐房的存在給他們的生活和日常工作帶來的危害和不便，並提出了拆除該鍋爐房的意見和理由；責任相關方代表提出了鍋爐存在的理由；在主持人的協調下，各方代表共同討論並初步達成了現階段處理意見的共識。

會議結果：（1）區環保局將加強對該鍋爐房的檢查管理，以杜絕供暖期內產生黑彡因、粉塵、采暖用煤及爐渣大量露天裸露堆放等問題，力爭將對社區環境的汙染降到最低點。（2）街道辦事處將積極協調開發公司，爭取將振東中學及旁邊一幢教師宿舍樓的供暖與社區供暖聯網。（3）街道辦事處將努力尋求其他方法解決問題。

本次圓桌會議中，利益相關方透過對話，溝通了訊息，緩解了矛盾，共同尋求解決問題的途徑，重建社區和諧。利益相關方即社區居民及物業公司代表瞭解了該鍋爐房的實際情況及事態進程，在懇談中消除了怨氣，雖然沒

有達到在此次會議透過拆除鍋爐房意見的初衷，但在明確了鍋爐房的歸屬情況和現行法規政策後，社區居民代表們均樂觀地表示相信接下來的會議一定能取得實質性進展。責任相關方代表也對這次會議對話消除矛盾、明確責任、解決問題的工作方式給予了高度評價，認為這種對話能夠最大限度地對溝通協調達成共識，對解決城市問題有極大的作用。

四、推進社區參與城市管理的路徑選擇

制度環境決定社會公眾的參與意願，同時直接影響社會的整體氛圍，它是實現公眾參與所必須具備的前提條件。

（一）創新社區管理體制，構建社區居民參與的平臺

完善社區自治需要創新社區管理體制，因為社區管理體制創新能使社區自治組織營造一個良性的運行機制，為社區居民參與提供便利。創新社區管理體制，首先要改革社區自治組織體制框架結構，因為社區自治組織是社區參與的載體。社區自治組織的自治性能否得到體現，在一定程度上取決於相應權力的落實。只有切實落實社區自治組織的自治權力，才能從根本上保證社區自治組織的自治性。落實社區自治組織的自治權力，需要改革過去那種「議行合一」的委員會體制，實行「議行分設」的議事會體制。在「議行合一」體制下，城市社區自治組織的設置只有一個居民委員會，集議決權和執行權於一身，既是居民的代言人，又是居民服務的直接提供者，結果使居民參與社區事務的機會和渠道非常少，居民缺乏正常的、暢通的利益訴求渠道。而在「議行分設」體制下，社區自治組織的議決權和執行權分別由兩個以上不同機構行使，其中一個是居民的代言人，而另一個是居民服務的直接提供者。這不僅增加了居民參與和利益表達的渠道，也在加強社區自治權力監督方面發揮了積極作用。

（二）調整社區功能角色定位，弱化社區自治組織行政化色彩

目前中國城市社區居委會的中心工作，主要還是落實政府交辦的各項行政管理任務，扮演街道辦事處「派出機構」的角色，影響了其作為居民群眾自治組織作用的有效發揮，弱化了社區居委會自治功能，缺乏社區居民的認

同感。因此，行政化傾向是當前社區建設遭遇的挑戰，也是影響社區參與的重要因素。要透過創新社區管理體制，以社區自治為核心，弱化社區自治組織行政化色彩。例如在社區選舉中，要完善社區民主選舉制度，要盡力排除人為干擾，在居委會成員候選人提名方式上，由以往上級組織提名轉變為社區選舉委員會、社區中介組織和居民聯合提名等方式。要嚴格按法律規定的步驟進行操作，不能隨意改變選舉結果，使居民感到投出的選票是有用的。在選舉的方式上，有條件的地方應進行直選。一旦社區居民擁有選擇其「管家」的權利後，透過選舉程序，把那些居民認可的人選進社區居民委員會團隊，就增加了對社區居民委員會的認同感。居民社區參與的內在動力機制的最根本體現，就是居民對社區的認同感，因此，居民對居委會認同度提高了，有利於居民社區參與，也更有利於社區參與功能的發揮。

（三）創新社區管理機制，提高社區居民參與積極性

居民是社區自治的主體和動力源泉，衡量一個社區參與程度的高低，社區居民廣泛參與社區公共事務的程度是一個重要依據標準。社區居民既是社區自治的參與者，又是社區自治的受益者，理所當然成為社區事務的積極參與者。同時，只有社區居民廣泛、直接的參與，才能逐步培育居民的社區歸屬感和現代社區意識。調動居民參與社區居民自治的積極性，能夠使社區自身的各種資源得到最有效的整合和最充分的利用，從而推動社區自治工作健康、有序的發展。當前，在完善社區自治工作中，首先要解決的問題就是社區居民能否廣泛參與，或者說如何調動廣大社區居民參與的積極性。解決這一問題的關鍵就是創新居民參與的機制，透過培養社區居民的參與意識，改變社區參與不足的現狀。在創新中將居民參與推向規範化、制度化，透過民主程序和法定程序形成相應的規章制度。

（四）強化宣傳動員機制，增強市民的社區共同體意識

在市民的社會生活中，社區共同體不可或缺，它是市民得以進入社會、市民性資格與價值得以承認、享有相應權利的媒介。人們只有進入和參與社群的公域生活，承擔社群的責任，其公共資格才能獲得認同。羅伯特．帕特南在《使民主運轉起來》中說，「對於市民共同體來說，至關重要的是，社

會能夠為了共同的利益而進行合作」，而市民參與和「自願的合作可以創造出個人無法創造的價值，無論這些個人多麼富有，多麼精明。在市民共同體中，市民組織蓬勃發展，人們參與多種社會活動，遍及共同體生活各個領域。市民共同體合作的社會契約基礎，不是法律的，而是道德的」。對於市民個人而言，關注社群的精神有功利的意義也有人們社會生活的道德價值準則；不僅體現市民或成員資格而且是達成和促進公共利益的基礎。因此，培養市民社區共同體意識，對於市民參與社區生活具有重要的意義。

　　生活在同一社區的社區市民因地緣聯繫，形成對本社區共同目標、共同利益的一種共識，即為社區意識。而社區中市民參與在很大程度上取決於是否具有共同的社區意識。在共同的社區意識下，社區形成凝聚力和向心力，社區中的市民才會對社區有認同感和歸屬感。因此，推進社區居民參與，必須十分重視培訓社區居民共同的社區意識。同時，政府也需要轉變觀念，一方面要把支持社區發展視為政府應盡責任，根據國民經濟和社會發展狀況適度投入社區建設；另一方面政府要從社區管理和控制中適度退出，還權於民，變政府主導的社區管理為社區市民參與的社區管理，從而提高社區居民的認同感，促進社區居民參與率的提高。在以民為本的原則下，社區組織應關注社區市民的共同利益，注意尋找社區市民共同關心的問題來吸引他們參與社區的公共事務。從社區的客觀實際和發展需要出發，把社區居民的共同需要放在首位，以解決社區居民普遍關心的熱點和難點問題為契機，擴大社區市民參與。

註釋

[1] Benjamin Barber，Strong Democracy：Participatory Politics for a New Age，Berkeley：U-niversity of California Press，1984。

第八章 城市管理公眾參與實踐分析：社會組織參與

從 20 世紀 70 年代開始，全球性的「結社革命」使得社會組織在民族國家社會政治生活中的作用和影響力越來越大，也引起了世界各國公共管理體制的深刻變化。這就促使人們產生一種共識：全球化的核心是合作。在全球化背景下，政府作為發展的推動力是有限的，一國政府很難絕對掌控對本國經濟社會發展的權力。很多政府不能做、不便做的事情，需要由社團組織等社會的力量去完成。因此，隨著全球化的發展，21 世紀社團的時代已經來臨，現代社會社團組織應當獲得高度發展，同時與政府開展積極有效合作將是經濟社會發展、深化政府體制改革的重點內容。

從中國的形勢來看，當前中國政治體制改革的中心內容是政府機構改革和政府職能轉變，即建立合理、高效的政府機構。政府的管理也由微觀管理轉向宏觀管理，由直接管理轉向間接管理，由部門管理轉向行業管理，由管製為主轉向服務監督為主，把原來既不應該由政府承擔、政府也管不好的職能還給社會，構建「強政府 - 大社會」的「政社合作」管理模式。政社合作的前提是政府職能轉變、政社逐步分開，確保合作雙方具有相對獨立、平等的地位。從中國社會組織的發展現狀來看，各類型社會組織已形成初步的規模，其獨立性、民間性的身份已逐步確立和恢復；部分社會組織和政府的積極合作也已經取得了一定程度的成功，中國社會組織參與公共事務管理的時機已開始到來。

▌第一節 城市管理與社會組織

一、關於「社會組織」的提法

社會組織是近些年來不斷被使用的概念。20 世紀 80 年代以來，社會組織在全球範圍內蓬勃發展，已成為現代公共管理體系中不可缺少的一支重要力量。

早在 1831 年，法國著名的政治，思想家托克維爾就注意到美國市民熱衷結社的現象，並指出，「美國人不論年齡多大，不論處於什麼地位，不論志趣是什麼，無不時時在組織社團。」[1] 後來隨著市民權利意識的覺醒和傳統管理體系缺陷的暴露，市民社會日漸興起，在這個背景下，到 20 世紀 80、90 年代，對社會組織或非營利組織的研究開始明朗化。20 世紀 90 年代以來，各國學者們紛紛從不同角度對本國的社會組織進行探討。美國學者薩拉蒙等人透過對 41 個國家的分析從而得出結論：幾乎世界上所有的國家裡，都存在一個由非政府組織組成的龐大的非營利部門，這些非政府組織對城市社會發展和管理起著巨大的推動作用 [2]。

關於社會組織這個概念的內涵和外延是仁者見仁、智者見仁。世界上許多國家的學者也從不同角度對社會組織進行詮釋，並提出了許多概念，如非政府組織、第三部門、非營利組織、志願組織、民間組織等。對於這些概念，大多數學者在使用時基本上指的是同一含義，只是表現出個人的偏好和側重點的不同。非政府組織強調這些組織不是政府或其附屬機構，它們獨立於政府體系之外；非營利組織強調這些組織不是企業，它們獨立於市場體系之外；第三部門強調它們構成與政府、企業相平行的第三體系；志願組織強調這些組織的動作在很大程度上依靠志願者在時間、精力和資金上的投入。

中國在研究中曾用「社會中介組織」這一名稱來突出其明顯的中介色彩，並強調這類組織是溝通政府與社會、平衡社會利益衝突的組織。近年來，隨著市民社會的發展及社會力量的壯大，這類組織也逐漸成長起來，官方稱這類組織為「民間組織」。1999 年，《中共中央辦公廳、國務院關於進一步加強社會組織管理工作的通知》』明確把社會組織定義為：「由民間力量主辦的，為社會提供服務，不以營利為目的的社會組織。」在中國共產黨第十七次全國代表大會上，胡錦濤同志在報告中強調要「發揮社會組織在群眾參與、反映群眾訴求方面的積極作用，有效增強社會自治功能」，同時強調要「加強社會組織建設與管理」。報告首次使用「社會組織」這一概念來涵蓋非政府組織、非營利組織、第三部門、民間組織等傳統的概念。「社會組織」這一概念突出了這類社會組織的社會性，是目前黨、政府和專家學者經常使用的稱謂，其外延可以涵蓋上述概念所表達的主要意義。

二、中國社會組織的發展現狀

在中國，社會組織的發展雖然相對滯後，但隨著現代化進程的加快，社會主義市場經濟、民主政治的發展，自 20 世紀 90 年代以來，社會組織的培育發展呈加速之勢。據民政部統計，截至 2010 年 9 月，全國登記註冊的社會組織總量達到 43.5 萬個 [3]。大量社會組織廣泛參與公共事務管理活動，利用自身資源優勢提供各種專業性服務，既彌補了政府和市場功能的不足，滿足了不同群體的需求，也使社會組織自身在公共事務管理實踐中經受了鍛鍊，得到了不同程度的提高，受到了全社會的廣泛關注。

（一）社會組織整體呈現平穩增長趨勢，社會影響力顯著增強

目前，中國社會組織發展總體上呈現出四個方面的特點：一是社會組織整體數量穩步增長，更加注重內涵式發展。二是在整體穩步增長的同時，個別類型的社會組織得到快速發展。農村專業經濟協會和基層社區社會組織獲得快速發展，基金會中非公募基金會異軍突起。三是社會組織發展變化受政策影響極為明顯，農村專業經濟協會、基層社區社會組織以及非公募基金會得到快速發展，一個共同原因是這類社會組織獲得了一個寬鬆、有利的發展環境，即得到了專項的政策支持和專門扶助。四是社會組織發展地區分佈仍不均衡，社會組織發展形勢與地區社會、經濟發展水平密切相關。

中國社會組織在整體規模穩步發展的同時，社會動員能力以及自身影響力得到顯著增強。由此，社會捐贈總額高速增長，志願者隊伍空前壯大，關於社會組織的活動以及社會組織自身組織的活動持續增多，有關社會組織的話題逐步成為社會關注的熱點，相關研究力量明顯加強。

（二）助推中國社會組織發展的因素

助推中國社會組織發展的有利因素不斷增多，主要表現為外部因素和內部因素。

1. 社會組織發展的外部有利因素

社會組織發展的外部有利因素主要表現為：外部政策環境逐步放鬆，財政稅收等政策扶持力度逐步加大。目前，雖然對社會組織雙重管理的限制型

政策沒有根本性改變，但國家對行業協會、商會、農村專業經濟協會、公益慈善和社區服務等類型的社會組織的成立條件已經大為放鬆，支持力度也逐步加大。近幾年國家利用財政稅收等手段扶持社會組織發展，並且取得了較明顯的成績。就財政支持政策而言，許多地方透過資金補助、購買服務、項目委託、無償或低價使用公共資產等多種方式，鼓勵扶持社會組織健康發展。從地域分佈上來看，經濟比較發達的地區採取的財政扶持措施往往也會更多。在稅收調節方面，企業捐贈的免稅額度由原來的 3% 提高至 12%，並且享受免稅待遇的公益組織大量增加，這表明中國已經初步形成了以稅收政策作為調節手段支持公益事業的政策法規機制。比如以政府購買的形式透過向社會組織購買服務，一方面促進了政府職能轉移，同時，利用項目管理達到調控和管理社會組織的目的。

此外，支持社會組織發展的公益孵化機構和資助資源日益增多。不管是來自公益孵化器項目的幫助扶持，還是來自公募或非公募基金會的項目招投標，抑或企業資助的新型合作模式，一個共同的信號就是中國社會組織的資金來源更趨廣泛，社會組織成長將獲得更大的資金支持和更堅實的發展支撐。

2. 社會組織發展的內部有利因素

社會組織發展的內在積極因素主要表現為：社會組織自身能動性日益提升，社會組織不但透過資源整合為自己開拓了廣闊空間，還提升了自身的專業化能力，透過籌資模式的探索拓展了資金來源。在發展過程中，很多社會組織長期專注於某個專門領域，或多年持續從事某些具體活動，為自己積累了豐富的專業知識，大大提升了社會組織的專業化能力和服務水平。為擴大資金來源，許多社會組織借用企業的商業模式來拓展籌資渠道，這些創新性的籌資模式不但極大地增加了社會組織的資金來源，也拓展了企業履行社會責任的新途徑，出現了政府 - 社會 - 企業合作共贏的良好局面。

三、城市管理與社會組織

（一）公共物品的「提供」和「生產」

20 世紀 60 年代，美國學者奧斯特羅姆夫婦提出將公共服務的「提供」和「生產」加以區分的問題。公共物品的「提供」是指政府透過徵稅和支出決策，決定適當類型的服務及其供給水平，並安排生產和監督生產。公共物品的「生產」是指把投入轉換成產出。他們認為，一項公共服務的提供者，不一定要生產該項服務。「一個地方性的提供單位能夠組織自己的生產單位，比如建立一個地方政府機構，但它也能夠從額外的生產者那裡購買服務，或者加入其他提供單位所組織的共同服務的安排中去。」[4] 也就是說，公共服務的提供者不等於生產者，提供者和生產者可以是同一個單位或機構，也可以是不同的單位或機構。

特定公共物品或者公共服務到底應由誰來生產，或者換言之，公共物品或者公共服務的提供者與生產者是否應當分離，取決於分離與否的核算成本。公共物品和公共服務提供和生產相對分離的理論，意味著公共物品和公共服務供給的多元化。企業、非政府組織或者個人等其他社會主體「生產公共服務」而由政府購買，並非是政府推卸責任，恰恰是政府積極履行職能的一種方式，借此可以更為有效地促進公共服務事業的發展。

在城市管理系統中，城市管理的很多項目和內容具有公共物品的性質。應該充分認識到，具有公共物品性質的城市管理項目存在將其「提供」和「生產」加以區分的要求。在計劃經濟體制下，中國城市公共服務的運行模式是由政府同時擔任公共物品的供給者與生產者。面臨市場經濟的建立和發展、服務型政府的建設和社會公共服務的提升要求，既有的運行模式已經難以適應社會建設和民生發展的需要。政府向社會組織購買公共服務，實際是政府將公共服務的「生產過程」讓渡給社會組織，以擴展公共服務範圍，提升公共服務效率和質量。這種變革在城市管理領域有充分的體現。

（二）社會組織是城市管理公眾參與的重要力量

社會組織不僅是城市建設的利益主體，也是城市管理的實施主體。參與城市管理不僅僅是社會組織的權益所在，更是社會組織必須承擔的社會責任。城市管理的一項重要工作，就是不斷完善社會組織的環境維護責任機制，促使社會單位和社會組織成為城市管理的責任主體。

社會組織因活動領域廣泛，發揮的作用全面而多樣。從社會組織以積極作用幫助政府更好地履行自身職能，推動政府與社會良性互動合作方面來看，社會組織的活動日趨活躍，也發揮著日益重要的積極作用。社會組織目前已成為城市管理公眾參與主體中的一支重要力量，成為政府應對多種問題的得力助手，成為市民有序參與政治與社會發展進程的重要途徑和方式。

隨著中國城市管理模式的轉型，城市公共政策對民主化、科學化的要求越來越高。順應這種發展趨勢和要求，黨的十七大報告明確提出，要增強決策透明度和公眾參與度，在制定與群眾利益密切相關的法律法規和公共政策時，原則上要公開聽取意見。在中央政策的指導和引領下，社會組織在參與城市公共政策制定和實施方面獲得了一定的制度化通道。國務院辦公廳提出了行業協會商會參與公共政策的政策建議。除此之外，一些經濟發達地區還專門就社會組織參與城市公共政策提出了更為明確和全面的制度規定。

政府為社會組織參與公共政策創造的制度條件和外部環境，激發了社會組織參與城市公共事務管理的熱情。越來越多的社會組織開始積極主動地影響公共政策，把政策倡導和影響政策作為自己的重要工作目標。對於很多中國的社會熱點和重要政策議題，各類社會組織給予了密切的關注並採取了積極的行動，透過各種形式和途徑推動著相關城市公共政策的制定和落實。由社會組織發起並產生重大影響力的政策倡導活動正在逐步增加。

（三）中國社會組織參與城市管理的嘗試

近年來社會組織在中國一些城市呈現出蓬勃發展的態勢，其在提供公共服務與參與城市管理中的作用也逐漸顯現。作為首都的北京在社會組織參與城市管理方面有很多可借鑑與推廣的模式。比如北京市海澱區停車服務行業

協會管理模式就是富有北京城市特點的社會組織參與解決城市管理問題的成功經驗。

隨著北京市機動車擁有量的迅速增長，停車供需矛盾日益突出，停車問題成為政府和社會各界關注的熱點和焦點。在奧運籌辦期間，海澱區市政管理委員會牽頭，北京公聯安達停車管理有限公司等五家規模較大的停車管理企業及數十家中小型車服務行業經營單位成立了北京市海澱區停車服務行業協會。停車協會透過行業自律，配合政府開展停車場年檢、備案等資質的審查，建立停車場聯合檢查機制、實施行業培訓持證上崗制度，提供停車場經營、技術、諮詢等服務，為政府加強停車行業管理、規範行業經營行為、提高行業服務水平、建立良好的停車秩序分擔了責任。停車協會的活動加強了政府與企業、企業與企業、企業與客戶之間的溝通與合作，搭建了政府與企業溝通的橋樑，為促進行業管理，提高企業的市場競爭力，推動海澱區停車服務行業持續、快速、健康的發展提供了保障。

停車協會的活動為城市管理社會化提供了新視野。第一，顯示了行業協會在參與城市管理事務、協助政府工作、提供公共服務、約束行業內的企業行為方面承擔了政府管理難以造成的作用；第二，說明了政府在推進和培育具有共擔城市管理功能的社會組織方面大有可為，城市管理社會化參與主體的培育需要政府的積極扶持；第三，協會成立及其活動反映了社會組織所具有的參與城市管理的責任意識和，社會組織同樣需要透過行業自治組織這個平臺，積極參與到城市的治理，在維護自身利益的同時，為政府承擔城市管理的職能。

除了北京，一些發達城市如上海、廣州、深圳、青島等也嘗試出了眾多富有本城市特色的社會組織參與模式，為中國社會組織參與城市管理提供了借鑑樣闊，積累了經驗。同時也應該注意到，從全國社會組織的總體狀況來看，還存在著規模比較小、發展不平衡、規範化不夠，自身能力不高、活動開展不太正常、管理不規範等問題，影響了社會組織參與城市管理、社會管理作用的充分發揮。為此本書根據中國社會組織發展的制度環境與現實狀況，結合中國的發展經驗，對中國社會組織參與城市管理、社會管理的模式及其

制度保障進行了系統分析與提煉，以期更好地發揮社會組織在城市管理中的功能，構建起一種政府行政調控機制與社會組織自治機制相結合、政府行政功能與社會組織自治功能互補、政府力量與社會力量良性互動的社會組織管理網絡。

從目前社會組織參與城市公共事務管理的實際情況來看，社會組織參與公共政策的策略比較靈活，方式多種多樣。概括而言，中國社會組織目前主要透過舉辦論壇、專家研討會、論證會、聽證會、發佈調研報告、遞交建議書、出版書籍刊物、舉辦新聞發佈會、聯合媒體公開呼籲和報導等多種形式，發出政策倡議，積極影響公共政策的制定和執行。社會組織在實際參與公共政策的過程中，往往綜合運用多種形式，用理性溝通的方式盡力幫助政府實現決策的科學化。根據現有社會組織參與公共政策的實例分析，社會組織很少採用非理性的對立方式與政府溝通。

▌第二節 社會組織參與城市管理實踐分析

一、社會組織參與城市管理的實踐

（一）社會公益組織參與城市管理：以環保組織為例

中國外的經驗表明，開放環保組織資源，是凝聚公眾力量、創造公眾參與機會、促進公眾參與環保的重要手段，是公眾參與環境保護的重要渠道。和一般的公眾參與公共事務管理相比，環保組織活動更有組織性、有序性、穩定性。環保組織有自己的章程、宗旨、組織原則等，所以也更有號召力、影響力。一個國家或地區的環保組織數量的多少，反映了一個國家或地區公眾參與公共事務管理的程度；環保組織發揮作用的大小，反映了其公眾參與環保水平的高低。從這個方面講，一個國家的環保組織也是反映該國公眾參與公共事務積極度的一個標竿。

中國環保組織是伴隨著中國經濟的迅速發展、環境問題的出現而出現的，並隨著環境保護的深入而發展起來。據中國政務訊息網 2008 年 6 月 25 日的新聞報導，目前中國大約有各類環保組織近 3000 家。其中，政府部門發起

成立的環保組織近 1400 家；民間自發組成的環保組織有 200 多家；學生環保組織及其聯合體共 1000 多家；國際環保組織駐大陸機構 70 家左右。未來5-10 年，中國環保組織數量和從業人員將會以每年 10-15% 左右的速度遞增。

　　一般認為，中國真正意義上的環保組織產生於上世紀 90 年代。以 1994年 3 月在北京成立的「自然之友」為代表。緊跟其後的便是 1996 年成立的「地球村」和「綠家園」。此後，各地的環保組織如雨後春筍般破土而出，構成了當今中國初具規模、兼具特色和潛力的「民間環保群」。在 2002 年約翰內斯堡可持續發展會議上，中國不僅有高級政府代表團參加，而且有符合西方標準的 30 個真正的環保組織約 150 多人參會，並將中國組織討論會列入大會日程，每次中國組織討論會都爆滿，顯示了世界對中國組織參與可持續發展的極大關注。

　　近年來，中國環保組織在環境保護歷程中作用凸顯，諸如在「保護藏羚羊」、「保護母親河行動」、「26 度空調」、「怒江水電爭鳴」等問題上已得到展現，成為推動中國和世界環境事業發展的不可或缺的重要力量。當前，環境組織從和風細雨的環境宣傳教育者變為公眾或者弱勢群體利益的「監護人」，帶來了獨立的聲音，對有關方面的主張形成了有力制衡，並在社會體制改革向縱深發展、民主法制建設加快完善的大環境下，彰顯出作為環境政策的倡導者和推動者的傾向。

　　然而，當前中國環保組織儘管成效顯著，但也還存在許多不足。在中國目前社會政治、經濟、文化發展水平條件下，公眾參與環保組織還不是很積極，其數量和外國相比偏少；一些政府、企業和公眾對民間組織不夠瞭解，心存戒備和疑慮，持消極態度者有之；沒有固定經費來源，生存困難；參與環境政策制定和實施社會監督的能力不足，渠道不暢；自律機制還不健全，許多方面發展還很不規範和成熟。由於中國環保民間組織發展的歷史較短，獲得聯合國認證資格的還極少，再加上專業能力和國際交往水平有待提高，尚不能充分利用國際民間環境交流合作的平臺，宣傳中國政府的環境主張，維護中國的環境形象，爭取更多的環境實際利益。從總體上看，中國的環境組織大部分還處在自發、鬆散和各自為戰的狀態，力量還比較薄弱，從事的

還是比較初級的活動。因此，如何扶持、引導和利用環保組織，以促進中國城市管理、生態環境保護的公眾參與，是我們必須面對的課題。

環保組織之外，伴隨著社會組織參與公共政策制度化渠道的增多，中國的社會組織參與公共政策的程度逐步加深，影響力逐步加大。具有廣泛代表性的社會組織參與公共政策具有突出優勢，有助於決策機構獲得更多的訊息，幫助政府在制定政策時從更多視角考慮不同群體的利益訴求，有利於決策的優化和執行。社會組織已經成為推動決策科學化、民主化的一支重要力量。中國社會組織發展局勢的變化，並不意味著社會組織作為社會公眾的組成部分能夠通暢地參與城市公共事務的管理，理念、體制、機制等多方面的限制性因素對當前社會組織的公共參與造成了障礙。

（二）社會組織參與城市公共服務的嘗試

近年來社會組織在中國一些城市呈現出蓬勃發展的態勢，其在提供公共服務與參與城市管理中的作用也逐漸顯現。作為首都的北京在社會組織參與城市管理方面有很多可借鑑與推廣的模式。比如北京市海澱區停車服務行業協會管理模式就是富有北京城市特點的社會組織參與解決城市管理問題的成功經驗。

隨著北京市機動車擁有量的迅速增長，停車供需矛盾日益突出，停車問題成為政府和社會各界關注的熱點和焦點。在奧運籌辦期間，海澱區市政管理委員會牽頭，北京公聯安達停車管理有限公司等五家規模較大的停車管理企業及數十家中小型車服務行業經營單位成立了北京市海澱區停車服務行業協會。停車協會透過行業自律，配合政府開展停車場年檢、備案等資質的審查，建立停車場聯合檢查機制、實施行業培訓持證上崗制度，提供停車場經營、技術、諮詢等服務，為政府加強停車行業管理、規範行業經營行為、提高行業服務水平、建立良好的停車秩序分擔了責任。停車協會的活動加強了政府與企業、企業與企業、企業與客戶之間的溝通與合作，搭建了政府與企業溝通的橋樑，為促進行業管理，提高企業的市場競爭力，推動海澱區停車服務行業持續、快速、健康的發展提供了保障。

停車協會的活動為城市管理社會化提供了新視野。第一，顯示了行業協會在參與城市管理事務、協助政府工作、提供公共服務、約束行業內的企業行為方面承擔了政府管理難以造成的作用；第二，說明了政府在推進和培育具有共擔城市管理功能的社會組織方面大有可為，城市管理社會化參與主體的培育需要政府的積極扶持；第三，協會成立及其活動反映了社會組織所具有的參與城市管理的責任意識和，社會組織同樣需要透過行業自治組織這個平臺，積極參與到城市的治理，在維護自身利益的同時，為政府承擔城市管理的職能。

除了北京，一些發達城市如上海、廣州、深圳、青島等也嘗試出了眾多富有本城市特色的社會組織參與模式，為中國社會組織參與城市管理提供了借鑑樣闆，積累了經驗。同時也應該注意到，從全國社會組織的總體狀況來看，還存在著規模比較小、發展不平衡、規範化不夠，自身能力不高、活動開展不太正常、管理不規範等問題，影響了社會組織參與城市管理、社會管理作用的充分發揮。為此本書根據中國社會組織發展的制度環境與現實狀況，結合中國的發展經驗，對中國社會組織參與城市管理、社會管理的模式及其制度保障進行了系統分析與提煉，以期更好地發揮社會組織在城市管理中的功能，構建起一種政府行政調控機制與社會組織自治機制相結合、政府行政功能與社會組織自治功能互補、政府力量與社會力量良性互動的社會組織管理網絡。

從目前社會組織參與城市公共事務管理的實際情況來看，社會組織參與公共政策的策略比較靈活，方式多種多樣。概括而言，中國社會組織目前主要透過舉辦論壇、專家研討會、論證會、聽證會、發佈調研報告、遞交建議書、出版書籍刊物、舉辦新聞發佈會、聯合媒體公開呼籲和報導等多種形式，發出政策倡議，積極影響公共政策的制定和執行。社會組織在實際參與公共政策的過程中，往往綜合運用多種形式，用理性溝通的方式盡力幫助政府實現決策的科學化。根據現有社會組織參與公共政策的實例分析，社會組織很少採用非理性的對立方式與政府溝通。

二、社會組織參與城市公共事務管理的限制性因素

（一）控制性的登記制度限制社會組織獲取合法身份

根據中國《社會團體登記管理條例》、《民辦非企業單位登記暫行條例》和《基金會管理條例》等社會組織法規的相關規定，可以看到中國現行對社會組織的管理實行的是雙重分級登記管理體制，「雙重」指的是登記管理機關和業務主管單位分別對社會組織行使監督管理職能，「分級」指的是根據非營利組織開展活動的範圍和級別分別在國務院民政部門和省、自治區、直轄市人民政府民政部門分級登記和管理。

政府對社會組織採取該種登記管理體制的根源在於政府對於是否應該給予社會組織信任存在矛盾心理。一方面，政府希望利用社會組織獲取社會資源和幫助其解決社會問題來實現「職能轉變」和社會管理；另一方面，在沒有足夠訊息披露和完備監督機制的情況下，政府又擔心社會組織作為一種新的體制外力量會威脅政府的權威地位和影響社會穩定。因此，政府透過「控制型」雙重分級登記管理體制，能夠提高社會組織的進入門檻和有利於政府加強對社會組織組織日常活動的監督，從而提高社會組織的可信任程度。然而，雙重分級登記管理體制同時也是一種政治把關和共擔責任的分權機制，因此有關政府部門或政府授權組織都不願意成為社會組織的業務主管單位。如此一來，能夠實現登記註冊的多為政府推動、組織負責人由政府任命的官辦非營利組織，而大量民間草根非營利組織無法獲得合法身份，它們或選擇工商註冊或選擇不登記註冊，其直接導致的後果便是：一方面，登記註冊的社會組織對政府過度依賴性；另一方面，民間草根非營利組織沒有納入管理，沒有得到認可和支持，面臨生存困境 [5]。

（二）社會組織與政府間的關係尚未理順，社會組織的優勢和作用未能得到充分發揮

西方諸多公共管理著作中，社會組織常被稱為「社會自組織」，就是說這些崛起於「政府失靈」和「市場失靈」兩難困境中的社會組織，是作為有別於政府、市場的「第三部門」而存在的。它們獨立自主，在公共管理和社

會服務中，與政府是平等合作的互動關係。中國的社會組織在許多地方都存在著與政府定位不清的困擾。

首先，社會組織發育尚不充分。與一些國家的社會組織高度成熟不同，就總體而言，中國許多社會組織都是在政府職能部門或派出機構的主導下建立起來的，其發展還處於從「官力、」、「非官力、」向「民力、」轉型的過渡階段，因而自治能力相當有限。「社會組織名義上承接政府委託的公共事務，實際上對自身活動尚缺乏完整的和長期的規劃，其定位基本上是隨時接受政府下派的任務，在這一過程中，社會組織實際上變成了政府部門的延伸。」[6] 由於政府下派任務的隨機性，致使社會組織的規範性和長遠性，很難得到充分考慮。

其次，社會組織管理能力和經驗缺乏。在參與城市公共事務管理的過程中，社會組織很大程度上也還是選擇依附於政府，滿足被動執行，難以自主運作。社會組織與政府間責權關係也不清晰。一些政府部門甚至把社會組織視為可以隨意指揮的行政性單位，輕易要求其幫助政府承擔各種工作，從而使社會組織的行政職能泛化，變成了政府的一級執行機構。社會組織與政府間的這種定位不清，既直接侷限了社會組織的獨立發展，也影響了它作為「第三方」的社會公信力，使其提供的管理和服務易遭質疑。同時，也使全能政府向有限政府的轉變難以落到實處。

從一定程度上說，這一問題是由「控制型」雙重分級登記管理體制導致的後果。在這一體制下，一方面，政府和登記註冊的官辦非營利組織之間是不對等的緊密關係，官辦非營利組織在觀念、治理結構、資金來源和業務活動等等方面和政府均保持著千絲萬縷的聯繫，在很大程度上是作為政府的附屬機構發揮作用，政府甚至直接干涉組織內部事務。官辦非營利組織普遍存在官僚作風濃厚、效率低、依賴性強和活力與動力不足等問題，嚴重缺乏自主性和自治性，無法發揮社會組織高效、靈活、彈性和貼近需求等優勢，未能發揮應有的社會功能。另一方面，民間草根非營利組織由於缺乏合法身份，與政府的關係疏遠，較難接近政府所擁有的項目資金、動員資源等，無法享受應有的稅收政策優惠，同時，也使其在爭取社會資源時遭遇尷尬和挫折，

直接導致組織資金嚴重不足，無法有效開展活動，甚至難以維持組織生存。社會組織應有的凝聚社會資本參與社會治理績效，有效介入公共事務服務、促進社會民主建設及協助政府探索新型社會治理模式以實現職能轉變的作用更無從談起。

　　從當前中國社會服務領域來看，雖然政府透過購買服務的方式將一些社會服務讓渡於社會組織，但從之前的分析中可以看出，政府對官辦社會組織的過多干預和對民間草根社會組織的限製表明這種讓渡的效果並不令人滿意，政府在社會服務領域仍然占據強勢的主導地位，社會組織並未發揮其應有的作用，政社一體格局沒有發生實質性的改變。

（三）社會組織參與城市管理的政策法規不明確

　　2005 年的政府工作報告中指出，「堅決把政府不該管的事交給企業、市場和社會組織，充分發揮社會團體、行業協會、商會和中介機構的作用」；2006 年 3 月十屆全國人大四次會議批準的《中華人民共和國國民經濟和社會發展第十一個五年規劃綱要》，把「規範和引導民間組織有序發展」作為完善社會管理體制的重要內容，明確提出「十一五」期間要「培育發展行業協會、學會、公益慈善和基層服務性民間組織，發揮提供服務、反映訴求、規範行為的作用」；2010 年 3 月十一屆全國人大四次會議批準的《中華人民共和國國民經濟和社會發展第十二個五年規劃綱要》，進一步提出要在「十二五」期間「堅持培育發展和管理監督並重，推動社會組織健康有序發展」。

　　但是，社會組織究竟如何發展，在城市管理、社會管理的主體格局中如何發揮作用，政策、法律上的具體指引與支撐卻常常落後於現實需要，甚至出現空缺。比如政府出資購買社會組織服務，至今還未見統一的法律條文加以明確規範。這在同國外一些運轉良好的社會組織的比較中，就可看得更加清楚。國外社會組織參與城市公共事務管理的歷史，就是一部相關政策、法規同步成長的歷史。正是由於缺乏政策、法規的具體指導和引領，中國的社會組織培育發展依然存在著一定程度的隨意性和盲目性，就整體而言仍處於發展的初級階段，一些基本的問題至今還未得到很好的解決。而且，長期缺

乏規範和監督的自生長狀態，也為權力尋租和腐敗滋生提供了某些便利，一些社會組織淪為少數人謀求自身私利的工具，其害不容小覷。

（四）缺乏有效和全面的監督體系，影響社會組織社會公信力

社會組織的資金來源和運作成本依賴於社會財富的二次分配，其財產屬於社會所有，因此其公共責任更顯突出。然而由於雙重分級登記管理體制設置的準入門檻過高，儘管政府對登記在冊的社會組織監管嚴格，但卻無法有效監管大量未登記註冊的社會組織，導致政府監管缺位。加之社會大眾缺乏公共監督意識、社會組織未建立完善的公開透明機制以及缺失第三方審計介入等監督力量，導致社會組織運作不規範，主要表現在偏離公益宗旨、財務混亂、向營利化轉變或組織所得用於私益分配等等。更有甚者，少數組織一開始成立動機便不純，打著社會組織的旗號牟取私利，嚴重影響了社會組織的價值取向和社會公信力，進而引發社會捐贈不足和志願者參與有限等其他問題。

（五）公共參與理念培育的缺失

在城市公共事務管理領域，管理多元化是先進國家的共同做法和成功經驗，也是現代城市管理的主流趨勢。風靡全球的「新治理」理念認為，「政府並不是公共權力的唯一主體，市民個人、非政府組織等也可以成為公共管理的主體，它們在共同的目標下參與式地決定公共政策和提供公共服務，共同承擔公共事務治理的責任」[7]，主張透過政府與社會組織合作，以滿足社會、經濟的需求。在中國，改革開放以來，適應形勢與任務的發展變化，黨和政府大力推動社會管理創新，經過長期探索和實踐，初步形成了「黨委領導、政府負責、社會協同、公眾參與」的社會管理新格局，逐步實現了社會管理主體由傳統的政府「一元」向多元的轉變，在「共治」理念上實現了與國際接軌[8]。

然而社會管理總體格局的變化，並不意味著積極的公眾參與理念已深入人心，要將其內化為全體社會成員的自覺行動，還需做大量的理念更新、培育工作。現實的情況是，計劃經濟體制下形成的政府一元化管理的慣性力量依然在制約著人們的思想與行為。體現在政府部門，一些管理人員對社會組

織參與公共事務管理仍然心存疑慮，對其發展前景和能力不大看好，因而不敢放手讓渡公共事務管理和社會服務空間，導致社會組織難有作為'體現在公眾方面，政府對社會的長期全面介入，導致大多數社會成員政府依賴心理根深蒂固，對政府之外的其他主體參與城市管理和社會服務，缺乏基本的認同和信心。現在社會上流行的「有問題找政府」、「信訪不信法」等思想，就是這種依賴心理的典型體現。有的人甚至把社會組織出面解決問題，看成是政府推倭塞責的表現，盲目加以抵制。而且，公共參與理念培育的缺失，還容易造成社會成員對社會缺少認同感和歸屬感，只希望坐享公共服務成果，而不願積極行使自己的權利並承擔義務。這種落後於時代的觀念，不僅嚴重遲滯著公共事務管理創新的腳步，一些創新成果常常無法有效付諸實踐，直接影響了社會組織的發展與壯大。

三、構建社會組織參與城市管理的制度環境

為更好地促進中國社會組織參與城市公共事務的管理，就必須建立起培育、扶持社會組織發展的有效制度體系，建立社會組織公共參與良性發展的有效機制。為促進政府管理社會組織的規範化與制度化，增強社會組織參與城市管理的能力，本書提出了建立社會組織良性發展的六種制度措施，以保障社會組織參與城市管理主體作用的充分發揮。

第一，創新登記管理制度

雖然中國憲法對自由結社有相關規定，但是當前針對社會組織成立和運作的三部主要法規是《社會團體登記管理條例》、《民辦非企業單位登記暫行條例》和《基金會管理條例》，屬於行政法規層面。因此，在憲法和行政法規之間缺乏位居法律層面的立法。此外，中國現行的社會組織登記註冊制度為社會組織的合法化在行政上、經濟上設置了過高的門檻，致使很多草根型社會組織或者因為找不到上級主管部門的「婆婆」，或者由於資金不到位等而不能登記註冊，最後他們或者無奈地到工商部門註冊登記為企業，或者轉入地下、半地下狀態，更多地則自生自滅。這對於大量分散於基層的社會組織更是如此，社會組織的發展亟待尋求管理制度上的突破，在此，南京市在登記制度上的大膽創新值得借鑑。

南京市在全國首創了「兩級登記、兩級備案」的社會組織管理體制,登記制度方面,在不違背國家法律基本精神的前提下,南京市制定了「三簡、四免、五寬、六許」的登記制度,降低登記門檻、放寬登記條件、簡化登記程序,建立了一整套社會組織登記備案的制度體系。青島市也是全國較早提出並實施社會組織「備案制」的城市之一,早在 2002 年就對發揮作用但達不到登記條件的「草根」組織實行備案管理。近年來,為加快社會組織的發展,青島市在準入領域上大膽突破原有的政策限制,既對滿足群眾需求的社會組織降低準入門檻、提供快捷服務,又對一些有別於傳統型的社會組織給予積極扶持。如「新市民之家」、「新市民家園」、「永安民建消防隊」等一批現代服務型的社會組織,成為民政部門放寬準入門檻的受益者。

第二,建立制度化扶持機制

由於中國缺乏市民社會的文化傳統和社會根基,中國社會組織發育先天不良。為了促進社會組織發展,需要建立社會組織發展的支持和孵化機制,為社會組織的發展提供製度化的支持。從歐美國家社會組織發展的經驗來看,政府支持主要有三條渠道:政府財政與稅收優惠等政策支持、社會捐贈及社會組織自身的服務收費,其中前兩種途徑占主要地位。對此,建議中國政府應從資金支持與政策支持兩個方面建立加快社會組織發展的扶持機制。

政府要透過部分職能的轉移、弱化行政審批權限等方式,更多地進行權力下放,擴大非營利組織的生存空間和公共權力;在資金支持方面:建議政府大力推行政府購買公共服務,即政府設立特定的公共服務目標,透過各種模式與社會組織建立契約關係,由社會組織等主體來提供公共服務,而政府支付相應的資金。這種模式有利於建立政府與社會組織規範化的合作關係,對於政府和社會組織來說是一種雙贏效應。在政策支持方面,一方面參照國外社會組織的稅收政策,制定完善的、可操作性的社會組織稅收優惠政策,為社會組織發展創造良好的制度環境。對此,美國的經驗值得借鑑。在美國,政府和非營利組織之間是一種全面的夥伴關係,政府對非營利組織的直接支持表現為提供基金資金支持和與非營利組織簽署服務項目合約,以及政府直接為那些參與低收入階層服務的非營利組織付費等'政府對非營利組織的間

接支持包括免稅、減稅，為從事兒童照顧、老人照顧、住宅補貼的非營利組織提供稅收信用（政府為那些給這類服務付費的個人買單），透過免稅或減稅鼓勵個人和社會為非營利組織進行捐贈以及稅收減免國債保險等。

第三，推進城市居民志願參與社會組織的制度化

社會組織的發展需要城市居民大量的志願參與。作為服務於城市社會、社區的非政府、非營利性組織，要把居民調動起來參與到城市管理之中，一方面可以增強社會組織服務城市管理的能力，另一方面城市居民的參與網絡也有利於城市社會資本的培育與形成。但是也應看到，目前中國城市居民社會組織參與的積極性不高。據有關學者在對上海市的調查中發現，在上海市城市公共事務方面，無論是自發性群眾團體活動還是組織性活動，經常參加的志願組織的人僅占被調查者的 5%，選擇「有時參加」志願組織的占 15%，「從未參加」的人卻達到 80% 以上；很多被調查者認為，對城市公共事務由政府部門或居委會處理就足夠了，認為「居民沒有必要關心」者達 38%。對於居民參與志願組織與志願活動積極性的提高。

有關學者認為，目前應透過政府制度創新來激發居民的志願精神，培育志願組織，引導和規範志願活動。具體措施：從宏觀上講，可以參照西方國家一些好的做法，透過法律鼓勵民眾參與志願活動；在微觀運作上，可以透過一些制度上的規定給志願組織以財力上的支持，如在城市公共服務的供給上，可以透過「政府出錢、志願組織辦事」的方式進行，政府出錢購買志願組織的服務，而不是直接提供公共服務。同時也可以借鑑國際上通行的「愛心銀行」，建立志願服務時間儲蓄制度，將志願者參與志願活動的時間記錄下來，使志願活動成為「付出、積累、回報」的愛心儲蓄；政府還可以透過定向培訓制度，培訓志願服務積極分子，為志願活動的開展提供人力資源上的保障等等。——案例：順義，志願服務

第四，完善社會工作人才的隊伍建設機制

社會組織的發展亟需一批專業化、職業化的社工隊伍，但是目前中國在社工隊伍人才儲備方面的情況並不理想。據有關學者對南京市的調查顯示，目前南京市社工隊伍年齡偏大（41 歲以上社工占 81.4%），而且以女性為主

（占整個隊伍 70% 以上），文化程度偏低（高中及其以下占 60.6%）。應該看到，隨著中國社會工作專業教育的不斷發展，具有系統的社會工作專業知識和專業技能的大學畢業生的不斷增多，會有越來越多的專業人員輸送到社會工作者隊伍當中。但是，由於目前社會對社會工作者認同度不高，社會工作者的待遇、地位普遍偏低等原因，從事社會工作對年輕人的吸引力並不大。為此，建議政府要及早出臺社會組織服務機構員工就業、社會保障等方面的政策和法規，完善社會組織稅收及從業人員的人事、薪資、福利、職稱、醫療、養老等社會保障措施，增強社會組織對優秀人才的吸引力，提高社會組織的發展能力。

第五，規範社會組織評估機制

在構建對社會組織的評估機制方面，國家民政部已於 2007 年出臺了《民政部關於推進民間組織評估工作的指導意見》，對評估社會組織的機構、內容、程序及等級提出了具體的指導意見。在第三方評估機構層面，德國社會問題中央研究所的經驗十分值得借鑑。社會問題中央研究所是一個對社會組織進行社會評估和公益認證的第三方機構，該所以獨立者的身份嚴格把關，透過收集材料，審核收支狀況，對社會組織募捐行為實施監督，對這些募捐機構進行審核認定，這一做法表明，獨立而專業的第三方評估制度不僅能夠客觀公正地對社會組織進行監督問責，而且能夠提高社會組織的社會公信力，對社會組織形成了有效的約束和激勵機制。對社會組織評估工作是一項新工作，專業性強，內容複雜，涉及面廣，相應的操作規範和標準是做好評估試點工作的前提和基礎。中國獨立的民間評估機構仍處於萌芽階段，發展獨立的專業化評估機構是加強社會監督的重要手段之一[9]。為此，應積極探索建立一套科學的社會組織績效評估指標體系，提高其內部治理水平，優化對社會組織管理體系。

第六，構建有效的社會組織監管機制

一些民間社會組織在發展中存在著組織機構不健全、內部治理不完善、組織行為不規範、社會公信力不高等問題。解決這些問題的重要手段是建立完善的社會組織監管評估機制。科學高效的社會組織監督體系以及公開、公

平和公正的評估制度，可以有效發揮對社會組織的導向、激勵和約束作用，有利於健全社會組織的治理制度與治理結構。同時，要實現政府和社會組織之間長久發展的合作夥伴關係，明確社會組織的社會責任和提升社會組織的建設能力是關鍵，而這一切的實現要依賴於全面有效的社會組織監督體系的完善。全面有效的監督體系要從非營利組織內部治理結構和外部問責機制兩方面推進。

首先，完善社會組織的理事會制度，增強組織內部監督。一方面，要合理控制理事會的規模、選擇理事來源和專業能力的多樣化，理清理事會和執行層的關係，推進理事會群體民主決策，保證決策的科學性和社會組織運作的績效；另一方面，要增強監事會的專業性和獨立性，對理事會和執行層的權力形成有效的監督和制約。

其次，構建包含捐贈者、受助者、行業、第三方評估機構、媒體和社會大眾多主體的外部問責機制，增強對社會組織的社會監督。其中，遵循公開透明原則是實現社會監督的必要前提，政府應採用法律強制性手段要求社會組織進行訊息公開透明的披露，包括對社會組織的內部結構、捐贈情況、資金流向和使用效果等全面接受社會的監督。在捐贈者和受助者問責層面，捐贈者和受助者對於使用不當的捐贈資產有權要求收回或賠償。在媒體和社會公眾層面，應積極引導媒體關注社會組織領域，在社會組織法律、道德和績效內容上積極問責；同時，政府應加強社會大眾的公共意識教育，明確和拓寬訊息舉報反饋渠道，引導社會大眾參與監督，以媒體為載體加強媒體和社會大眾兩大監督主體的互動，形成強大的社會輿論和有效的社會監督[10]。

第三節 政府向社會組織購買公共服務的模式研究

社會組織在城市管理、社會管理方面發揮的作用將越來越大，同時，社會組織參與城市管理也存在著參與路徑選擇的難題。薩瓦斯認為在公共部門的創新方案中，建立夥伴關係是核心要素之一。所要建立的夥伴關係包括社區夥伴（市民與志願者）、私營部門夥伴、非營利組織夥伴等。」[11] 這就是說，在公共物品和公共服務的提供方面，需要改變政府的單一主體狀態，而

由多種多樣的社會主體，比如由社會組織來提供，並且由此形成政府與社會組織合作提供公共物品、公共服務的夥伴關係，這種夥伴關係實際上是公共服務不同提供機制的結合。在這一過程中，政府向社會組織購買公共服務的模式隨之得到發展。

一、政府購買：社會組織參與城市管理的重要形式

（一）政府公共服務購買的基本含義

所謂「政府向社會組織購買公共服務」，是指政府將原來直接提供的公共服務，透過直接撥款或公開招標方式，交給有資質的社會服務機構來完成，最後根據擇定者或者中標者所提供的公共服務的數量和質量，來支付服務費用[12]。

現有研究的一個基本共識是，政府向社會組織購買公共服務之所以成為政府承擔公共服務的新模式，是因為當今政府面臨四個方面的狀況：一是政府在公共產品與服務提供方面低效率甚至無效率而導致公眾不滿；二是新公共管理運動的興起與發展；三是社會組織自身不斷發展和完善；四是社會大眾公共服務需求不斷增長。在這些背景下，20 世紀 90 年代英國率先提出了公共服務和公共物品供給實行公私合作的理念，隨後，這一理念擴展到美國、加拿大等國家並且付諸實施。與此同時，歐盟、聯合國、經濟合作與發展組織以及世界銀行等國際組織也在全球範圍內積極推廣公私合作供給公共物品和服務的理念和經驗，這一浪潮隨之擴展到中國等發展中國家。

中中國地的政府購買服務發端於上海。1995 年，上海浦東新區社會發展局興建了羅山市民休閒中心，為了提高休閒中心管理效率，該局不是單純依靠街道辦事處和居委會等傳統的社區管理組織，而是透過協商，委託上海基督教青年會出面管理，並於 1998 年接受政府養老服務的委託，政府購買服務由此第一次進入中國實踐領域。此後，全國一些城市陸續進行了這方面的探索實踐，政府購買公共服務的內容和範圍逐漸擴大到醫療衛生服務、教育服務、社區服務、培訓服務、就業服務、計劃生育服務等諸多公共服領域。2000 年，上海盧灣區等六個區的 12 個街道開展了依託養老機構開展居家養

老的試點工作。南京市鼓樓區於 2003 年開始推出政府購買服務、社會組織運作的「居家養老服務網」工程，由社會組織為獨居老人提供居家養老服務。2004 年 2 月，在上海市政府的主導和推動下，三家民辦非企業性質的社團組織──「自強社會服務總社」、「新航社區服務總站」、「陽光社區青少年事務中心」正式掛牌建立。上海的禁毒、社區矯正、社區青少年事務的管理工作，將透過政府購買服務的機制，由這三家社團聘用社會工作者來承擔。浙江省寧波市海曙區政府於 2004 年 3 月出臺政策，試行為高齡、獨居的困難老人購買居家養老服務。主要做法是，由海曙區政府出資，向非營利組織──星光敬老協會購買居家養老服務，社區落實居家養老服務員。2004 年9 月開始，這一政策在全區 65 個社區中全面推行。經驗表明，以政社合作為基礎的政府購買、項目管理可以作為促進社會組織參與城市管理的重要引擎。中國的很多城市已經做出積極的實踐探索。

（二）以政府購買推進社會組織參與城市管理的必要性

中國的社會組織發育尚處於初級階段，社會組織參與城市管理的程度自然很低。先天不足決定了中國社會組織的發展必須依賴於政府的強有力扶持。而政府對於社會組織的支持、輔助，必須與社會組織承擔的社會任務和社會使命結合起來。政府透過向社會組織購買服務項目的方式，可以引導不同類型、不同狀況的社會組織走上健康發展的軌道。政府透過項目管理，為社會組織提供資金、場地，並促使社會組織改善內部治理結構，承攬人才。所以，政府向社會組織購買服務項目就為社會組織參與城市管理提供了最好的著力點。

同時，政府購買服務項目也是社會組織承接政府職能轉移的最有利載體。轉變政府職能是社會轉型的必然要求。將政府承擔的部分職能交給社會，實現國家與社會的適當分離，是市民社會建設的內在要求。社會組織正是承接政府職能轉變的重要主體。當然，社會組織既要有能力承接政府轉移出來的部分職能，又要找到一個好的路徑和辦法。採取政府購買、項目管理的方式，一方面可以實現政府的管辦分離，有利於政府轉變職能，擺脫「萬能政府」的角色；另一方面，由社會組織提供的服務項目，更貼近居民需求，也相對

成熟，便於與政府提供的公共服務項目對接，政府在轉移職能的過程中可以達到成本和風險最小化，社會效益最大化的目標。

（三）以政府購買推進社會組織公共參與的可行性

政府購買之所以能夠造成推進社會組織參與公共事務的作用，其原因在於：一是透過政府購買可以定向培育新型的社會組織。根據居民的迫切需要，政府以項目為抓手，吸引社會資本進入，從而培育出新的社會組織。二是借助政府購買發展壯大已有的社會組織。項目管理是一個系統的工程，從項目設置、項目招標、項目實施到項目完成，是一個涉及多個因素的完整的過程。作為一種先進的管理方式，項目管理要求承接方必須具備一定的資質條件，並在項目實施過程中，接受委託方的監管，從而強制性地約束與規範自身行為，不斷改善組織結構，提高人員素質，使組織能力得到較大提升。三是透過政府購買能夠改善社會組織結構與佈局。政府透過項目設置，有意識地引導基層社會組織完善結構、實現科學合理的佈局。項目本身就是一個導向標，透過項目徵集，政府可以瞭解市民的實際需求，在此基礎上，對應基層社會組織發展的現狀，找出差距，明確培育的方向和重點，從而實現無中生有、有中做大、大中做強，形成門類互補、功能齊全、覆蓋廣泛的社會組織網絡。在中國有些城市已經引入政府購買項目管理的機制，並取得了寶貴的成功經驗，如北京、上海、廣州、南京、深圳、青島等。實踐證明，政府購買完全可以成為推進社會組織參與城市管理的助推器。

二、政府購買社會組織服務的北京實踐

近年來，隨著改革開放的不斷深入和市場經濟的進一步完善，首都經濟社會結構發生了巨大變化。新形勢下，如何動員社會組織參與城市管理和公共服務，充分發揮社會組織在社會管理中的積極作用，是社會各界需要積極探索的重大課題。

（一）北京社會組織參與城市管理的條件

在首都，社會組織參與城市管理和公共服務，更好地服務城市社會、服務民生，已具備了多方面的有利條件。

第八章 城市管理公眾參與實踐分析：社會組織參與

　　一是建設「世界城市」的策略目標，對發揮社會組織的功能作用提出了新的需求。建設世界城市，需要重新看待、認識社會組織在社會建設中的主體作用，發揮其社會資源配置的組織載體作用，發揮其在國際化過程中的「正牌軍」、先鋒隊作用。建設世界城市目標的提出，要求社會組織建設提升到一個新水平、新高度，與城市發展的實際需求相適應，充分發揮社會組織的功能和作用。

　　二是政府職能轉移和公共服務向多元化轉變，為社會組織發揮作用開闢了更大空間。隨著政府職能向經濟調節、市場監管、社會管理、公共服務的加快轉變，政府為單一供給主體的模式，逐漸向以政府合理讓渡公共服務空間，社會共同參與的多元化供給模式的轉變，社會組織在以改善民生為重點的社會建設中，獲取了更大空間和更大作為。據統計，2009 年北京市各級行政部門大力推進政府職能轉移，共投入資金 4.77 億元，購買社會組織服務5335 項。

　　三是城市公共服務均衡化發展的新趨勢，對社會組織參與公共服務提供了良好機遇。北京人口總量龐大，人員成分複雜，民生需求的多層次多樣性的趨勢愈加明顯。政府在向市民提供共性的基本公共服務的同時，需要向市場和社會購買服務，滿足各類社會群體和人員的個性需求，使全體市民共享發展成果，社會組織開展針對特定人群的社會服務活動，將為推進公共服務均衡化提供有效實現途徑。

　　四是北京社會組織已經初具規模，具備了較強的實力和能力。目前，北京市共登記社會組織 7066 個，總資產達 321.31 億元，淨資產 264.12 億元，年度總收入 133.71 億元，總支出 112.10 億元，吸納從業人員 12 萬多人，社會團體會員達 1458 萬個，初步形成了門類齊全、層次不同、覆蓋廣泛、功能較強的社會組織體系。去年，北京社會組織開展社會公益活動 7.7 萬次，受益人達 2055 萬人次，公益活動支出 10.4 億元，顯示出較強的社會服務能力 [13]。

（二）北京市「政府購買 300 項社會組織公益服務項目」摺子工程

近年來，北京市推出「政府購買 300 項社會組織公益服務項目」的摺子工程，圍繞扶貧救助、扶老助殘、醫療衛生、城市管理、文體科普、婦幼保護、服務三農、法律援助、支教助學、生態環境、促進就業等十大領域，啟動了以社會組織為主體，政府倡導、社會參與的社會組織服務行動，實施「百千萬」工程，即「政府購買 300 個社會組織公益服務項目、對 1000 個社會組織項目進行資源配置、社會組織為社會提供萬項社會服務」，積極探索在社會組織服務民生、提供公共服務上的新思路、新辦法。

1. 政府購買服務項目的實施過程

（1）項目申報。社會組織在進行年檢時，透過「北京市社會組織公共服務平臺」將開展的各個活動項目，包括內容、投入、惠及人群等相關情況進行申報。

（2）項目審核公佈。社會組織申報的項目經領導小組辦公室審定後，透過「北京市社會組織公共〗艮務平臺」向社會公佈，全程接受社會監督。

（3）項目實施。透過專家評審、社會評審、電視競標等方式確定政府購買 300 項社會組織服務項目。進行社會組織內部資源配置，為社會組織開展活動提供支持。

（4）項目評估。政府對購買項目實施項目監管，選定第三方評估機構和支持性組織對項目進行評估和指導。其他項目透過自我評定、受益人反饋、網絡調查方式，對社會組織項目實施情況進行評估，向社會公示評估結果，並記入社會組織信用檔案。

（5）總結表彰。全面總結社會組織服務民生行動，對在社會組織服務民生行動中表現突出的 100 個先進社會組織和做出突出貢獻的 200 名先進個人予以表彰，並評選出首都「十大最具社會影響力」的社會組織。

2. 政府購買服務項目的支撐機制

向社會組織購買服務行動的開展，需要建立起一系列相應的機制，為行動的順利開展提供有效支撐。

（1）探索建立新的社會動員機制。充分發揮政府的主導作用，引導社會組織公益活動向民生領域發展，透過搭建活動平臺，發揮政府組織、動員、調動、凝聚的職能，調動多種資源，給予社會組織有力支持。行動啟動以來，北京市社會組織積極響應、踴躍參與，共有 1853 個社會組織申報了 2715 個項目，籌集社會資金 22.98 億元，發動社會組織工作人員、會員和志願者近50 萬人，共同參與社會公益服務活動。向社會組織購買服務行動為政府社會動員體制探索了新途徑、新方式。

（2）探索建立社會組織參與公益項目的管理體制。把年檢與服務項目行動緊密結合，社會組織在參加年檢的同時申報服務項目，對申報項目進行計劃性安排。一是按照社會組織的不同需求，在社會組織之間進行供需調劑、相同項目連結、支持力量援助等資源配置。二是協調民政部門、業務主管單位、樞紐型組織和區縣、街道、社區、企業等多層面的單位和組織，進行項目認領、供需對接，為項目實施提供支持和保障。三是為社會組織公益活動提供開放公共服務設施名單、提供救助服務對象名單、提供社工和志願者服務、提供訊息服務等，形成系統化服務體系，使社會組織開展公益活動有組織、有幫手、落腳實、實施快。

（3）探索建立政府購買服務體制。政府購買社會組織公益服務項目，列入了《北京市 2010 年在直接關係群眾生活方面擬辦的重要實事》，市區縣兩級政府共出資一億元購買社會組織服務。首先，制定了政府購買服務的制度規範。出臺了《關於開展政府購買社會組織公益服務項目的意見》和《政府購買社會組織公益服務合約文本》，明確了政府購買服務資金管理、購買項目範圍、工作程序；明確了購買項目、購買成本、資助補貼和項目獎勵的購買方式；明確了政府購買服務項目的監督管理制度。其次，建立了專業化與社會化相結合的評審、監督隊伍。組建購買服務組織管理機構，建立項目評審專家委員會、項目監督委員會，對社會組織申報的項目進行遴選，審定、

聘請第三方機構進行項目監管。第三，加大社會監督和宣傳力度。與北京電視臺合作開展了「政府購買服務──社會組織公益項目大賽」系列節目，使政府購買的項目個個過得硬，接受社會監督，有力地推動了社會組織公益服務活動的開展。政府購買社會組織公益服務項目，對社會組織開展公益服務造成了重要導向作用，極大地調動了社會組織參與服務民生行動的積極性，形成強大的工作推力。

（4）探索建立社會組織資源配置機制。社會組織開展公益活動普遍存在缺乏資金和資源問題，為使社會組織能夠順利地開展活動，除了政府透過購買服務方式給予社會組織扶持之外，還透過整合社會組織內部資源，相互進行資金支持、智力支持、專業支持，提高服務民生行動質量和效果。2010年7月12日，北京市召開了「政府購買社會組織公益服務項目推介展示暨資源配置大會」，推介展示社會組織公益項目，進行社會組織內部資源相互配置，政府、社會、市場資源參與配置，會上共配置了195個項目，涉及項目資金達1700萬元。全市各級政府和社會各界已對社會組織項目進行了資源配置，涉及金額達1.12億元，形成了社會組織與政府之間、社會組織之間資源共享、優勢互補、相互促進、共同發展的良好局面，初步建立了社會組織服務民生行動資源配置體制。

（5）探索建立社會組織公益項目動態化監管機制。社會組織服務民生行動的開展，豐富了對社會組織公益活動的監管方式，初步形成了對社會組織的動態監管體系。一是專項監管，對政府購買社會組織服務項目進行規範化的項目監管，確保落實到位；二是契約管理，社會組織公益項目與其他社會組織、企業等社會資源進行配置之後，形成了主體之間的契約關係，實現了對項目的契約管理；三是第三方監管，聘請第三方評估機構和受益單位和受益對象訊息反饋管理，帶動了社會監督機制的形成，促進社會組織誠信自律和服務承諾的真實有效，實現了對社會組織公益項目運作和公益活動的動態化監管。

3. 政府購買服務項目摺子工程的實施效果

北京市向社會組織購買服務項目的摺子擴大了政府惠民政策效果和社會效應，牽動了社會組織在社會管理與城市管理中與多方面的合作關係，也為社會組織自身的建設管理體制創新獲取了新的經驗。

一是推動了政府與社會互聯、互補、互動機制的形成。社會組織參與公共服務行動，形成了政府組織推動、社會組織積極參與、社會力量協同配合的工作格局。透過政府購買社會組織公益服務，社會組織把政府無力做的公共事務承擔起來，成為政府的有力助手；透過社會力量的廣泛參與，形成全社會支持社會組織發展的良好局面'透過資源配置，使社會資源與社會組織服務項目有效對接，提升了社會組織實力，規範了社會組織行為，形成了扶持社會組織發展的長效機制。

二是推動實現公共服務均衡化的有效落實。一方面，政府透過開展社會組織參與公共服務行動，購買社會組織公益服務項目，把政府公共服務資源與社會需求進行有效整合和對接，給社會組織提供發展空間，充分調動了社會組織服務社會的積極性。另一方面，政府透過在公共服務行動中選擇、購買社會組織具有個性化點存的服務，擴大了政府公共服務的覆蓋面，從個性化層面推進了社會福利適度普惠的步伐，對形成了公共服務均衡化格局造成了有力的促進作用。

三是形成了社會組織規模性活動的組織管理新方式。社會組織服務民生行動，為開展社會組織大規模活動探索了新路徑。首先，在動員方式上，發揮政府組織動員功能，整合社會組織公益服務項目，組織規模化實施；發揮政府購買服務資金的牽引和導向作用，廣泛動員公共資源、社會資源投人社會建設領域，透過資源配置為社會組織開展公益活動提供有力支持。其次，在監管方式上，將社會組織年度檢查、日常管理、活動監管和規範建設與社會組織開展公益服務活動緊密結合，豐富了管理手段和管理內容，實現了管理模式向動態化方向的轉變。再次，在服務方式上，實現了政府資源、公共資源、社會組織資源和社會資源的有效整合，政府購買服務、公益項目招標、各類機構公益創投提供資金；公共設施、街道社區設施向社會組織開放提供

活動場所；社會組織內部資源配置相互服務、相互支持；社工、志願者為社會組織提供人力支持，社會組織的服務方式由政府單一化服務形式向社會各層次多元化參與拓展。最後，在組織方式上把以往社會組織的單打獨鬥開展的活動進行項目組合，服務民生行動使類型、內容相似的社會組織公益服務活動進行項目連結，透過支持性組織的指導、牽引，聯合組織實施，豐富了活動的內容，擴大了受益群眾覆蓋面，提升了服務活動整體效果。

北京市社會組織參與公共服務行動取得了一定的成效，但在持續推進社會組織參與服務管理，更有效發揮社會組織城市管理主體作用方面，仍然存在一些問題需要進一步思考和探索。

一是社會組織的快速提升能力，需要大力發展支持性組織。支持性組織是社會組織中的重要類別，可以為社會組織提供資金、訊息、指導、評估等多項支持，是社會組織建設中的一個重要鏈條。支持性組織對於社會組織的健康持續發展、能力快速提升，具有重要的推動作用。政府要重點購買支持性組織服務，引導、扶持支持性組織發展，建立起有利於社會組織整體發展的組織結構。

二是政府加快轉變職能，合理讓渡公共服務空間。政府應進一步加快職能轉變，強化政府的管理、服務、引導功能，對社會組織能夠承接的公共服務項目讓渡給社會組織，向社會組織購買公共服務，有效地推進公共服務向多元化、均衡化轉變，為社會組織提供更廣闊的發展空間。

三是促進項目合作，建立社會組織組團合作機制。推動項目相同的社會組織建立活動組團，形成以功能性質為基礎、活動項目為紐帶、合作共贏為原貝的社會組織自我發展、自我管理、自我服務、資源共享、優勢互補、聯合開展活動的共同體，在活動中建立資源相互連結、項目相互組合、內部資源配置、活動自我管理的工作體系。

四是搭建資源配置平臺，建立集合社會力量的新體制。搭建常態化、社會化的資源配置平臺，為社會組織提供訊息對接和資源供給服務；透過大力發展公募型基金會，鼓勵資助型基金會的發展，吸引更多的社會資金投向社

會組織公益活動的領域，為社會組織開展活動提供更多的資金支持。建立凝聚社會力量、促進社會組織發展的長效扶持機制。

註釋

[1] 托克維爾：《論美國的民主》（下冊），北京：商務印書館，2003，第 47 頁。

[2] 王浦劬，萊斯特 .M. 薩拉蒙，等 .《政府向社會組織購買公共服務研究——中國與全球經驗分析》，北京大學出版社，2010.

[3] 民政部：截至 2010 年 9 月登記註冊社會組織 43.5 萬個 . 中國社會組織網。http：//www.chinanpo.gov.cn/web/show-Bulltetin.do ？ id=47218&dictionid=1938&catid。

[4] 邁克爾·邁金尼斯：《多中心體制與地方公共經濟》，上海三聯書店，2000，第 87 頁。

[5] 趙映振，鄭程浩：《政府和非營利組織的關係研究：問題和未來發展》，《社團管理研究》，2011 年第 6 期。

[6] 王浦劬，萊斯特 .M. 薩拉蒙等：《政府向社會組織購買公共服務研究——中國與全球經驗分析》，北京：北京大學出版社，2010，第 102 頁。

[7] 吳志華，翟桂萍，汪丹：《大都市社區治理研究：以上海為例》，上海：復旦大學出版社，2008。

[8] 楊暉，《社會組織參與社會管理的問題與對策思考》，《社團管理研究》2011 年第 9 期。

[9] 李水金，侯靜：《中國非營利組織問責中存在的問題及對策》，《國家行政學院學報》，2009 年第 6 期。

[10] 薑琦：《政會合作視角下行業協會職能定位與健康發展》，《社團管理研究》2011 年第 10 期。

[11] 薩瓦斯：《民營化與公私部門的夥伴關係》，中國人民大學出版社，2002。

[12] 王浦劬等：《政府向社會組織購買公共服務研究：中國與全球經驗分析》，北京大學出版社，2010，第 3 頁。

[13] 溫慶雲，《提升社會動員能力推進社會管理創新充分發揮社會組織社會建設的主體作用》，《社團管理研究》，2010 年第 9 期。

第九章 城市管理公眾參與實踐分析：企業參與

　　城市管理的公眾參與突破了以往政府包攬各項社會事務的狀態，具有廣泛性、開放型、多元化的公共管理文化底蘊，涉及城市公共事務重大項目的規劃、決策、實施、監督等諸多方面。企業是現代城市社會的重要行動主體，在一定條件下，企業的生產與經營活動對整個城市管理相關的諸多領域具有重要的輻射作用。使企業成為城市管理參與者，發揮企業在城市公共事務上的自主管理，在整個城市管理中具有重要意義。

▌第一節 社會責任：企業參與城市管理的道德基礎

　　傳統經濟學普遍認為，如果企業儘可能高效率地使用資源以生產社會需要的產品和服務，並以消費者願意支付的價格銷售它們，企業就盡到了自己的社會責任。企業唯一的任務就是在法律許可的範圍內，在經營中追求利潤最大化，這一認識可以追溯到亞當·斯密的《國富論》。進入 20 世紀，巨型的壟斷企業開始出現，而且它們對經濟社會的影響力和控制力越來越大。20世紀 20 年代末，空前的席捲整個資本主義世界的經濟大危機爆發後，學者們對自由放任的市場經濟進行反思。凱恩斯在《就業、利息和貨幣通論》中認為，在壟斷的條件下，僅僅依靠市場來調節經濟主體間的關係是不夠的，政府要進行適當的干預。人們開始認識到，僅把利潤最大化作為企業的唯一目的是不可取的，企業還應該對社會其他利益相關者負責並承擔一定的社會責任。經過大半個世紀的爭論，時至今日，大多數學者、專家都認為企業在追求經濟利益的同時，應承擔一定的社會責任。

一、企業社會責任的內涵

　　儘管企業社會責任問題已越來越多地受到企業界、學術界和社會的關注，但是由於企業社會責任含義本身的模糊性，加之不同的學者研究的視角不一樣，對於什麼是「企業社會責任」目前還沒有統一的認識。根據英國國際工

商領袖論壇給出的定義，所謂企業社會責任是指企業運營應當公開透明、符合倫理道德、尊重勞工社群以及保護自然環境，從而既能為股東也能為全社會持續創造價值。這是一種全新的營商理念。西方學者曾提出多種理論來解釋其合理性，其中比較重要的有 3 種。一是從利益相關者的角度出發，認為企業社會責任是實現利益相關者與股權持有人（股東）共贏的一種途徑；二是從風險收益的角度出發，認為企業進行投資決策時應該考慮三重底線，即除了經濟利益外還有環境利益和社會利益；三是從競爭力的角度出發，認為企業社會責任有利於公司治理結構的改善和進步，從而增強企業競爭力。可以預見，在不久的將來，無論是何種規模何種行業的公司都必須正視和承擔企業社會責任。

近年來，中國中國學者對企業社會責任問題給予了前所未有的重視。提得較多的對企業社會責任的理解是，所謂企業的社會責任，是指企業不能僅僅以最大限度地為股東們營利或賺錢作為自己的唯一存在目的，而應當最大限度地增進股東利益之外的其它所有社會利益。

具體來說，企業社會責任是與經濟責任相對的概念，企業的社會責任是企業在追求利潤合理化的同時所應承擔的維護和促進社會利益的義務。公司利潤的合理化和維護、促進社會利益是企業存在和發展的二元價值目標，兩者相較，後者優位。企業社會責任可以分為兩個層次，第一層次是強制性社會責任，是企業對社會所造成影響的責任。企業在為社會生產某種產品或提供某項服務的同時，也在生產或提供一些社會所不需要的副產品，如噪音、高溫、垃圾、有毒氣體等。這類社會責任主要是以法律等強制性規範為表現形式，是企業最基本的社會責任。第二層次是自覺性社會責任，是企業對社會自身問題的責任。就當前而論，貧困和失業、社會的不公平、吸毒和犯罪等正困擾著越來越多的國家，成為社會可持續發展的主要制約要素。企業作為社會的主要單元，不僅要創造經濟價值，而且要創造社會價值，應同社會的其他組織一起解決共同面臨的社會問題。這類社會責任主要以道德責任和慈善責任為表現形式，是企業社會責任的高級形式。企業只有在承擔第一層次社會責任的基礎上，才有實力履行第二層次的社會責任（道德和慈善責任）。

　　企業承擔社會責任的方法有多種。從形式上看，企業可以透過捐贈和參加慈善活動回饋社會，承擔社會責任；企業也可以透過向公眾提供優質、廉價的公共服務承擔社會責任；企業還可以透過重整業務流程，降低企業對環境、社會的負面影響承擔社會責任。一般來說，捐贈和其他慈善活動僅僅是企業社會責任的低級形態，更高級的形態應當是企業將與社會責任相關的種種因素整合到業務流程中，實現企業經濟效益和社會公共福利的雙贏。

二、企業承擔社會責任的機制構建

　　企業是城市管理中的微觀主體。無論是城市資源節約，還是城市生態環境的保護都與企業的行動密不可分。由於市場機制的不完善，某些資源的使用價格不能真正體現在產品價格中，致使企業資源利用效率低下，浪費現象普遍存在。依據企業社會責任的兩個層次，要使企業將生態環境的保護納入其發展策略中來，從動機上可以分為 3 個層次：一是基於守法的目的而被迫參與。企業認識到不達到某種環境標準就會遭到處罰，而且這樣也會影響企業在公眾中的形象。二是為獲得競爭優勢而參與。迫於市場競爭，突出自身在環境保護中的模範作用，大打綠色策略，樹立良好的市場形象。三是將生態環境的保護融入企業發展策略中來，注重企業的社會責任，實施環境友好型發展策略。

　　從以上歸類可以看出，如不寄望於企業家天生的道德，要促使企業將環境納入策略目標，須有外在的環境規制的約束與內在的經濟績效的激勵。當企業從市場上獲得回報時，企業就會自願採取行動來承擔這些社會責任。在一定的環境規制下，只有當資源節約、環境保護的績效有利於企業經濟績效的提升，或至少不造成大的妨害條件下，企業才會參與到資源節約型環境友好型社會的建設中來。

（一）企業社會責任與產品價值的提升

　　以資源的可持續利用與生態環境的保護為目的，建立對企業的激勵約束機制，將企業與其所生產提供的產品綁定。企業擁有產品的「所有權」，針對不同的產品構造不同的責任體系。由企業負責產品的回收、再利用、再循

環以及相應的廢物處理成本，透過成本內化與產品價值再造來引導企業對資源的最優消耗，對產品進行重新設計，從而最終避免廢物的產生。企業責任的再造是對其產品的全過程動態思考，將產品生產出來前就已經規劃了其隨後的形態和伴隨的成本，明確了生產者的責任，激勵生產者重新構造產品設計、生產、運輸、銷售及相應的廢物處理。從企業責任再造到企業產品價值的再造，將經濟績效、環境績效與社會績效整合在一起。

傳統的企業責任更多集中在經濟方面的理解，即企業提供更為豐富的產品或服務，創造就業與財富。而且，在傳統經濟模式下，企業的發展沒有受到現有資源緊張的約束。企業以利潤最大化為目標，企業的環境績效、社會責任被忽視。在傳統的企業責任缺位的條件下，企業可以以低廉的資源，以犧牲環境為代價，從而以低價格在市場競爭中獲得優勢。現在，對企業責任的規制更多集中在生產領域，只是對生產過程中的汙染防治責任規定比較全面，而對使用後的產品和包裝的回收利用及處置責任涉及不多。在產品生產前期以及產品消費後期，成為生產者責任鏈條上較弱環節。而資源的耗竭，生態環境的破壞是典型的累積性、時滯性事件。如果不改變傳統的企業責任模式，企業的經濟績效與環境績效將會背離得越來越遠。只有透過政府規制對企業責任再造，將其對產品的責任貫穿於整個產品生命週期，企業才會有動力將利潤最大化目標與社會績效進行整合，減少對資源的浪費，對企業生產垃圾加以回收，增加再利用性，從而使企業成為城市管理的參與主體。

（二）企業社會責任與企業環境責任的聯繫

以靜態的角度來看，如果技術、產品、生產過程與消費者需求是不變的，那麼環境規制會引起企業產品成本的上升。但企業是在一個動態的競爭的世界中運行的。妥善設計的環境標準有助於引發企業的創新，降低產品總成本或提升產品價值。這類創新允許企業利用一系列更具生產力的原料、能源、勞動力，從而抵消改善環境的成本，提高了資源生產力，使企業更具競爭力，終結環境與競爭力的僵局。

世界需求正在轉向汙染低、能效高的產品。許多企業透過生產「綠色」產品，開拓了新的市場空間。那些較早採取更高環境標準的企業，便擁有了

先動優勢，獲得產品溢價與更多的市場份額。將環境策略融入企業策略時，還可獲得整合優勢。企業整合優勢是指，企業的一種活動被分為若干更小的活動單位，當它們共同面對環境問題時就會進行生產活動的重組，由此提高生產效率。這比各個單位間沒有聯繫（如共同面對的環境規制，環境策略）時對企業的貢獻更大。所以，考慮環境策略時，具有把個體員工的價值和整個企業目標融合到一起的潛力，從而給公司帶來潛在的價值增值。

從需求的角度來看，企業承擔的環境責任也會影響消費者的選擇。那些值得信賴的有關企業環境訊息的披露，將會影響消費者對該企業產品的購買意願。對那些汙染企業產品的購買意圖會不斷降低，而對那些非汙染企業產品的購買意圖會不斷的上升。在國外的一些實證分析中，企業的環境責任包含在企業社會責任之中。消費者越是在做出購買決策時將企業社會責任作為考慮因素，企業社會責任就越影響企業的銷售，企業也就越有可能將企業社會責任付諸實施。當消費者能得到有關該企業社會責任的確切訊息時，這些訊息就會影響消費者對該企業的評價並影響購買意圖。依靠消費者選擇形成了對企業承擔環境責任的社會推動。

作為對城市環境關注的結果，延伸生產者責任被提倡為減少汙染的有效工具。延伸生產者責任指將生產者責任貫穿於整個產品生命週期，直到產品消費後的階段。在產品生命週期中，產品的使用、消費後的階段也是汙染的重要方面。在汙染者付費原則下，產品的製造者應將其所負的環境責任貫穿於整個產品生命週期，包括上游的產品原料的選擇、生產過程本身，也包括產品的使用、末端的處理等來自下游的對環境的衝擊。延伸生產者責任旨在讓生產者來降低廢物管理的經濟與環境成本、社會成本。延伸生產者責任被用於從掩埋、焚燒廢物轉向將它們再利用、再循環，對危險廢物進行控制管理，將由不當處理所造成的環境危機最小化或消除。它也能推動為減少廢物所進行的創新。企業有動力去開發那些廢物處理成本較低的，或能源、原料更利於再利用的產品。

三、中國企業的社會責任承擔

當今時代，企業承擔社會責任的情況已經成為不少國家或地區市場準如的一條重要標準。企業的社會責任已經成為繼價格、質量之後參與新一輪國際競爭的重要競爭力。企業作為社會主體之一，承擔社會責任具有必然性。就實踐來說，歐盟已經出臺一系列指令、提案（如廢棄電子電氣設備的指令和報廢汽車指令等）。指令主要考慮企業產品的整個生命週期對環境的影響，目的是減少對自然資源的使用，毒性物質和廢棄物的排放以及汙染物的產生，減少對環境的破壞，鼓勵生產者創新，採用先進的環境化設計技術來生產產品。日本為解決人口、資源和環境的矛盾，先後製定了多層次、多方面的法律體系，如規定企業負有減少「循環資源」產生並對其進行循環利用和處理的義務，即對產品從生產到最終處理的全過程負責；日本法律明確規定，容器包裝生產企業負有對用畢廢物回收利用和處置的義務，費用加入售價。要求企業建立容器與包裝回收體系，涉及不同主體承擔不同的責任。日本《家電回收法》明確規定，廢棄電視、冰箱、空調和洗衣機由廠家負責回收、再生和處置，用戶向廠家交付少量再循環所需費用。該法律明確規定製造商和進口商製造、進口的家用電器有回收義務，並需按照再商品化率標準對其實施再商品化。

（一）中國企業社會責任意識培育

當前，中國企業已經漸漸認識到承擔社會責任是提高自身軟競爭力的一個十分重要的方面。中國企業家也開始認識到，企業承擔更多社會責任是取得長期利潤的客觀要求，有利於企業的生存和發展。

首先，企業的經營活動與社會息息相關，企業在創造卓越經濟效益的同時，勇於承擔國家安全、社區建設、環境保護及員工發展等社會責任，做一個有社會責任心的企業，為建設和諧社會貢獻力量。可以說，社會賦予了企業生存的權利，並為企業提供了各種資源，離開了社會關係、社會環境，企業將難以生存。既然企業從社會中得到了益處，享受了許多權利，相應地就該承擔一定的責任，企業只有履行好了自己的社會責任，才能與社會之間形成一種和諧的關係，才能獲得可持續發展的更大空間。

其次，誠信經營，遵紀守法，認真執行國家頒布的《勞動法》、《安全生產法》、《工會法》、《最低薪資規定》等法律法規，依法辦好企業，維護國家安全，在企業內部真正樹立起「以人為本」的理念。現代企業制度的建立使得企業職工從「單位人」向「契約人」轉變，對承擔社會責任的企業來說，它要面對比過去更多、更複雜的群體。企業「職工」從過去對企業領導的單向命令無條件服從轉變為企業「契約人」在企業中追求自主性、個性能力的極大發揮和更加廣闊的自由發展空間，企業與個人有著更多的對等權利和義務。作為企業，要想更好的履行社會責任，就必須首先管理好自己，充分調動內部不同群體員工的主觀能動性，只有調動了整體職工群體的積極性，也才能為企業承擔社會責任作出更大的貢獻。

第三，企業行為要符合科學發展規律，與社會其他主體和諧共進。在努力追求企業經濟效益最大化的同時，放遠未來，兼顧全社會的利益，追求社會各方利益群體之間的平衡發展，共同進步。企業的發展不是孤立的，它要與周圍世界發生千絲萬縷的聯繫，要想更好更快地發展，就必須在發展的同時兼顧其它方的利益，在影響、帶動中實現互利共贏。企業行為要符合科學發展觀要求，首要的是要合理利用國家資源和社會資源，克服企業投資的盲目性。這是加快經濟建設和降低產品成本，建立和諧社會的需要。眾所周知，資源是有限的，且資源是屬於全體人民的，在某種程度上，甚至是屬於全人類的。因此，企業投資必須進行嚴格的可行性研究，搞好投資論證，避免重複建設、亂搞投資，以此保證將有限的資源用到社會急需的項目中去，發揮資源的最大使用效益。其次，要重視環境保護和生態平衡。環境是人類賴以生存的基礎，保護好環境，確保生態平衡，是每一個人和每一個社會組織應盡的責任。中國提出建設和諧社會的社會發展目標，其中一個重要方面就是維護環境和人類活動的協調。實踐證明，重視環境保護和生態平衡，是保證國家可持續發展的重要措施，是企業重要的社會責任。目前許多企業都認識到這一行為的重要性，並將環境保護理念融入到企業文化中去。比如，中國石油提出的「奉獻能源，創造和諧」的企業宗旨，就是重視環境保護和生態平衡的一個重要舉措。

（二）落實企業社會責任的途徑

在中國現實環境下，落實企業社會責任需要完善以下措施：

一是制定適合中國國情的企業社會責任標準。各國經濟發展階段、意識形態、歷史傳統的差異注定了各國社會責任標準的不同。中國政府可以在SA800 的基礎上帶行 定出中國自己的標準，建立一套符合中國特色的企業社會責任評價理論體系和評估機制。同時，對第三方認證要有一個社會評價和認證的制約，這種監督會使中國的社會責任管理理論和實務盡快成熟起來。

二是加強立法監督。企業社會責任能否付諸實踐，很大程度上依賴於外部控制力量即國家和政府的態度與行為。將企業社會責任的關鍵內容體現在立法條文中，同時使執法程序明確具體，監督工作規範嚴格。只有做到有法可依、有法必依，才能使中國企業在法律面前，在國家機關監督控制之下自覺履行社會責任，從而產生良好的效果。

三是增強社會公眾參與。從根本上說，企業履行社會責任的受益者是廣大的社會公眾。公眾的積極參與，是包括企業在內的全社會責任意識提升的最重要的代表。公眾的廣泛監督，可以使企業在利潤追求與社會效益實現的一次性博弈變為重複博弈，從長期看來，降低企業不履行社會責任的收益，從而促使企業履行社會責任。

四、中國企業社會責任的案例

2004 年 6 月 5 日，百位中國企業家在廣袤的騰格里沙漠裡排成一道歷史性的風景——中國首家以社會責任為己任，以企業家為主體，以保護地球生態為實踐目標的公益機構——阿拉善 SEE 生態協會正式誕生。作為發起人的80 位企業家們承諾：連續十年，每年投資 10 萬元人民幣，以減緩阿拉善的沙塵暴為起點，致力於保護中國的生態環境，促進人與自然的和諧，促進人與社會的和諧，促進人與人的和諧。SEE 以推動人與自然的可持續發展為願景，遵循生態效益、經濟效益和社會效益三者統一的價值觀。SEE 的宗旨是以阿拉善地區為起點，透過社區綜合發展的方式解決荒漠化問題，同時推動

中國企業家承擔更多的環境責任和社會責任，推動企業的環保與可持續發展建設。

2001 年，中國企業家宋軍先生在內蒙古阿拉善盟拆資 5000 萬元建成月亮湖生態旅遊景區。之後 3 年多，這座沙漠生態景區吸引了北京首創集團總經理劉曉光、清華同方環境有限公司董事長林榮強、南洋教育集團董事長任靖璽、盤龍雲海藥業集團懂事長焦家良、聯合運通投資顧問有限公司董事長張樹新、中民集團總裁劉京、巨人投資公司董事長史玉柱、新浪首席執行長 CEO 兼總裁汪延等百位中國企業家陸續到訪，茫茫沙漠中的親身體驗，使企業家們深深感到中國西北的嚴重沙化，尤其是阿拉善作為近年威脅北京的沙塵暴發源地，每年以沙漠面積 1000 平方公里（相當於一箇中等縣城面積）的速度逼近華北，輻射影響東南沿海地區，及日本、韓國的局部。正是沙塵暴的嚴峻挑戰，喚起了百位中國企業家共同的社會責任感，並將其彙集為一個事業——改善和恢復內蒙古阿拉善地區的生態環境，減緩或遏制沙塵暴的發生，並推動中國企業家承擔更多的社會責任。

阿拉善 SEE 生態協會組織目標是：透過調整社區內部、社區與外界的利益關係，以內生動力解決社區環境問題，達到社區可持續發展的目標；將環境教育、環境技術、環保科學研究等因素融入社區發展項目，促進社區的綜合發展；透過社區試點項目，為政府提供環境治理方面可借鑑的有效途徑，同時推動環境保護政策的完善；透過「SEE 生態基金」的資助，支持不同類型的環保組織實施環境項目；每兩年一屆的「SEE 生態獎」獎勵環保項目，推動中國民間環保事業的發展；組織與環保相關的講座、論壇、參觀等企業家交流活動，為企業家參與環保事業提供平臺；協助企業建立環境保護體系，從工藝、產品、品牌和文化等方面實現環境友好與可持續發展；透過與國際組織的合作，引進國際環保資金、技術和項目，並進行最大限度的本土化操作，使其在中國產生良好的實際效果。

《阿拉善宣言》充分表達了中國企業家的社會責任感。

「在中國經濟持續高速增長的同時，我們的一些對自然不友好的思想方式、生產方式和生活方式，正在日漸毀壞與我們唇齒相依的自然環境。我們

過去所取得的那些經濟成就中，有不少是建立在巨大的環境成本之上的。空氣和水汙染、江河湖泊枯竭、洪災旱災頻繁發生，森林面積縮小、草場退化、生物多樣性銳減、土地荒漠化、沙塵暴興起，這些問題影響到百姓生命財產的安全，影響到我們企業經營的環境，影響到社會的穩定，影響到中華民族的生存根基。自然環境是人類的依託，如果自然環境被我們徹底破壞了，我們的一切夢想和追求也就失去了依託。在生態環境日趨惡化的今天，我們不得不問自己一個問題：我能為環境質量改善做點什麼？」

「經濟與生態的雙重壓力，要求我們企業家自覺地將企業發展和環境保護共同納人視野，要求我們積極尋求經濟增長與環境保護的統一，要求我們努力探尋中國新的現代化道路。新的時代新的問題新的責任，要求我們不斷超越自己身上的不足和侷限，要求我們培育起新的價值觀、新的理想、新的人格、新的行為規範。基於這樣的自覺和共識，我們這些來自不同區域、不同行業、不同所有制的企業家們自覺地匯合於阿拉善沙漠，共同簽署本宣言。我們大家將各盡所能，努力使『阿拉善 SEE 生態協會』得到中國社會和世界的認可，使之發展成為中國治理沙塵暴最重要的環境公益機構」。

一個好的企業，不僅應具有強大的經濟價值，而且應具有強大的社會價值，體現人類新的理想，新的精神，新的信念。阿拉善應該是中國企業家集體自覺承擔社會責任的一個嶄新的開始。

▋第二節 市場化：企業參與城市管理的動力機制

傳統經濟學認為，由市場來供給公共物品，往往導致供給不足，因此 20 世紀許多國家都是由政府直接生產和提供公共物品。隨著世界經濟的不斷發展，各國政府普遍面 I 腐的一個困境是：政府要在財政資源有限的狀態下，為市民提供必要的公共物品。而社會公共需求的不斷增長與政府自身能力的限制，決定了政府壟斷公共物品必然會出現嚴重的短缺現象。公共物品供給的市場化，是要在公共物品的提供中引入市場競爭機制，給公眾以個人選擇的機會。公共物品供給的市場化強調競爭，競爭能夠提高效率，使投入少而產出多；透過競爭可以打破壟斷，迫使公營壟斷組織對顧客的需要作出反應，

從而實現消費者主權與「公眾主權」，給公眾提供「用腳投票」的機會；競爭推動人們去創新，並且可以提高公共部門組織內部員工的自尊心和士氣，改善服務以贏得更多的顧客。因此，政府應重視公共物品的效率、效果和質量，應該讓不同的行業和部門有機會加入到提供公共物品的行列中來。

城市公共事務市場化是與市民對公共物品需求量增大、市民關注參與公共事務的意識增強相關聯的。城市公共物品供給的市場化有利於增大公共服務數量，提高服務質量，遏制腐敗行為；有利於減少政府負擔與財政壓力，促進廉潔高效政府的建立'有利於培養市民的主體意識、民主觀念和公共服務責任感。

一、城市管理公共服務供給效率分析

根據公共選擇和政策分析學者的觀'存，政府機構提供公共物品容易導致低效率，主要的影響因素如下：

首先，公共物品的估價或評價上的困難。政府機構提供公共物品所追求的是社會效益，而非經濟效益，社會效益的衡量缺乏準確的標準和可靠的估算方法及技術'同時，要合理確定社會對某一類公共物品需求的數量，提供公共物品的政府機構的規模以及對這些機構績效的評估是困難的，甚至是不可能的。按照沃爾夫的說法，「並沒有一個公式能夠說明政府活動的產出的必要和最小的限度，也沒有簡單而一致的標準可以用來準確衡量『非市場』規模的大小。」[1]

其次，公共機構尤其是政府部門壟斷了公共物品的供給，缺乏競爭機制。市場競爭迫使私人企業設法降低成本和提高效益，那些不以最高效率的方式來有效使用資源的企業最終將被淘汰出局。然而，在公共機構中卻沒有這種優勝劣汰的競爭機制。公共機構提供公共物品並未面臨直接的競爭，即使它們低效率運作，仍能持續生存下去，造成了「X 低效率」——也就是說，由於沒有競爭的對手，官僚機構有可能過分投資，生產出多於社會需要的公共物品，如不適當地擴大機構、增加僱員、提高薪金和辦公費用，從而造成大量的浪費。

第三，政府機構及官員缺乏追求利潤的動機。私人企業經理具有降低成本追求利潤的動機，其企業有創新激勵機制，而政府機構沒有這方面的機制，其官員也無利潤動機。由於官僚不能把利潤占為己有，加上公共物品的成本與收益難以測定，所以，與企業經理不同，官僚的目標並不是利潤的最大化，而是機構及人員規模的最大化，以此增加自己的升遷機會和擴大自己的勢力範圍。也許某些公共部門的效率與私人企業一樣高，但卻存在另一種浪費，即提供公共物品的公共部門具有超額生產公共產品的內在傾向，這種「過剩」的產品或服務最終是以社會所付出的巨額成本為代價的，是一種社會浪費。

最後，監督機制的缺陷。政府官員的行為必須受到立法者、市民或選民的政治監督。但是現有的監督機制是不健全的，許多監督形式是軟弱無力的。特別是監督訊息的不對稱、不完全使得對官員的監督徒有虛名。政府官員一般都是在訊息不對稱的環境中工作的，立法者和選民都缺少足夠的必要訊息來有效地監督政府機構及其官員的活動，官員（被監督者）比監督者（立法者和選民）擁有更多的關於公共物品及服務方面的訊息尤其是成本、價格方面的訊息。這樣，監督者完全可能受被監督者所操縱，後者有可能制定並實施某些有利於自身利益而損害公共利益的公共政策。

二、城市管理公共服務產品供給市場化的必然選擇

由政府作為公共物品的直接提供者，往往出現公共物品的成本或價格居高不下。公共物品供給的市場化改革有利於提高公共物品的供給效率，改善民務質量。有研究表明，由政府壟斷的城市垃圾收集行業所付成本比私營承包商高出 30%-40%；其他領域的公共服務也有類似的情況。如上所述，造成政府對公共物品供給效率不足的原因是多方面的，競爭機制、激勵機制、監督機制的缺乏是一些主要的方面。公共物品的市場化，將大為提高公共服務的供給效率。

（一）市場化有助於提高城市管理公共服務的質量

首先，市場機制的核心是競爭，實踐證明，競爭越充分的地方提供服務的成本越低，質量越好。政府部門供給公共服務時，所擁有的權力在可能性

上沒有限度；同時，由於政府部門具有壟斷性，市民對公共物品的供給沒有選擇權，因此無人對政府的供給效率進行有效的判斷。而市場機制的核心是競爭，競爭是市場經濟存在和發展的動力。戴維·奧斯本曾詳細分析過把競爭機制注入提供公共服務中的好處競爭最明顯的好處是提高效率，即投入少產出多，競爭迫使（公營的或私營的）壟斷組織對顧客的需要做出反應，競爭獎勵革新，而壟斷扼殺競爭；競爭提高組織僱員的自尊心和士氣。哪裡有競爭，哪裡就會取得較好的結果，增強成本意識，提供優質服務。」[2]

（二）市場化有助於提高城市管理公共服務的效率

其次，公共服務市場化能有效地轉變政府的投入產出觀念，使之降低公共管理成本，提高公共服務的效率、效果和質量。政府機構的活動不以營利為目的，其政策目標是實現公共利益。因而政府缺乏降低成本的激勵機制，它往往為獲得既定的產出不計成本，導致政府產出的「高投入、低產出」，造成社會資源的極度浪費和經濟效益的低下。政府主要透過稅收提供公共服務，個人不願意真實地顯示自己對公共服務的偏好，這樣就使政府難以猜想社會對公共服務的實際需求量，不能實現資源的最優配置。而在市場運行中，企業的目標是追求利潤最大化，因而企業具有激勵創新的機制，企業家自然地具有強烈的降低成本、追求利潤的動機。因此，市場化有利於提升政府管理中的經濟理性，而這正是政府組織和公務員在管理和服務中所缺乏的。如美國在放鬆規制、引入市場化方式前後，政府管理的成本變化反差最為明顯。奧斯本和蓋布勒講述了一個在管理規制改革前，美國空軍花 3000 美元買一個咖啡壺的故事，指出國防預算三分之一被浪費掉了 [3]。而在引入了私營部門「以結果為取向」的預算模式後，聯邦和州政府的管理成本都大大降低了。表現突出的加利福尼亞州森尼韋爾市，在 1985-1990 年間，公共部門服務的成本下降了 20%。英國著名的雷納評審計劃在從 1979-1986 年這 7 年的實施過程中，發現並確定了 6 億英鎊的年節支領域。1979-1984 年，英國公共部門的效率平均每年提高了 2-3%[4]。

（三）市場化有助於政府對城市管理公共服務質量的監督

再次，市場化條件下，能夠實現更為有效的監督。布坎南從人性角度出發論證了有效監督的必要性，他對政府官員所作的「經濟人」假設可以說是對人的行為動機作了一個比較客觀的描述。雖然現實中也有無私奉獻、一心為公的人存在，但是不能因此而推定所有人都是這樣。尤其是政府提供公共服務是在訊息不對稱的環境中進行的，政府官員憑藉自身的壟斷地位擁有更多的關於公共服務特別是成本、價格方面的訊息，而監督者則缺少足夠的訊息來有效地監督公共機構及其官員的活動。監督機制的不健全使得許多監督軟弱無力，公共服務的提供也缺乏有效的約束和糾錯機制。

（四）市場化有助於城市管理公共服務資源的優化利用

最後，市場化將政府和市場有效結合，復合配置政府權威制度與市場交換制度的比較功能優勢。政府權威制度最大的功能優勢是透過公共選擇的過程來制定公共政策，提供公共服務（特別是產權界定與競爭規則的制定）；最大的功能劣勢是難以實現資源的有效配置。市場交換制度的最大功能優勢是透過經濟理性人在市場交換過程中個體選擇過程，可以實現資源的有效配置；最大的功能劣勢是難以消除外部效應與保證社會公平。公共服務的市場化恰恰是利用政府權威制度來就公共服務的數量與質量進行決策，利用市場交換制度來提高公共服務的供給效率，從而較好地體現了公平與效率的統一。

三、中國城市管理市場化改革的必然性和可行性

（一）城市管理公共服務產品性質具有市場化的可能性

按照新公共管理理論的觀點，公共產品可以分為兩大類，一類是核心公共產品，只能由政府生產和提供，如國防、外交、國家機關管理、警察、國家安全和社會保障等；另一類是混合公共產品，私人部門與非政府組織也可以參與提供，如基礎設施、市政公用設施、交通能源、公共服務事業等等。政府應該在公共服務領域大膽引入市場競爭機制，採用私營部門的管理方法和管理手段。公共事務，特別是公共服務（物品）不應該由政府獨家壟斷，必須走市場化之路，依靠公共部門和私營部門的通力合作，鼓勵和支持非政

府、非贏利組織積極參與公共服務，形成政府、非政府和非贏利組織三足鼎立的局面，努力實現政府與市場、公共理念和市場理念的融合[5]。

公共服務具有成本與收益相分離的特點，這條規律體現在公共服務供給過程的始終。這個特點容易誘使當事人採取「搭便車」的行為，從而導致公共服務的浪費，減少了公共服務直接收益者的福利。在公共服務的市場化以前，政府部門壟斷公共服務的供給，透過財政為公共服務融資，為市民免費提供公共服務，這時市民對公共服務的需求不受其公共服務價格的限制，趨近於無限。而在執行過程中，一部分相關的職業性利益集團，如醫療機構與醫療群體就是政府提供公共醫療服務時的職業性利益集團，透過他們的中介傳遞會耗散相當一部分本來應該由納稅人直接享受的公共服務務。這已被工業化國家的實踐所證明。因此，決策過程中，普通老百姓與政府官員均有擴大公共服務的衝動。而市場化改革透過消費者的適量交費機制，可以弱化公共服務的內在膨脹。

（二）城市管理公共服務同樣面臨成本效益問題

另一方面，大多數政府都是透過創辦企業的方式實現公共服務的直接生產，其生產的公共服務越多，意味著公共財政支出越多，政府面臨的財政壓力也越大。因為，作為公共性和企業性同時具備的政府企業，目的雖然不是營利，但又需以利潤作為指標去衡量，在此標準下企業多數虧損，要靠政府投資和補貼來維持。隨著企業生產的公共服務越來越多，政府對虧損國有企業的補貼也越來越大，這成為戰後英、法、美、西德等國家政府財政的沉重包袱。此外，政府在福利性公共服務方面的直接生產方式，可能引致「道德公害」。因為政府直接生產福利公共物品，導致人們對福利系統產生了普遍的依賴，國家所生產的公共福利越多，人們的依賴性就越強，發生道德公害和欺詐的可能性也就越大。

應當說，實現公共服務供給領域的市場化是 20 世紀 80 年代以來西方主要先進國家行政改革的核心問題，也是改革取得成效最大的領域。但對中國的公共服務供給領域有沒有必要和可能推行市場化改革這一問題，人們的看法不一致。一些觀點認為，中國與西方先進國家所處的發展階段是不同的，

西方先進國家已經處於成熟的市場經濟社會，這為公共服務的市場化供給提供了重要的條件。而中國則處於計劃經濟向市場經濟的轉型期，市場機制尚不成熟，而且社會整體發育程度較低，從而認為中國目前還不具備推行市場化的條件。

中國雖然從整體上仍屬於發展中國家，經濟發展總體水平與當代先進國家尚有很大差距，但中國目前與西方國家面臨著相同的國際背景：同處於經濟全球化、訊息化的時代，而且市場的效率優勢是相通的，物品和服務的生產與供給也有共同的規律。先進國家在公共領域改革的大量成功實踐對中國的公共管理改革具有巨大的借鑑價值。公共服務市場化不僅是市場經濟發展的必然要求，也是政府自身管理現代化的客觀要求。中國應順應公共服務市場化這一時代潮流，積極推行公共服務市場化，並以此推動中國政府職能從全能型政府向服務型政府的轉型。

▎第三節 城市管理市場化的國際經驗

從 20 世紀 70 年代末開始，英、美、法、新西蘭等國掀起了以城市服務管理市場化為取向的行政改革浪潮，這也是各國政府實施治道變革的重要方面。英國從撒切爾當政起就提出了一系列堅持市場取向、減少政府干預的改革方案。從「階段革新計劃」到「市民憲章運動」，在民營化、公私競爭與融合、公共部門引人私人企業管理機制、承諾公共服務的內容與標準、提高公共服務的質量等方面取得初步成效。之後，布萊爾政府甚至考慮讓私人企業介人公立學校的運營。1998 年初，英國在電力服務領域引入了市場競爭原則，普通住家均得到一個電力使用號碼，用戶可以自由選擇電力供應公司。在美國，20 世紀 80 年代初，裡根政府解除了對航空、鐵路、汽車運輸、電信、有線電視、天然氣等許多行業的管制，並取得了巨大收益，到 1990 年為止，獲得了 400 億美元的收益。柯林頓政府把競爭機制引人政府管理機構，大力降低行政成本，建立以「顧客導向」的管理服務體系，以企業精神重塑政府；並允許更多的企業進人公用事業領域。

一、西方國家城市管理市場化的實踐模式

民營化的倡導者 E·S 薩瓦斯結合公共產品供給的安排和生產的不同情況，列出了 10 種制度安排 [6]。在實踐過程中，西方行政改革主要採取了合約出租、公私合作、用戶付費制、憑單制度等主要形式，其中公共服務管理的合約出租又是最主要的形式。

（一）合約出租模式

合約出租即合約承包，在西方各國公共管理改革中影響很大，被譽為成效最為顯著的改革措施之一，其主導思想就是公共服務管理的非壟斷化。政府確定某種公共服務管理的數量和質量標準，然後向營利機構、非營利組織招標承包，中標的承包商按與政府簽訂的合約生產公共服務，政府用納稅人的錢購買承包商生產的公共服務。這就是一般的合約承包。在合約訂立之前，確定公共服務是一個政治過程，政治機制在起主導作用。合約訂立後，公共服務的生產則進入經濟過程，市場機制在其中起主導作用。決策和監督合約的執行是政府的職責，而承包商則在合約許可的範圍內自由配置資源。

公共服務管理的諸多行業都是合約出租的範圍，如環境保護、道路交通、公共工程、醫療救助、社會保障等，甚至連監獄管理（如美國加州）等國家傳統的基本職能領域，合約承包也佔有相當的成分。公共服務的市場化程度在工業化國家各有不同。英美兩國公共服務的合約出租較為突出，其效果也是比較顯著的。從各種數據來看，合約出租比政府直接供給能夠降低成本約 20%-30%。合約承包制提高了政府對公共資源配置的能力，被視為降低公共服務生產成本、節約開支的主要手段。正如波雷特（politt）所說大為精減的公共機構成為一個授權者，而不是一個供給者，其職能濃縮為確定和監督合約的執行。」而且，透過合約出租，擴大了政府供給公共服務的財源以及技術力量，提高了效率及顧客的滿意度。合約承包制之所以效果顯著，「問題的實質不在於公營還是私營，而在於壟斷還是競爭。在提供低成本、高質量的物品和服務方面，競爭往往優於壟斷。」[7] 合約承包意味著在公共服務的提供中取消壟斷，引進競爭，只要能夠有效地促進競爭，公眾就能從競爭

中受益。雖然合約承包總體上要比政府直接提供效率高，但這並不意味著每一個案上都能顯示其優越性。

公共服務的合約出租屬於政府採購行為，即政府部門為了實現政府職能或公共利益，使用公共資金獲得工程和服務的行為，應嚴格按照政府採購制度來具體運作。而將公共服務承包出去，並不意味著政府完全放棄責任，雖然這種責任的履行主要依靠的是營利組織的專業技術和優勢，但政府部門仍應保留自己的責任。在合約承包前認真研究和權衡潛在的收益，選擇適當的服務領域並在競爭條件下謹慎地推行合約外包，簽約後進行有效的監管都是取得成功不可缺少的關鍵。必須指出的是，合約出租為腐敗提供了溫床。政府監督承包商執行合約的交易成本上漲也是個不可忽視的問題。

（二）公私合作模式

公私合作是建立在商業運作框架上的企業社會責任行為。在這一框架中，政府不以納稅人的稅收去購買營利組織提供的服務，而是以政府特許或其他形式吸引中標的私營部門參與基礎建設或提供某項公共服務。在特許制下，政府授予私人組織某種權利（通常是排他性權利）直接向公眾出售其產品，而私營部門在政府的規制下透過向消費者收費的價格機制來實現投資回報。特許有兩種具體形式，一種是涉及公共領域（public domain）的使用，包括航空、街道、地下空間等，這種安排通常稱為「場域特許使用」。第二種形式是租賃，即私營企業租用政府的有形資產從事商業活動，這種公私合作形式既借社會資源提高公共服務生產能力，又借價格機制顯示公眾真實需求。如美國的通信衛星公司，聯邦房地產聯合會等作為政府的固定夥伴，履行著政府要求的特定的管理職能，政府則在土地徵用等方面給其以某種形式的優惠。

在公私合作模式下，企業、政府以及其他利益相關方的責、權、利都能得到合理配置。這樣，企業就會有更高的積極性和更長遠的策略去實踐其社會責任，實踐責任的過程才可以與企業成長的過程同步，企業的發展才可以與社會的發展牢牢捆綁在一起。這種合作方式也符合經濟學中的比較優勢原理。一方面，政府壟斷了很多公共資源，卻未足夠的經驗和能力實施商業化

管理使之增值；另一方面，企業有很好的技術和想法，卻苦於無足夠的資源，或由於公共設施相對滯後而無法施展抱負。兩者的結合正可以取長補短、發揮優勢。

在實踐中，公私合作被廣泛應用於公共設施服務領域，如供水、供電等項目，並以多種形式存在，主要包括：（1）服務合約，即公共部門僱傭私營部門為其提供特定的產品服務；（2）管理合約，即公共部門僱傭私營部門為其管理部分資產和業務；（3）租賃合約，即公共部門將部門資產租給私營部門運營；（4）特許經營，即公共部門授權私營部門經營某種公共事業項目；（5）BOT（建設─運營─移交）合作，即公共部門授權私營部門投資建設、運營某種公共事業，期滿後整體移交給公共部門。所有的這些都屬於公共部門和私營部門的合作，其區別僅僅在於雙方參與方式和利益分配機制的不同。以利益分配機製為例，服務合約和管理合約都是以僱傭的形式存在，公共部門獲得私營部門提供的優質服務，並按照合約支付約定的報酬；在租賃合約、特許經營和 BOT 項目中情況就有所不同了，私營部門擁有了部分或全部剩餘索取權，這意味公司經營得越好，收入就越多，這種制度設計使得私營部門有更大動力改善經營，從而為公共部門以及社會公眾提供更優質的產品和服務。當然，每一種機制都有其特定的應用領域，不同項目應該根據其特，存採取不同的公私合作機制，不可以簡單比較孰優孰劣。

由於政府財政和營運能力的限制，對於那些公眾能夠足以支付的公共服務如交通、電信、供水和供電而言，引入私營部門的投資往往能使產品供應和服務更有效率。聯合國在一份關於「非一般的商業」報告中亦指出：公私合作除了可以協調和共享資源與經驗以外，還有利於市場的開拓，比如政府透過提供稅費優惠、降低準入等條件，鼓勵企業進入新的市場。在世界範圍內，公私合作項目已經有了不少成功的案例。

（三）用者付費模式

純公共物品具有消費的非排他性、非競爭性的特點，無法透過價格機制來收取費用，承擔成本。而現實中存在的一些混合物品雖然具有效用的外溢性，但在消費上是可以分割的，成本可以透過價格機制部分地收回，因此，

此類公共物品可以採用用者付費的制度。所謂用者付費是指：家庭、企業和其他私營部門在實際消費政府提供的服務和設施時，向政府部門交納費用。關鍵的要素是付費取決於實際消費的服務量，不消費不付費，多消費多付費。這種做法認為「天下沒有免費的午餐」，公眾消費政府提供的公共服務也要適量交費。一般認為，付費制比較適用於那些可以由使用者自由選擇的服務項目，例如醫療衛生服務、社會物業服務、有線電視服務等。在美國，各級政府都存在用者付費的制度，地方政府採用這種制度更為普遍，一般而言，在美國，地方政府用者付費占預算來源的 25%。

（四）憑單制度模式

向家庭或居民簽發憑單，允許他們從任何授權供給者購買服務。家庭或居民借助於憑單，能夠在不同的生產者之間選擇，並選擇不同組別的服務。比如，就教育服務來說，給有接受教育服務資格的人發一張憑單。由服務對象來選擇而不是政府來安排學校的類型和課程。受憑單安排制約的公共服務具有收費物品的特徵。憑單制度一般用於住房（租金補貼憑單）、健康服務（可以把醫療補助當作一種健康憑單）、教育服務以及特供品（食品券）等。這種方式能夠克服免費提供公共服務所導致的對資源的不合理配置和浪費，從而使市場機制在公共服務領域得以良好運用，緩和政府的財政危機。

二、西方國家城市管理市場化運作的經驗啟示

西方國家實施的城市公共服務管理市場化改革，在有效改善和提升各國公共服務管理質量和效率的同時，也對全世界產生了廣泛而持續的影響，對於探索適合中國國情的城市公共服務管理的供給方式改革具有重要啟示。

（一）公共服務市場化改革成功的關鍵是引入競爭機制

在西方國家所有的改革措施中，實際上都是圍繞著如何消除行政性壁壘和自然壟斷性壁壘，如何促進競爭來進行的，打破政府壟斷，一方面提高了公共服務的效率和質量，另一方面也緩解了政府的財政壓力。奧斯本和蓋布勒在《改革政府》一書中將競爭分為三類：一是公對公的競爭，即政府促使自己內音 卩組織之間進行競爭；二是公對私的競爭，即讓公營組織和私營組

織都來提供公共服務，促使兩者競爭；三是私對私的競爭，即政府要求私營企業之間彼此競爭，以提高公共服務的質量[8]。把競爭機制引入公共服務領域最常見的途徑是採用合約出租制，最初只限於在城市管理的垃圾清理、街道清掃、車輛維護和飲食服務等領域實施，現已在西方各國得到了廣泛的應用，擴大到會計、建築設計、財務管理、訊息收集甚至政策制定等專業化的領域。總之，就是在可以市場化的行業裡儘量推行市場競爭，不能市場化的行業則透過制度的創新來激發這些行業的競爭性，如特許權投資制。但在採用合約出租制時需要特別注意加強政府的監督。政府移交的是服務項目而不是服務責任。雖然政府已不是具體公共事務的執行者，但由於其負有的責任而必須對承包項目的私營企業或公營部門的績效進行檢查、監督，提出意見等。

（二）需要結合中國實際推進城市管理公共服務市場化改革

中國城市公共服務改革可借鑑西方國家市場化改革的經驗。由於中國和西方國家都處在全球化、訊息化這個大背景下，都必須解決公共服務價格高、效率低、質量差等問題，因此，公共服務市場化改革是中國和西方國家面臨的共同時代課題，中國也必須別無選擇地走公共服務市場化之路。但應該看到，公共服務的提供涵蓋了社會經濟的各個方面，是一個複雜的動態活動。一國的生產力發展水平不同、社會分工水平各異、生產關係和民族文化傳統存在差別，這些都要求有不同的提供模式或不同的經濟組織形式。而中國和西方國家公共管理體制所處的社會發展階段以及政治、文化、歷史傳統不同，行政管理體制改革的目標各異、公共服務市場化的起點不同，其政治文化和行政文化與西方國家的差別更不能同西方國家內部同日而語。中國是一個具有幾千年中央集權制傳統的國家，缺乏地方分權的歷史傳統，也沒有私人組織承包公共服務的傳統。在計劃經濟時代，政府完全包攬公共服務的供給；當時除了政府，幾乎沒有私人組織參與公共服務的供給。就是在今天，中國的非政府組織和私人組織也不發達，因此，中國公共服務市場化改革目標的選擇、改革步驟、手段等必然與西方國家有很多不同。任何一個國家都必須以國情為基礎，而不能照抄照搬西方模式。他山之石，可以攻玉，中國應該立足於本國行政文化傳統，以開放的心態和博大的胸襟吸收西方國家行政改

革的思想養料，來精心培育中國公共服務市場化這棵還比較幼弱的理論之樹，從而最終找到一條符合中國實際的公共服務市場化道路。

註釋

[1] 查爾斯·沃爾夫：《市場與政府：權衡兩種不完善的選擇 - 蘭德公司的一項研究》，中國發展出版社 1994，第 221 頁。

[2] 戴維·奧斯本，特德·蓋布勒：《政府一企業精神如何改革著公營部門》，上海譯文出版社，1996，第 10 頁

[3] 戴維·奧斯本，特德·蓋布勒：《政府一企業精神如何改革著公營部門》，上海譯文出版社，1996，第 10 頁

[4] 周志忍：《當代國外行政改革比較研究》，國家行政學院出版社，1999，第 230 頁

[5] 陳振明：《評西方的「新公共管理」範式》，《中國社會科學》，2000 年第 6 期

[6] E·S 薩瓦斯：《民營化與公私部門的夥伴關係》，中國人民大學出版社，2002，第 156 頁。

[7] E·S 薩瓦斯：《民營化與公私部門的夥伴關係》，中國人民大學出版社，2002，第 161 頁。

[8] 戴維 . 奧斯本，特德 . 蓋布勒：《政府一企業精神如何改革著公營部門》，上海譯文出版社，1996，第 15 頁。

國家圖書館出版品預行編目（CIP）資料

中國城市管理公眾參與 / 馮剛 編著 . -- 第一版 .
-- 臺北市：崧燁文化，2019.10
　　面；　　公分
POD 版

ISBN 978-986-516-064-7(平裝)

1. 都市社會學 2. 中國

545.192　　　　　　　　　　　　　　　108016863

書　　名：中國城市管理公眾參與

作　　者：馮剛 編著

發 行 人：黃振庭

出 版 者：崧燁文化事業有限公司

發 行 者：崧燁文化事業有限公司

E-mail：sonbookservice@gmail.com

粉 絲 頁：　　　　　　　網　址：

地　　址：台北市中正區重慶南路一段六十一號八樓 815 室

8F.-815, No.61, Sec. 1, Chongqing S. Rd., Zhongzheng

Dist., Taipei City 100, Taiwan (R.O.C.)

電　　話：(02)2370-3310 傳　真：(02) 2370-3210

總 經 銷：紅螞蟻圖書有限公司

地　　址: 台北市內湖區舊宗路二段 121 巷 19 號

電　　話:02-2795-3656 傳真 :02-2795-4100　　網址：

印　　刷：京峯彩色印刷有限公司（京峰數位）

定　　價：400 元

發行日期：2019 年 10 月第一版

◎ 本書以 POD 印製發行